新媒体营销学

IMS（天下秀）新媒体商业集团　编著

清华大学出版社
北　京

内容简介

随着基于新媒体平台的社会化营销行业的快速发展，该行业对社会化营销的专业人才的需求与日俱增。本书通过对基于新媒体社会化营销基础知识及其相关案例进行知识的梳理和讲解，目的是让学生们全面且细致地了解新媒体社会化营销学的专业知识。本书采用结合案例分析的方法，在不同的真实营销案例的讲解中学习理论知识，由浅入深地开展学习活动。

本书采用“理论+案例”的教学模式，一共分为8章，分别是新媒体概述、新媒体营销概述、社会化营销概述、社会化营销模式、新媒体社会化思维模式、社会化营销与社交平台、不同社交平台营销的方法、网络视频营销和直播营销。每章围绕一个知识主体，设置细分知识内容和若干配套案例，通过运用课堂讨论、案例分析等教学方法，注重知识的理解和灵活运用，进行“参与式”和“合作式”的课堂教学，旨在发展学生的相关知识储备，养成相关行业素养，提升学生的沟通交流能力、独立思考能力、与现实相对应的联想能力和创新能力。另外，本书还赠送课程标准、授课大纲、讲义、PPT课件以及测试题，以便读者学习和教师授课。

本书结构清晰、由简到难，图片精美实用、分解详细，文字阐述通俗易懂，与实践结合非常密切，具有很强的实用性。本书适合各种电子商务新媒体专业中高职、大中专院校相关专业的学生使用。

图书在版编目（CIP）数据

新媒体营销学 / IMS（天下秀）新媒体商业集团编著. —北京：清华大学出版社，2022.1
（新媒体营销系列）
ISBN 978-7-302-59354-6

Ⅰ. ①新…　Ⅱ. ①I…　Ⅲ. ①网络营销　Ⅳ. ①F713.365.2

中国版本图书馆CIP数据核字（2021）第210456号

责任编辑： 张　敏
封面设计： 郭　鹏
责任校对： 徐俊伟
责任印制： 丛怀宇

出版发行： 清华大学出版社
网　　址：http://www.tup.com.cn，　http://www.wqbook.com
地　　址：北京清华大学学研大厦A座　　邮　　编：100084
社 总 机：010-62770175　　邮　　购：010-83470235
投稿与读者服务：010-62776969, c-service@tup.tsinghua.edu.cn
质量反馈：010-62772015, zhiliang@tup.tsinghua.edu.cn
印 装 者：北京博海升彩色印刷有限公司
经　　销：全国新华书店
开　　本：170mm×240mm　　印　　张：15　　字　　数：347千字
版　　次：2022年2月第1版　　印　　次：2022年2月第1次印刷
定　　价：89.00元

产品编号：094164-01

编委会名单

随着科学技术的不断发展，市场营销形式也在不断地变化迭代，如何在信息繁杂的环境中开展卓有成效的营销活动是大小商家都面临的问题。同时，能够满足市场要求的营销专业人才也随着形势的变化越来越抢手。本书着眼于社会化营销环境下的新媒体营销手段，通过理论学习和案例分析完成教学培养活动，主要聚焦学生的新媒体知识、能力和素养，培养学生对市场上已有营销活动的分析能力及主动运用所学知识开展不同类型营销活动的能力，以及掌握市场化营销的相关知识和新媒体从业者的必备技能，为如火如荼的营销行业和新媒体行业培养和输送更多的专业人才，缓解行业人才需求的压力，优化行业环境。

本书内容

本书一共有 8 章。第 1 章是新媒体概述；第 2 章是新媒体营销概述；第 3 章是社会化营销概述；第 4 章是社会化营销模式；第 5 章是新媒体社会化思维模式；第 6 章是社会化营销与社交平台；第 7 章是不同社交平台的营销方法；第 8 章是网络视频营销和直播营销。

本书的每章都围绕一个知识主体，设置细分知识内容和若干配套案例，通过运用课堂讨论、案例分析等教学方法，注重知识的理解和灵活运用，进行“参与式”和“合作式”的课堂教学，旨在发展学生的相关知识储备，养成相关行业素养，提升学生的沟通交流能力、独立思考能力、与现实相对应的联想能力和创新能力。

不同章节设置的知识主体逐层递进，依据当今社会化新媒体营销编辑等相关岗位所需要的行业基础知识和能力要求而设置，以依托新媒体的社会化传媒行业为载体，充分考虑学生应具有的相关理论知识，构建课程的理论教学内容。同时根据不同的理论教学内容，有针对性地加入实际案例分析，在实践中强化相关理论知识，为之后的课程学习和相关工作打好基础。

本书特点

本书采用“理论 + 案例”的教学模式，在理论学习中指导实践，用真实案例分析巩固知识，配合相应的课堂讨论，对所学知识进行巩固。同时，本书还采用了趣味图片和多样的课堂教学形式，丰富课程内容，真正吸引学生投入课堂学习，强化教学效果。

本书赠送资源包括课程标准、授课大纲、讲义、PPT课件以及测试题，以便读者学习和教师授课，读者可根据个人需求扫描下方二维码下载使用。

课程标准

授课大纲

讲义

PPT 课件

测试题

目录
CONTENTS

第1章　新媒体概述

新媒体一词最初来源于美国哥伦比亚广播公司（CBS）技术研究所所长 P. 戈尔德马克（P.Goldmark）于 1967 年提出的一份商品开发计划书。1969 年，美国传播政策总统特别委员会主席 E. 罗斯托（E.Rostow）在向时任美国总统尼克松（Richard Milhous Nixon）提交的报告书中，“New Media”一词被多次使用。从此，“新媒体”一词开始在美国境内流行起来，并在不久后扩展到全世界。

相较于现代新媒体而言，戈尔德马克之前的所有“新媒体”之“新”，与其说是对媒体脱胎换骨后的“新质”的界定，不如说这样的说法是出于概念表述上的修辞学需要。现在的“新媒体”之“新”，并不只是一个泛泛定性的形容词，其所包含的媒体革命性内涵都已让“新媒体”这个堪称“三代陈典”的旧名词真正焕发出了独属于数字化信息时代的生机与活力。

1.1　新媒体的定义

“新媒体”主要指基于数字技术、网络技术及其他现代信息技术或通信技术的，具有互动性、融合性的媒介形态和平台。现阶段，新媒体主要包括网络媒体、手机媒体及两者融合形成的移动互联网，以及其他具有互动性的数字媒体形式。同时，“新媒体”也常常指主要基于上述媒介从事新闻与其他信息服务的机构。图 1-1 所示为新媒体的终端平台。

图 1-1　新媒体的终端平台

在新媒体发展的早期，联合国教科文组织对新媒体下过一个定义：新媒体就是网络媒体。与其类似的观点是将新媒体定义成“以数字技术为基础，以网络为载体进行信息传播的媒介”。但是综合来看，目前学界对新媒体的界定存在的最大问题是界定范围过宽，并且逻辑混乱。

实际上，“新媒体”应该具有鲜明的时代特征。就目前的情况及其发展趋势而言，还是要从最能体现新媒体的本质特征的新兴数字媒体和传统媒体的数字化融合及其相关过程入手，去发掘其中的奥秘。而新媒体的本质特征，还应该从媒体互动的新方式、媒体技术的新融合、媒体产品的互相依赖与交叠等不同因素中来寻找。

从以上描述中，我们可以很容易看出新媒体的外延，如图 1-2 所示。同时也要注意，随着新技术的发展，新媒体的外延也是不断发展的。

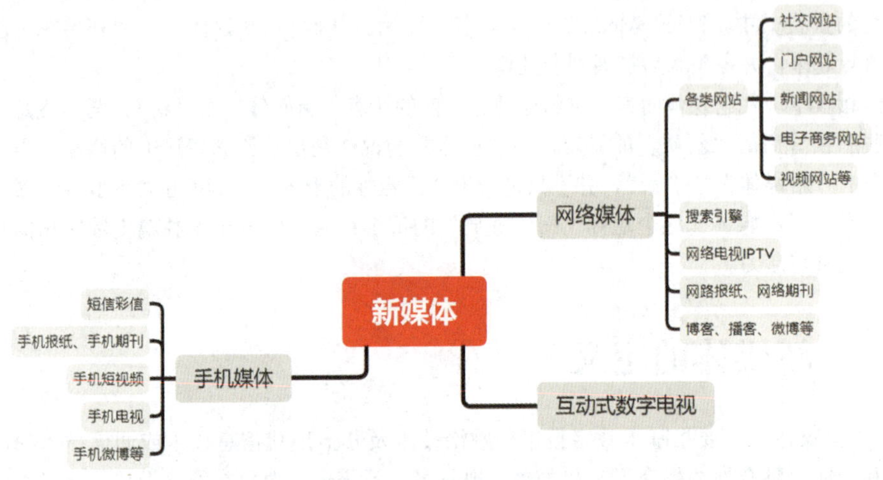

图 1-2　新媒体的外延

课堂讨论：你认为哪些媒体是属于新媒体类型的？在表 1-1 中，在你认为是新媒体类型的选项后打钩。

表 1-1　新媒体类型辨析

类　型	是 / 否	类　型	是 / 否
手机短信 / 彩信		手机软件客户端	
微信公众号		门户网站	
论坛		户外大屏	
微博		高铁椅背	
个人微信朋友圈		电子邮件	

1.2　新媒体的特点

新媒体作为新兴的媒体手段，拥有普及性、多元性和灵活性等特点。

1. 普及性

首先，由于近年来互联网已经大范围普及，新媒体平台依托互联网，已经成为了人们日常生活中不可或缺的一部分。新媒体出现之后，由于其具有较好的普及条件使之迅速地进入了大众的视野。其次，移动终端如手机、平板计算机等如今已经成为网民上网的主要工具，上网已成为人们生活的重要内容，故新媒体的迅速普及也得以实现，使其拥有数量巨大的消费者。第三，新媒体平台以其方便快捷的特点，深入到了人们生活的方方面面，为开展各种活动提供了良好的平台，能够快速进入人们的视野，并且让人民大众广为接受。

2. 多元性

互联网时代下的新媒体平台自出现之日起，就充分发挥了电子信息技术的优势和特点，其具有多样化的传播平台和传播方式，使文字、图片、音频、视频等都可以成为新媒体营销内容的形式。人们通过丰富多元的传播媒介，可以方便快捷地获取同样丰富多元的营销信息，据此选择自己需要的内容并进一步给予关注。处在互联网时代的新媒体营销，正以其丰富的传播途径和多元的营销信息，不断扩充自身的营销容量，同时也将形式变得更加灵活可控。

3. 灵活性

新媒体的灵活性不仅体现在形式和内容的多样上，还可以将传统媒体的宣传方式佐以新的技术和包装手段，使其更加灵活、有针对性，更加吸引眼球，达到“1+1>2”的效果。

案例　《解放军报》的“部队整容院”话题

仅 2016 年，军报官微“@ 军报记者”过亿人次参与的话题至少已经有 7 个，微博粉丝超过 960 万人。他们最新的一个过亿人次参与的话题是“部队整容院”，通过晒照片的形式，对比新兵入伍前后的巨大反差，引起了广大受众特别是年轻网友的强烈反响。

为什么传统的“征兵宣传”通过新媒体的宣传达到更好的目的呢？

1.3　新媒体表现形式的四大特征

实际上，新媒体的表现形式与传统媒体并不相去太远，只是展示的渠道和方向不一致而已。以下是新媒体表现形式的四大特征。

1. 数字化

尽管“新媒体”一词刚出现时，它所对应的电子录像等并没采用数字技术，但是，当“新媒体”这个词开始真正普及时，人类已经进入到了计算机时代。计算机技术的发展，实现了信息的数字化存储与传播。而数字化信息的传播介质，一般都属于新媒体。诚然，今天的数字技术也渗透到了传统媒体的生产环节，例如报纸出版中的激光照排技术、电视编辑中的非线性编辑技术等，这些技术是传统媒体向新媒体延伸或转化的前提。但仅有这些技术并不意味着传统媒体就变成了新媒体。故本书中所说的数字化，更多的是指最终传播介质的数字化。

2. 融合性

数字化会带来一个延伸性的特征，那就是媒介的融合性。美国麻省理工学院教授伊契尔·索勒·浦尔在其 1983 年出版的著作《自由的技术》一书中曾经指出："一个称为形态融合的过程正在使各种媒介之间的界限变得模糊……一种单一的媒介，无论它是电话线、电缆还是无线电波，将承载过去需要多种媒介才能承载的服务。另一方面，任何一种过去只能通过单一媒介提供的服务，例如广播、报纸、电话，现在都可以由多种媒介来提供。由此，过去在媒介与它所提供的服务之间存在的一对一的关系正在被侵蚀。"浦尔的观点被视作"媒介融合"的最早界定之一。由此看出，他所说的形态融合是发生在传播介质的新媒体化这一基础上的。也就是说，在新媒体时代，传播渠道与功能的融合不可避免。而这种媒介形态的融合，还体现在大众传播、人际传播、群体传播、组织传播的媒介融合方面。浦尔所表达的融合，已经包含了大众传播与人际传播渠道的融合，而后来随着新媒体的发展，将群体传播与组织传播也融合了进来，证明了其观点的正确性。

除了在媒介形态方面的融合外，新媒体的融合，还表现为表达方式的融合。多媒体传播在现在的环境下被认为是新媒体传播的典型特征。

3. 互动性

《新技术革命对日本经济的影响》一文指出，计算机与通信技术的结合才是信息化的基础。对新媒体而言，也正是如此。而通信技术意味着媒介的信息传播可以成为双向的，这也使得传授双方的双向交流成为可能，这种双向交流的能力也往往被人们称为"互动性"。

尽管传统媒体也有一定程度的受众反馈机制，但与新媒体的反馈机制相比，前者的反馈是被动而微弱的。因此，互动性的强弱已经成为了区分传统媒体与新媒体的主要特征之一。

4. 网络化

在计算机与通信技术相结合的今天，也意味着社会的网络化。但是在新媒体语境下，网络化指的是不同信息终端之间的联网。尽管在新媒体早期时网络化还没有实现，但是，网络化是推动新媒体普及与发展的重要因素。今天，传播的网络化已成为了新媒体的基本特质。

1.4 新媒体与传统媒体的区别

在本节中，将会从定义、特点和直接差异比较三方面来探究新媒体与传统媒体的区别。

课堂讨论： 你认为表 1-2 中所列的传统媒体可否借助数字信息技术转换为新媒体的对应形态？如果可行，请列举出转换方法或具体项目。

表 1-2　传统媒体与新媒体

传统媒体	新　媒　体
报纸	
车载电视	
广播电台	
电视	
宣传单 / 册	

1.4.1　定义上的区别

传统媒体这一概念是在新媒体发展的前提下提出的，是与新媒体相比较而言的。传统媒体主要是采用一些被人民群众所能够接受的传播方式，利用一些较为固定的装置，为人们传播国家的时政新闻和其他国家发生的事件，以及一些有助于大众的内容。传统媒体在向公众传播消息时，主要是通过一些如报刊、收音机、电视广播等传播媒介，传输一些声音、图片和视频等信息。但是，传统媒体在传播消息时还是具有一定的不足之处的，具有不能够跨越信息时间与空间这一缺点。而对群众来说，他们总是想要及时地阅读到信息或者非常便利地知晓时政新闻，所以，从这一方面看，传统媒体新闻传播的过程具有不便利性。但传统媒体也不能就此抛弃，不能被束之高阁。

课堂讨论：在熟悉了新媒体概念和传统媒体概念之后，你能在表 1-3 中列表说出它们的区别吗？

表 1-3　新媒体与传统媒体的区别

传统媒体	新　媒　体

1.4.2　表现特点的区别

（1）专业化运作。传统媒体如图书、期刊等媒介方式，从信息采集、内容审读、文字润色，到制作成书，每一个单独的流程都有专业的技术人员为之把关，同时在此过程中创造出了大量原创性、专业性极高的作品。因此，相对于新媒体而言，传统媒体是品牌、公信度的塑造者和维护者。

（2）内容的剖析力度强。每一类图书、期刊等传统媒介，都有与其相对应的专业学术领域。随着科技的发展和专业的不断细化，出版社、期刊社更是不断深入市场，并根据其对应的专业走向和受众需求，邀请相应的专家、学者撰写稿件。因此，传统媒体在开拓学术领地、引导科研方向等方面起着重要的推动作用，这种贡献也是一般网络期刊所不能比拟的。

（3）便于携带。大部分受众在阅读传统媒体如报纸、期刊时一般不需借助其他辅助工具，只要有基础的阅读能力，随时随地都可以携带翻阅。

（4）学术价值高。大多数出版社不仅需要顾及自身的生存、发展，创作一些满足大众口味的科普读物，也要为繁荣出版市场，促进科技进步，满足社会需求，创作一些具有社会价值，无经济效益的学术作品。

1.4.3 直接差异比较

1. 时效性

新媒体利用大数据手段对搜集到的信息进行及时的归纳分类，在分类之后可以依据用户需求及时高效地向用户传播，群众需求能够被及时满足。与之相反，传统媒体在信息搜集的速度方面较慢，并且传统媒体搜集到的信息需要进行较长时期的整理。因此，传统媒体信息传播时效性较低、传播风格单一、传播信息有限。

2. 使用率

数据统计显示，目前我国市场上通过手机、计算机等新媒体传播的信息达到了50%以上，使用新媒体进行学习、工作的人数已经超过了60%，而报刊、广播等一些传统媒体的使用率已经低于整体使用率的20%。

3. 市场类型

传统媒体具有垄断性。传统媒体发布的消息内容必须经过国家允许才可以发布。而新媒体与之相比却具有较高的自由度，尚处于市场自由竞争状态。这一点主要得益于其传播媒介——互联网，一种新兴媒体传播平台。

4. 自主选择性

传统媒体对阅读受众拥有一定的主导性，这使得信息获得者没有较大的自主选择权。报纸、电视、广播等传统媒体播报什么内容，受众只能接受的什么内容。在新媒体方式下，阅读人群拥有更大的选择权，他们可以根据自身需要，通过不同的终端设备去查询自己所需的资讯或内容。同样，新媒体相较于传统媒体，题目简洁、醒目、突出重点，观点直截了当；而传统媒体非常注重传播内容的质量，语言较为官方。

5. 内容排版

传统媒体内容排版及插图或者动画都具有一定的规律性。例如传统报纸，版面布局极为注重内容主次、重点是否突出、内容阅读是否具有逻辑规律等。而新媒体则大多数按照时间顺序来对内容进行排列，没有在实体纸张上平面布局的思想观念，没有一种如传统媒体那样较为成熟、较为有规律的版面布局和官方语言。

1.5 新媒体的发展趋势

在以通信技术为基础的移动互联网模式下，新媒体的发展对传统媒体正产生越来越深刻的影响，尤其是在传播方式上的影响。一部分影响仅是技术演化造成的，另一部分影响则是社会文化演化造成的。当然，技术的演化与其加速对社会文化的演化是相辅相成的。

1. 注意力经济时代

人类信息的承载体总的变化趋势是从岩画到纸书，从书籍到报刊，从报刊到计算机，从个人计算机客户端（PC）到手机移动端。在变化方面，总的趋势是阅读屏幕越来越小，阅读时间越来越短。更为重要的是，新时代的阅读方式，如计算机阅读和移动阅读都是交互式阅读模式，人阅读怎样的内容是自己选择的，这和传统媒体如书籍、报纸、电视这种静态的、沉浸式的阅读模式完全不同。

在这种交互式阅读模式下，若个体要花很长的时间等待自己想看的内容，就会越来越缺乏耐心，甚至直接跳过。这种因为无效等待而马上跳过的行为模式在纸质媒体阅读过程中就较为少见。有学者归纳出“三秒原则”，其含义是如果内容在3秒钟内刷新不出来，阅读者就会选择跳过。

课堂讨论：若你观看表1-4中所示的新媒体素材内容，你能忍受的最大打开时间是多少？

表1-4　选择你对不同新媒体素材的等待时间

媒体类型	1～3秒	4～7秒	8～10秒
网站文章			
短视频			
H5网页小游戏			
公众号视频			

在同样的网络速度下，对于不同的媒体形式，接收者愿意接受的等待时间是有区别的。在设置新媒体内容时，要注意测试内容展示的正常速度是否在正常人的等待预期内，否则需要进行调整。

此外，为了让接收者对内容产生兴趣，保持等待过程中的注意力，媒体编辑越来越倾向于选择更吸引人的标题，或把长文章分成若干小节，每一节进一步设置吸引读者阅读的标题或诱导图片，减少阅读跳过的可能性，这就是所谓的“标题党”现象。

在这种趋势下，新媒体行业更加强调长文章的易读排版、更加强调图形化文章的轻松阅读、更加强调短视频的富有趣味性，所以更加强调游戏性的交互式H5等新型载体就比强调传统媒体中展现的大段文字要更有吸引力，这种新的运营武器是新媒体从业人员必须掌握的。

2. 移动场景阅读时代

就阅读过程中直接接触的终端而言，计算机屏幕面积是远远超过普通纸质图书的，但是不论是计算机屏幕还是手机屏幕，都因为干扰信息太多，并非是适合的阅读载体。所以亚马逊为电子阅读专门推出了Kindle（移动电子书），就是为了避免人的阅读注意力被无关的电子信息干扰而推出的产品。图1-3所示为Kindle电子书阅读器。

图 1-3　Kindle 电子书阅读器

现在，随着智能手机的普及，许多人已经习惯于使用手机取代计算机完成工作，如工作交流、邮件收发，甚至是内容制作（如微信排版、编辑等）。这就使得进入移动阅读时代之后，手机屏幕随技术的发展越做越大。但手机阅读相对于计算机阅读而言，屏幕减小了一个数量级，能够容纳的信息也就减少了一个数量级。只有展示在屏幕上的内容才会得到更多人的关注，没有出现在首页上的内容会很容易被海量的信息淹没，若不能进入手机 App 的首页空间，则内容得到关注的可能性就会变小，这就使商家更加强调优质内容对显示空间的争夺。能够抢占手机头部显示区域的内容能不断得到曝光，也就能进一步促进品牌的传播。

所以在计算机客户端时代，有人总结出“长尾理论”，意思是利用搜索功能，理论上就能够找到出现在市面上的所有商品。每种商品都可能被选择和购买，那么无数销量较低的商品也同样能汇集成一个大市场，这个市场总体上也许能占到全部市场销量的 50%，这就打破了原来的“二八法则”。

但进入移动客户端时代之后，因为“头部效应”的存在，在移动阅读状态下，人的注意力会进一步被集中到头部内容，讨论和分享的内容就会越来越同质化，结果很大程度上又会回到“二八法则”上，甚至是赢家通吃的模式。

课堂讨论： 你关注了多少个微信公众号？你经常阅读的微信公众号有多少个？微信推出置顶微信公众号后对你的阅读习惯有怎样的影响？

3. 参与感时代

在没有互联网之前，媒体的主要变化趋势就是所包含的信息量越来越大，产生信息的周期越来越短。以报纸为例，可以清晰地看见整个媒体的演化特征，如图 1-4 所示。

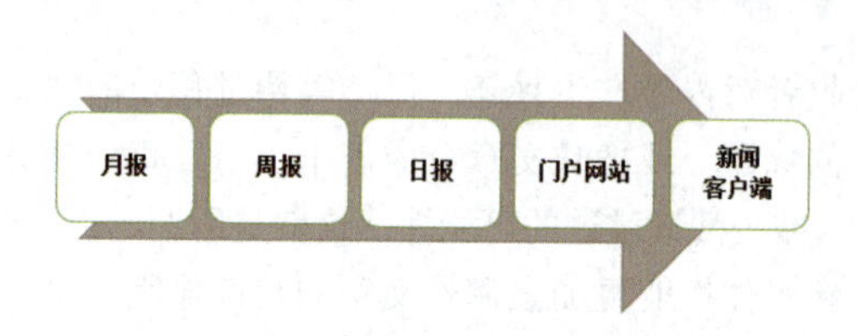

图 1-4　报纸出版周期示意图

最早的报纸是月报，而后慢慢变成日报，再以后是门户网站，最后是移动互联网时代的新闻客户端 App。报纸产出的媒体形态以新闻为主，出版信息量越来越大，出版的周期越来越短；进入互联网时代，门户网站已经可以做到实时更新，并且支持社交分享和在线评论，实时发表阅读者的观点；在移动互联网时代，利用大数据，在之前的基础上更是增加了个性化的内容推送功能。

报纸是众多媒体发展的一个缩影，不仅是报纸，像电视、视频节目这样的媒体方式，也向频道越来越多、内容越来越多进化。所有媒体都在努力吸引潜在用户的注意，在确保已有用户不流失的基础上发展新用户。为了吸引用户的目光，不同类型的媒体都在努力提高自己的设计水平和发展新的交互手段。以电视综艺节目为例，大致经历了以下发展阶段。如图 1-5 所示。

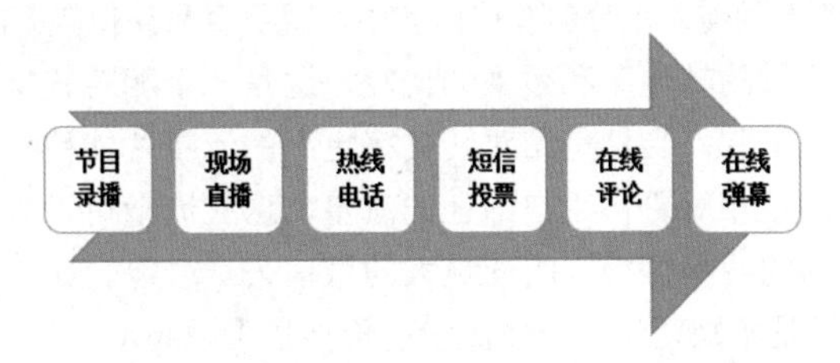

图 1-5　视频节目交互方式进化示意图

最早的电视综艺节目是预先录制好以后再定期播放的，观众只能看节目。后来慢慢增加了直播类型的节目，开始有主持人把控节奏，使得这种类型的综艺节目与个人风格联系起来。后来综艺节目允许观众加入交流，最开始是支持热线电话打入并发表意见，参与互动，但电话交流局限于极少数人能成功参与，要想大部分观众共同参与只能通过短信方式实现。

在互联网技术飞速发展之下，在成功地解决了观众参与的流量传输问题之后，观众通过在线评论、分享、点赞和弹幕，让每一个在线观看节目的观众都成为了直播节目内容创造的参考者，普通观众的参与意识大大增强了。一旦观众习惯了参与，而节目内容却无法创造出参与感，那么这样的媒体就可能会被用户抛弃。这就是为何传统媒体都在纷纷寻求转型的原因。转型的更深层次原因，一方面是因为阅读载体发生了变化，从以前的纸质媒体转移到桌面计算机，转移到智能手机，阅读内容的分发载体也相应随之改变；另一方面是内容制作方式要适应新时代富有参与感设计的转变。

课堂讨论： 如果你要写一篇微信公众号文章，你认为哪些方式能提升内容的参与感？打开你的手机微信公众号或者朋友圈，找一些擅长利用这些手段的典型案例和想法填写表 1-5，然后和同学们分享一下。

表 1-5　案例、想法分享

手　段	案例名称
独特的视频	
富有吸引力的配图	
流行的表情包	
有情调的音乐	
有趣的话题投票	
有代入感的场景展示	
当下时兴的语言标题	

4. 社会化传播时代

传统媒体，也包括当下被视作传统媒体的部分互联网媒体（新闻网站、视频门户），更多的是依赖渠道的流量进行传播活动，所以新媒体推广被多数业内人士称作“导流”。不论在何种媒体平台上应用，传统媒体考核指标都被称为目标人群到达率。例如在报刊渠道中细分为发行量，在电视广播方面被称作收视（听）率，在网站部分被称为访问量。将广告或者公关文章插入或植入到覆盖率高的媒体内容中，就更容易获得较高的关注度和流量。

归根结底，这些流量的转化率和效果如何呢？这是一个相对较难界定的问题。什么样的流量能被称作好流量呢？当然是相对转化率更高的流量才能被称为好流量。何种流量转化率最高呢？当然是相对更被用户信任的流量。这些流量可以来自搜索引擎、有公信力的网站、关注度高的明星微博、阅读量大的微信公众号等。如今的互联网环境中流量总量较大，但好流量是稀缺资源，导致流量的价格越来越高。

最高质量的流量往往是你社交圈里信任的人推荐的。例如有些人有高能量的社交圈，在特定领域中具有专业眼光，广受大家信任，他推荐的产品或服务就会直接被选用。再进一步，如果他能影响的人足够多，他就会在某些领域形成个人品牌，成为更多人的“信任代理”。一旦成为特定基数人群的“信任代理”，个体就可以有意识地强化个人品牌的标签识别度，提高个体的曝光度，强化个体在领域中的影响力，鼓励对这个领域感兴趣的另外个体直接通过社交媒体和自己互动，积累粉丝订阅数，这样的个体被称为“自媒体”“网红”“KOL”①。

这就是如今的互联网和传统互联网的区别。如今的互联网越来越强化人和人直接的链接，而并非人和组织、人和社会的链接。人与人之间的关系链逐步演化成社会化网络媒体最重要的组成部分。在社会化网络媒体中，不论哪个个体，只要获得足够多的用户信任，此个体就掌握了一部分网络流量的走向，就能通过“经营”好这种“信任”而带来商业回报。

故可以得出结论，社会化传播背后是一种“信任经济”，“网红”就是信任经济的典型产物。但要持续得到别人的信任，对大部分人而言，最好的方式是培养专业化的品牌，做持续的原创且具专业内容的产出。个体可以通过专业品牌产出优质内容，影响所能覆盖的用户关系链，让自己的内容借助产生互动的其他个体的社交关系链条传播扩散到更大的互联的关系网中。如果产出的内容有足够的话题性或专业性，或者两者兼具，就有可能利用社交关系传播链条带来爆发性传播，为其关注度带来指数级的提升。

课堂讨论：表 1-6 中展示的哪些产品更依赖你朋友圈的社交口碑？请打钩确认。和同学交流一下，为什么有的产品更依赖社交口碑？

表 1-6　选择依赖社交口碑的产品

咖 啡 屋		日 常 衣 物	
食堂窗口		游戏	
培训机构		生活用品	
食品品牌		电子产品	

① 关键意见领袖（Key Opinion Leader）简称“KOL”，是营销学上的概念。通常被定义为：拥有更多、更准确的产品信息，且为相关群体所接受或信任，并对该群体的购买行为有较大影响力的人。

5. 短视频时代

根据 2021 年 1 月发布的《2020 抖音大数据报告》显示，短视频产品“抖音”的国内日活跃用户突破 6 亿人，日均视频搜索次数突破 4 亿人次。尤其在疫情期间，“抖音”成为了人们学习生活技能、健身打卡的“主力军”。显然，以“抖音”为代表的短视频产品正逐渐成为风靡全国的应用产品。图 1-6 所示为《2020 抖音大数据报告》的部分内容。

2020 抖音陪你宅家生活

93 亿次播放

电饭锅蛋糕成为用户最爱的自制美食
相关视频播放量超过93亿次

1446 万人参与

1446万人在抖音上
参与云健身活动

8 亿次获赞

钓鱼成为抖音用户最爱的休闲运动
获赞超过8亿次

图 1-6 《2020 抖音大数据报告》部分内容

“视频”这一形态其实诞生时间久远，优酷网、土豆网、爱奇艺等视频网站已经在 2005 年前后先后上线；而短视频只不过是仅属于视频的一个分支模块。为什么短视频会迅速崛起，成为新媒体营销必须重视的一大平台呢？原因有四个。

（1）传统的新媒体营销的内容多以图片、文字或 H5 等形式呈现出来的；与之相比，短视频的信息承载方式更立体、内容更丰富、互动性及参与感更强。

（2）随着智能手机的普及和移动互联网的提速降费，生活中大量碎片化的时间得以利用，而短视频平台的内容通常仅为 15 秒左右，充分满足了网民在“等人”“坐车”等碎片化生活场景中的信息获取需求。

（3）沉浸式的用户体验。以抖音及快手为例，“瀑布流”式的界面和简单的上滑、下滑式的操作，很容易让用户沉浸其中。

（4）智能化的推荐算法。短视频平台基本上是根据其“智能算法 +LBS（Location Based Services，基于位置的服务）推荐 + 关注分发”的模式运行的。视频在平台上发布后，用户的正向反馈越好，越能得到更多地推荐的机会。基于这种算法机制，用户看到优质内容的概率也就越高。

课堂讨论： 你通常是在何种情况、什么时间浏览短视频内容？

在此种趋势下，新媒体营销工作也需要做出顺应潮流的改变。

（1）风格娱乐化。短视频平台的整体风格应以轻松、娱乐为主，在短视频平台发布的内容要避免枯燥的说教，或者在剪辑中添加“贴纸”，增加其趣味性，将有用与有趣相结合，以吸引人的目光。图 1-7 所示为抖音内容节选。

图 1-7 抖音内容节选

（2）视频真人化。虽然短视频平台可以发布纯文字类视频或图片类视频，并辅以一定的特效手段来吸引人的注意力，但曝光度高的内容往往以真人出镜类居多。

（3）节奏紧凑化。短视频呈现的时间较短，通常都在 15 ～ 45 秒。这就要求短视频要在极短的时间内，呈现出较高密度的内容，整体的节奏要紧凑，不要出现拖拉的情况。

（4）议题正向化。短视频在呈现内容的过程中，也是传递价值的一种过程。因此，我们所选的议题应该正向化，传递正能量。

（5）内容系列化。短视频平台用户在遇到感兴趣的视频内容后，最常见的操作是查看作者信息并浏览更多视频，这就要求新媒体营销者对内容进行精准定位，防止出现杂乱无章的情况，那种情况最终会影响关注数量。

6. 信息流时代

在新媒体领域，“信息流”指的是平台按照一定的顺序进行内容呈现，像水流一样将内容逐个呈现在用户眼前。例如用户在进入微博首页后，所看到的信息呈现样式即信息流，如图 1-8 所示。

图 1-8 微博信息流示例

现阶段，多数平台的信息流呈现已经由“时间顺序”进化为“算法分发”，即平台数据系统会记录用户的每一次浏览行为，并据此计算用户的喜好，随后向用户推送可能感兴趣的内容。例如用户在今日头条阅读美食类文章后，系统便会向用户推荐多篇此类文章，如图 1-9 所示。

图 1-9 算法分发示例

课堂讨论： 现阶段多数算法分发平台会记录用户的浏览行为，并通过计算“猜”出用户可能的兴趣点，进而为用户推荐更多的内容。假如你近期在“知乎”浏览了大量的求职类内容，以下哪些文章是“知乎”平台极有可能推荐给你的？

①《你所经历过最尴尬的事情是什么？》；

②《求职时如何与 HR 谈判以争取到更高的待遇？》；

③《如何扩大社交圈？》；

④《求职的秘密：如何找到靠谱的公司？》；

⑤《你知道的最冷的冷知识是什么？》。

1.6　新媒体法律法规、伦理道德与新媒体素养

新媒体的出现在很大程度上促进了人类社会的信息传播和人际互动的效果，提升了人们传递信息的便捷和自由程度。但因为新媒体传播的渠道多、扩散的速度快，导致一些低俗信息、网络谣言快速传播，一些触犯法律或道德底线的负面行为，常常造成难以挽回的后果。

所以，新媒体编辑需要具备一定的法律意识，具备媒体人的道德底线和基本媒体素质。

1.6.1　新媒体法律法规

在国内新媒体发展的过程中，政策法规的出台及管理体系的调整可以说是在匆忙之中完成的。特别是互联网的跨媒体这一特征，给原先按照行业界限划分的管理体制带来了巨大的挑战。

新媒体面临的法律环境是较为复杂的。基于其极强的互联网特性，仅是针对互联网本身的相关法律法规就有数十个，其中有宪法与法律，有司法解释，有行政法规、部门规章和文件规定，还有地方法规和行业规范。面对新媒体在发展过程中不断涌现出的新应用，已有的政策法规还将继续做出适当的调整、修改，同时新的法规也会不断地颁布。

所以，作为新媒体从业人员，不仅需要对这些政策法规有所了解，更要树立相应的法律意识，提前预知可能发生的潜在的违法行为，避免触碰红线，满足保障媒体正常运行的基本要求。

涉及网络管理的法律法规虽然比较纷繁复杂，但实践经验证明，与日常编务工作密切相关的法律法规主要集中在与信息内容安全、版权保护及名誉权保护等方面。

《互联网信息服务管理办法》。其中最直接的法律法规是 2000 年 9 月国务院颁布的该办法主要是对网络信息服务提出基本规范，其中必须重点掌握的条款如下。

第十五条　互联网信息服务提供者不得制作、复制、发布、传播含有下列内容的信息：

（一）反对宪法所确定的基本原则的；

（二）危害国家安全，泄露国家秘密，颠覆国家政权，破坏国家统一的；

（三）损害国家荣誉和利益的；

（四）煽动民族仇恨、民族歧视，破坏民族团结的；

（五）破坏国家宗教政策， 宣扬邪教和封建迷信的；

（六）散布谣言，扰乱社会秩序，破坏社会稳定的；

（七）散布淫秽、色情、赌博、暴力、凶杀、恐怖或者教唆犯罪的；

（八）侮辱或者诽谤他人，侵害他人合法权益的；

（九）含有法律、行政法规禁止的其他内容的。

1.6.2 新媒体伦理道德

新媒体营销市场的繁荣让新闻传播的活跃度大幅提升，但同时也给新闻传播有序发展带来了挑战。作为面对广大受众的直接责任人，新媒体从业人员需要具备一定的道德素养。

预防新闻传播失范的措施有很多，一方面需要依靠国家的制度从外部进行限制，另一方面则需要靠个人伦理道德从内部进行约束。新媒体传播并非无禁区，从业者需要树立一些核心伦理观念，形成基本伦理共识，优化新媒体环境，规范自身行为，正确引导舆论走向。

对新媒体工作者的道德标准，有以下几点要求。

1. 尊重客观事实

在新媒体环境中的新闻传播追求“无事不报、不报不快”。一个新的新闻事件出来之后，往往会要求媒体人员快速报道、转发、传播，而且越是违背常理的猎奇内容传播得越快，甚至有的媒体会加上情绪化的评论，这样的现象造成了新媒体中充斥着许多不实的信息。作为媒体行业的一部分，这种“快传播”很大程度上忽略了“事实第一性、新闻第二性”的新闻行业的本源理念。有些新媒体传播往往不追求在事实的基础上进行传播这一本源，因而削弱了其作为新闻传播的公信力。无论何时都要记住，不论传播方式怎样，尊重客观事实始终是新闻传播媒体的底线。每一次新闻传播过程都是对传播者信誉的展示，传播者必须首先对新闻源和新闻事实进行核实，在理性判断的前提下进行传播活动。

2. 尊重知识产权

新媒体传播过程中的大多数新闻内容其实并非原创，而是源自其他机构或作者的作品。当前形势下，新媒体新闻传播中的一个突出问题就是渠道过剩、内容不足，这种现象的根本原因在于新闻采写的专业性和信息源的有限性。新闻内容作为新媒体传播中的核心资源，凝结了原创者的劳动心血，理应予以充分尊重。这种尊重一般体现在新闻作品的署名权上，凡是转发的新闻内容，一定要注明作者及其代表机构的名称。尊重同样也体现在新闻作品的收益权上，即若是点击率带来了传播平台的收益，平台理应与内容提供者分享这种收益。

3. 尊重个人隐私

在新媒体的新闻传播过程中，由于传播者获取信息更加便捷，非法传播后的追惩力不强，造成传播过程中对涉及个人隐私的内容保护力度不够；大量的揭秘性传播、透露个人信息的无意识传播，乃至于“人肉搜索”的攻击性传播，都不同程度地构成了对个人隐私的侵犯。尊重个人隐私是最起码的良知，所以应该维护良好的新媒体新闻传播秩序，要做到必须把尊重个人隐私作为道德底线和行为共识。

4. 尊重社会公益

新闻作品是公共产品，也是商品。前者体现在新闻作品的社会服务功能上，后者体现在新闻作品的市场信息价值上。对许多传统媒体而言，其组织的商业价值是通过以提供新闻产品为主业的整体影响力来实现的。但是在新媒体的新闻传播中，许多不良传播者将新闻作品的商品属性无限放大，力求实现自身所在平台商业价值最大化。这种不良行为忽视了新闻作品的公共产品属性，很容易出现低俗新闻、有偿新闻、有偿不闻，甚至出现赤裸裸的新闻交易的恶劣行为，导致因新闻传播造成社会效益受损的现象发生。从新闻传播的社会职能上看，新媒体与传统媒体一样要坚守社会效益的优先原则，不能盲目为了经济利益而侵害社会公益。

5. 尊重国家利益

新媒体的出现导致新闻传播打破了国内国际的界限，新媒体已经发展成为了国际传播的大舞台。在这一舞台上，支持中国的正面声音在传播，诋毁中国的负面声音也不时出现。在这种负面声音中，有恶意丑化中国形象的谣言，也有利用“揭秘”“独家新闻”等方式来否定中国领导人、中国政策、中国历史的内容。对此种“新闻”，新媒体传播者要具有敏锐的辨别力和牢固的思想定力，坚决不传播虚假信息，自觉维护国家的利益。

1.6.3　新媒体素养

新媒体编辑作为互联网内容的直接“把关人”，在信息传播过程中发挥着重要作用。然而，这一角色因为之前的许多表现在社会中却备受诟病。探究其深层次的原因，既有受众对新媒体编辑工作的误解，也有新媒体发展过程中出现的丑闻而造成的一些负面影响。提升新媒体编辑的专业素养是新媒体传播过程中的关键，这样才能更好地消除误解。

1. 政治素质

新闻传播媒体是同政治联系最为紧密的行业之一。无论是在我国还是在其他国家，都不能除外。然而，随着科技的进步和新媒体的发展，有人开始认为，新媒体行业是开放性传播工具，其导向无关紧要，这是对新媒体最大的一种误解。

众所周知，媒体是宣传的工具，新闻舆论处于意识形态斗争的最前沿；舆论导向正确能够在危急时刻鼓舞人心、汇聚力量，舆论导向错误则会涣散人心、瓦解斗志。因此，无论是在过去还是将来，对新媒体编辑与传统媒体编辑的要求都是一样的，都需要具备一定的政治素养，能够坚守主流意识形态，深刻领悟并宣传党和国家的方针、政策和精神。尤其是在多元文化并存的时代，更需要新媒体编辑具备一定的政治素质和修养。

现在，新媒体编辑为受众或为其所供职的新媒体组织所提供的，不仅仅是信息，更是一定程度上的精神产品。这种精神产品的性质，决定了编辑应具有高度的政治敏锐性。如果编辑缺乏这种把控能力，就会使其编辑过的新闻偏离传播方向，误导公众。尤其是对存在争议或容易出现误判的新闻内容，新媒体编辑更要再三确认事实真相。否则，不但会影响到自身媒体的公信力，更容易滋生谣言，威胁到党、国家和人民的利益。比如，20×× 年在自媒体上疯传的《搬、搬、搬，五类人将要搬出北京》一文，就是无良新媒体编辑对地方政府方针政策的曲解，该文章不仅在社会上产生了负面影响，同时还严重地影响了党和政府的形象。所以，新时代的新媒体编辑不仅要注意提高自身的政治觉悟，还要在新闻信息传播过程中做到自觉维护党的方针政策。只有这样，才能守护好新媒体的舆论阵地，为受众传播健康、积极、有用的新闻信息，真正肩负起为人民服务的责任。

2. 文化素质

对新媒体编辑工作，社会上还有另外一种论调，认为新媒体编辑只需要具备基本的计算机操作技能就可以了。显然，这又是一种对新媒体编辑工作的误解。

在实际应用中，新媒体编辑所面对的媒体环境相对于传统媒体更为复杂，加上在新媒体时代知识更新更快，学科划分更细，相互之间又存在着渗透和交叉，其面临的压力和挑战远比传统媒体编辑大得多。作为新媒体编辑，不仅要掌握专业的新媒体的相关知识和技能，还要在某种程度上上知天文、下知地理，更要在每天的业务实践中认真仔细、慧眼识珠、判别真伪、严格把关。

3. 法律素质

传统媒体在其传播过程中有着严格的“把关”制度，而新媒体的传播环境则较为宽松。因为存在这样相对“宽松”的环境，就要求新媒体编辑在其工作中不仅仅要懂得自律，更要具备一定程度的伦理和法规意识。然而，当下社会的一些谣言或虚假新闻等不良信息，大多数都是通过新媒体的方式传播的，对社会造成了严重的负面影响。从这点来说，新媒体编辑是要负一定责任的。

在相对宽松的网络环境中，新媒体编辑们更应自觉加强自身的伦理道德修养，加强对相关行业法律法规的学习。否则，一不留神就会出现偏差。在2015至2017年的《中国新媒体发展报告》中明确指出，谣言的重灾区就在新媒体渠道中。再比如，一些自媒体利用人们的隐私，打法律擦边球，误导青少年做出不恰当的行为。更有甚者，个别不良网媒竟然传播贩毒、涉黄等严重信息，给社会造成了恶劣影响。

上述现象尽管有的是由于新媒体编辑素质不高而导致的缺陷，但也有部分属于有故意为之的嫌疑。要对这些现象或问题做出改变，对新媒体编辑进行素质培养就是当务之急，唯有如此，新媒体编辑才能担当起自身的社会责任。

总之，新媒体时代的到来，对新媒体从业人员提出了更高的要求，有些素质和修养，不仅需要通过高校教育来培养，更需要通过岗位培训和自主学习来养成。只有不断地主动提高自身素养，新媒体编辑才能在不断变化的环境中满足不断发展的“新”的要求。

1.7 主要新媒体的表现形态

新媒体依托互联网发展壮大，走在了信息传播的最前沿。随着互联网技术的日益进步，新媒体的表现形态也不断随之革新。

1.7.1 门户网站和微网站

互联网在中国开始广泛为人所知，始于1998年门户网站的建设热潮。当时人们对建设“全球互联”的新形态通信的热情一点都不亚于如今建设移动互联网的热情。门户网站便是当时建设过程中的典型例子。

门户网站，通俗地说就是进入互联网的入口，只要通过这个网站就可以获取你需要的所有信息，或者达到任何你想要达到的网站，例如“hao123”。

在门户网站发展的起步阶段，很多门户网站仅仅提供搜索服务和网站目录服务，但是在后来的发展中，这些门户网站快速地拓展了各种新的业务，如电子邮件、发布新闻、在线调查、开通话题专栏、提供论坛博客等。网站功能越来越全面，架构也越发复杂。图 1-10 所示为早期门户网站。

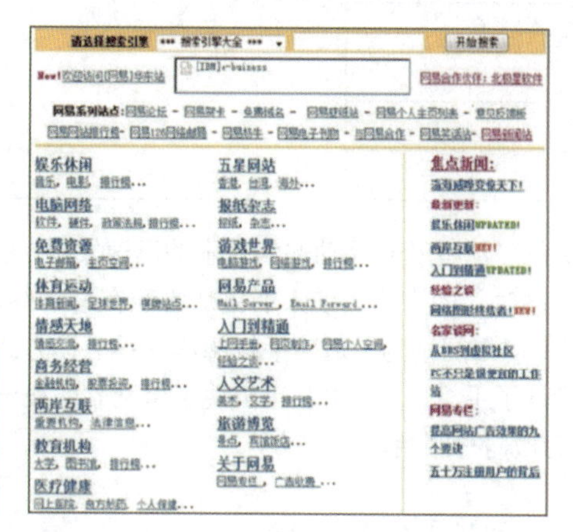

图 1-10　早期门户网站

发展到今天，所有的新闻门户网站都进化为栏目多元化的综合性网站。如今的门户网站首页和当年区别非常大，如图 1-11 所示。

图 1-11　门户网站首页

根据获取信息的不同，门户网站分为综合型门户网站和垂直型门户网站。在我国，典型的综合型门户网站有新浪、搜狐、网易和腾讯四大网站。

把门户网站按照网站内容和定位分类，可以分为网址导航式门户网站、综合性门户网站、地方生活门户网站、垂直行业综合性门户网站及公司组织门户网站等。

课堂讨论： 请为下表中网站与网站类型连线，思考它们都属于哪一类的门户网站。

360 导航		政府门户
新浪网		企业门户
和讯网		垂直行业门户
教育部		综合性门户
上海热线		地方生活门户
中国农业银行		导航式门户

智能手机的广泛普及和移动通信技术的迅速发展，推动了移动互联网时代的来临，使人们更加喜欢在移动终端获取信息。很多门户网站为了适应手机阅读这种阅读方式，有针对性地设计了手机门户，由此也出现了微网站的概念。图 1-12 所示为微门户网站。

图 1-12　微门户网站

1.7.2　论坛和问答类平台

论坛，又名网络社区，是互联网上的一种电子信息服务系统。论坛的主要功能是用户可以自由发布主题和回复帖子，内容多变，具有极强的交互性。

中文论坛火爆于 1997 年，与中国互联网的发展同步。除了新浪、搜狐、网易这三大门户网站论坛之外，天涯、西祠胡同、猫扑、凯迪等中文论坛也逐渐兴起，甚至连“搜索巨头”百度也建立了“百度贴吧”，论坛盛极一时。不同的论坛为了争取用户、获取相对稳定的流量，开始细分类别，由此出现了如文学领域的榕树下、红袖添香，IT 领域的 DoNews，手机领域的手机之家，汽车领域的汽车之家等大量专业论坛，中文论坛开始步入繁荣时期。图 1-13 所示为天涯社区的徽标。

论坛作为中文网民最喜爱的网络社区，曾经盛极一时，但从 2009 年开始，论坛开始走下坡路。其原因除了互联网舆论监管因素之外，也体现在论坛的文章质量低、管理成本高、信息搜索困难等方面。不同因素叠加，造成论坛这种新媒体形态也不可避免地不断流失基础用户。

随着人们花在论坛上的时间慢慢变少，论坛似乎已经过时。但创立于 2010 年 12 月的一个问答型论坛社区——知乎，却让人眼前一亮。图 1-14 所示为问答型平台——知乎。同样属于内容型社区，同样是人人可以注册，同样是在一个话题下每个人都可以发表评论、交换观点的平台，但知乎的用户体验远胜于传统论坛。

知乎的新型设计更适合手机移动端用户阅读，它阅读起来简单、方便、快捷，而传统论坛的话题树模式更适合计算机的大屏幕。今天，在智能手机普及、移动阅读普遍的大趋势下，知乎自然更容易赢得用户的喜爱。图 1-15 所示为移动设备下的知乎操作界面。

图 1-13　天涯社区的徽标

图 1-14　问答型平台——知乎

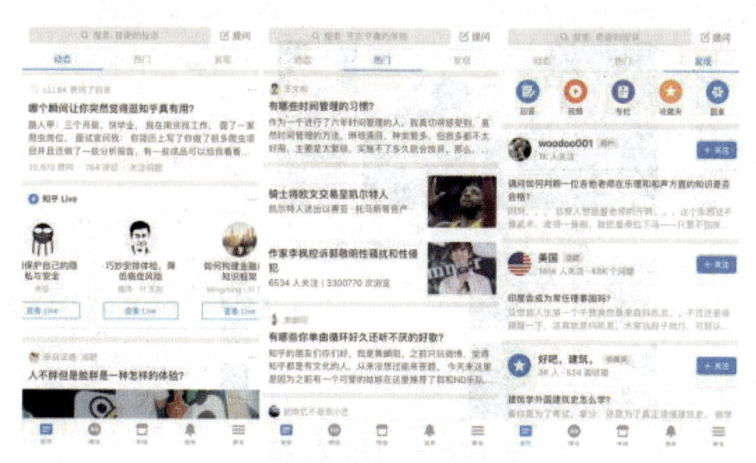

图 1-15　移动设备下的知乎操作界面

总的来说，从传统论坛到知乎，两者都是对话题进行讨论的平台，但随着人们对信息获取的要求越来越高，同样都是内容型的社区，这两种新媒体的形态在发展过程中不断发生变化，其中没有变的是人们对信息交流的渴望。

1.7.3　博客和微博

博客来源于“Weblog”。Weblog 一词，指网络日志，是一种以网络作为载体，由个人管理、更新的文字、图片或视频的网站或在线日记，是一种用来抒发情感、分享信息或传播个人思想，带有知识集合链接的展示方式。

1999 年是博客用户高速增长的一年，主要是由于 Blogger、BigBlog Tool 等众多有自动网络出版发布功能的免费软件的出现，这些软件还提供免费的服务器空间，博主可以相对零成本地发布、更新和维护自己的网站内容。

早期，人们会在博客上分享自己的所见所闻、知识技能、思想感悟等。相比论坛碎片化的话题，博客让个体的特点、性格更清晰可见，更容易引发大家的认可和关注。图 1-16 所示为早期博客界面。

图 1-16　早期博客界面

微博，即微型博客的简称，是一个基于用户社交关系的信息分享、传播及获取的平台，用户可以通过微博平台发布500字以内或有数量限制的图片作为信息更新，并实现即时分享。微博之所以叫作微型博客，从某种意义上来说，是因为它属于博客的一种。随着推特等微型博客的兴起，以新浪微博为代表的中文微型博客也迅速发展起来，吸引了大量个体博主加入，同时也吸引了大量普通人群关注微博。2010年以后的三年中，微博成为了当时最热门的新媒体。图1-17所示为微博PC端界面。

图1-17 微博PC端界面

微博的兴起过程与智能手机的普及进度密不可分。人们通过使用PC端、移动端等各种可进行网络连接的终端进行界面访问，在登录专属账号后，用户就可以随时随地发布文字、图片、音频、视频等类型信息，再将自己的最新动态以短消息、短信等形式发送给关注者，完成信息的传播过程。

1.7.4 QQ和微信（即时通信）

即时通信，是一种可以让使用者在网络上进行私人聊天的实时通信服务。在使用者把通讯录（类似电话簿）中的某人连上即时通信时，软件会发出信息通知对方使用者，对方使用者便可据此与本方使用者通过互联网开始实时通信。如今，除了文字外，大部分即时通信服务也具有语音或视频通信的能力，在某种程度上已经取代了传统电话的功能。

实时通信与传统电子邮件、信件通信的最大不同之处在于不用等候，不需要在固定时间间隔为执行"传送与接收"任务。只要双方同时在线，就可以实时进行文字、档案、声音、影像的传送。目前，在国内互联网上，有一定规模用户的即时通信软件包括腾讯QQ、微信、易信、钉钉、百度HI、移动飞信、千手、京东咚咚和YY语音等。

在即时通信领域，目前国内还没有其他实体或个人能撼动腾讯的统治地位，腾讯在仍然拥有QQ的情况下，推出了一款新的即时通信工具——微信（WeChat），如图1-18所示。这款即时通信产品在短短两年内就覆盖了中国几亿用户，而且走出了国门，成为如今的主流即时通信应用平台之一。微信支持跨通信运营商、跨操作系统平台服务，通过网络快速发送免资讯费（消耗少量网络流量）的语音短信、视频、图片和文字，同时也提供了公众平台、朋友圈、消息推送等新媒体服务。用户可以通过“摇一摇”“搜索号码”“附近的人”“扫一扫”等方式添加好友和关注公众平台，同时可以将内容分享给好友，分享到微信朋友圈，图 1-18 所示为微信界面。

图 1-18　微信界面

截至 2019 年初，微信已经覆盖了中国 90% 以上的智能手机，月活跃用户超过 10 亿个，用户分布于 200 多个国家及地区，使用语言超过 20 种。此外，各品牌的微信公众账号总数已经突破了 1500 万个，微信支付用户达到了 6 亿个左右。

课堂讨论： 回想一下使用 QQ 和微信的体验，为下表中的功能和对应产品连线。结合你的使用经历，你更喜欢使用 QQ 还是微信？

QQ		空间
		朋友圈
		在线状态
微信		订阅号
		支付
		会员功能

1.7.5　长视频平台和短视频平台

长视频（一般指超过半个小时的视频，以影视剧为主）平台也就是我们通常所指的视频网站，它是可以让互联网用户在线流畅地发布、浏览和分享视频作品的网络媒体。YouTube 视频网站以其独特的分享模式取得成功后，被 Google 以天价收购，这桩收购案促使视频分享网站进入了国人的视野。

在此之后，许多有眼光的投资者看中了视频网站中蕴含的巨大潜在商机，纷纷仿效 YouTube，一时间国内视频网站呈现爆炸式的发展。网络视频行业在诞生之后并不很长的时间内，产生了十分迅猛的发展成果，除了专业的视频网站（如优酷、土豆、乐视等）之外，一些门户网站（如搜狐、新浪、网易等）也开始进入了该领域试水。这一时期，酷 6、爆米花、暴风影音、PPlive 和 PPS 等数百家视频网站纷纷崛起，分别从自己的角度做起了网络视频的生意。图 1-19 所示为视频网站界面。

为了实现盈利，国内的视频网站从免费分享视频模式走向了在视频前后加上贴片广告的模式，包括视频暂停期间也可以插入暂停广告。最初视频网站担心破坏用户体验，要求视频广告采取随机插入的策略，广告时间也不得超过 15 秒，后来逐步发展到广告长达 60 秒，而且强制用户必须观看完广告才能看视频。发生如此大的转变的原因，是几乎所有生存下来的视频网站都开始重视并购买独家原创影视剧版权，或者拍摄自制网剧。最近几年，腾讯视频、优酷、爱奇艺等视频网站出品了大量的原创爆款影视剧，大多数观众为了观剧或提前观剧，纷纷成为视频网站的用户，甚至成为付费用户。

图 1-19　视频网站界面

课堂讨论： 结合自己的亲身经历，说说你平时浏览最多的视频网站是什么？并说说自己喜欢该视频网站的原因——是为了追剧？是为了追哪一部影视剧？

短视频（时长在 5 分钟以内的视频）平台，是一种新兴的互联网内容传播方式。2016 年 9 月，专注年轻人的 15 秒音乐短视频社交软件“抖音”上线，用户可以通过抖音软件选择歌曲并拍摄 15 秒或更长时间的音乐短视频，形成自己的作品。除了抖音外，快手、美拍等短视频软件，也凭借全新设计风格、清晰的视频拍摄、简单的剪辑方式、独特的音乐主题、丰富的特效，迅速受到年轻人的喜爱。图 1-20 所示为抖音的徽标。

图 1-20　抖音徽标

从操作难易程度上看，视频网站上传视频的流程较为复杂，需要经过拍摄——剪辑——注册上传——转码审核过程，整个过程相对较为烦琐。随着智能手机的普及和移动通信技术的发展，短视频软件完全可以解决视频网站上传流程烦琐的问题，只需要打开手机里的短视频 App，随手拍摄就可以直接上传，操作方便简单。

从内容及形式上，现在视频网站内的视频以电视剧、电影、综艺等长视频为主，而抖音、快手等软件则主要以短视频为主，其在社交媒体分享，做的是社交圈传播。在社交媒体领域，速度更快，耗费流量更少的短视频媒体更受欢迎。

所以现在的长视频平台 App 也多数整合了短视频功能，虽然内容数量、质量都不及专业短视频平台，但坐拥其版权优势也能在如今的市场中分一杯羹。图 1-21 所示为爱奇艺 App 中整合的短视频功能。

图 1-21　爱奇艺 App 中整合的短视频功能

1.8　本章小结

本章主要讲解了新媒体的基本概念；新媒体和旧媒体的区别；如何区别新、旧媒体；新媒体的四个主要表现形式；新媒体编辑在时代发展下需要具备的基本素质；新媒体在现有条件下的主要形态。

通过本章内容学习，应掌握以下基本知识。

（1）所有基于信息技术平台的媒体都可以看作新媒体；传统媒体经过信息技术改造后，也可以升级为新媒体。

（2）不论是新媒体还是传统媒体，实际工作中的焦点都是准确了解每一种媒体的覆盖人群、适合场景，从而准确选择适合投放的媒体平台。

（3）信息技术改变了人类的阅读行为模式，移动化、碎片化、场景式阅读开始成为主流，这深深影响了新媒体传播的规律。抢占读者的注意力、吸引读者参与互动、诱导读者进行社交分享传播，开始成为新媒体运营的主要目标。

（4）了解新媒体现有的几种表现形态，明白其来源和主要特点。

（5）新媒体营销必须对趋势保持关注，了解短视频、信息流及内容等最新的变化，并进行对应的营销策略优化。

（6）对新媒体法律法规有清醒的认识，不触碰红线；作为新媒体从业者，需要具备一定的道德和素养，保证网络环境的健康积极。

第2章　新媒体营销概述

你有经常打开微信查看朋友圈的习惯吗？你会不会每天都会打开微博查看今日热点？你会不会在散碎的空闲时间打开各种手机 App 消遣娱乐或是进行查询和消费？如果答案是肯定的，这意味着你已经被新媒体的各种途径“洗脑”了。随着“互联网 +”的快速发展，新媒体更加广泛且全面地渗透进了我们生活的方方面面。那么如何利用新媒体资源丰富、渠道广泛的优点来实现营销目标，实现企业的转型与升级，是许多品牌企业发展至关重要的一点。

但是我们需要了解的是，新媒体营销的定义究竟是什么？这种营销手段与传统营销方式又有哪些区别呢？

2.1　新媒体营销的定义

新媒体是在报刊、广播、电视等传统媒体之后发展起来的一种新型媒体形式。它通过利用数字、网络、移动等科学技术，无线网络、有线网络、互联网等渠道，手机、计算机、数字电视机等终端，向受众传播信息，提供娱乐。

所谓的新媒体营销，换句话说，就是企业通过各种各样的新媒体方式所进行的营销活动。

2.1.1　新媒体营销的内涵

1967 年，新媒体的概念由哥伦比亚广播电视网（CBS）技术研究所所长戈尔德马克（P. Gold mark）提出。新媒体是一个相对的概念，目前所谈的新媒体包括网络媒体、手机媒体、数字电视等形态。回顾新媒体的发展过程，可以看出新媒体是伴随着技术的发展而不断变化的。

新媒体营销是区别于传统媒体（报刊、广播、杂志）的一种线上营销模式，其具有传播范围广、互动性强、投放灵活、成本较低等特点。新媒体营销已逐步成为当今社会最重要的营销模式之一。具体来说，新媒体营销是指在信息化、网络化、电子化环境下展开的一种营销模式。新媒体营销既是营销模式的一种，也是企业开展网络营销活动的方式之一。它是一种基于现代营销理论、利用新技术的企业经营手段，它以最大限度地满足企业及客户的需要、实现企业利益最大化为目的。

2.1.2 新媒体营销的特征

新媒体营销的特征多种多样，大致可以概括为以下几种。

1. 应用载体广泛

新媒体营销可以应用在 PC 互联网端。网络媒体是新媒体的主要平台之一，媒体的属性和地位在互联网中文社区近二十年的发展历程中早已获得。它的诞生给世界带来了巨大的改变，也逐渐成为了人们生活不可缺少的重要元素。

新媒体营销也可以运用在移动互联网。移动媒体是以智能手机、平板电脑为代表的移动终端作为信息传播载体的新型的媒体平台。移动媒体终端的最大特点就是便携性，可随身携带。移动媒体的形式丰富多样，从早期的手机短信、手机报，到今天的资讯、视频、社交等 App 及二维码，都成为了移动媒介形式，并以快速、互动、即时沟通的模式取代了单向、压迫式的传播，实现了真正意义上的即时分众沟通。图 2-1 所示为新兴的媒体平台。

2. 呈现形式多样

最简单的营销呈现形式是文字，例如某年轻品牌白酒营销文案“活在别人的眼光下，不如活在自己的期待中”，如图 2-2 所示。

图 2-1 新兴的媒体平台

图 2-2 某白酒品牌的营销广告

另一种简单直接的营销载体是图片。用有话题性、容易被转载的图片做广告营销，这种直观的视觉方式能让受众在短时间内领会营销图片所宣传的产品或思想。例如某化妆品品牌在其微信公众号上发布的“一九三一”长图广告，贴合了手机端用户的使用习惯，形成了“刷屏”的效果，如图 2-3 所示。

得益于营销终端的发展，动态的视频也能进行营销，包括电视广告、网络视频、宣传片、微电影等各种方式。例如美国某电器公司为宣传搅拌机，以一个老人将各种稀奇古怪的东西扔进搅拌机为主题，拍了一系列视频，并取得了不错的营销效果，如图 2-4 所示。

图 2-3 某化妆品牌的营销广告

图 2-4 某家用电器公司的营销广告

在新型的移动终端上，H5 动态页面是近年来兴起的一种营销方式。H5 营销方式多利用各种创意设计进行营销。因为形式多样，内容独特，常常可以起到较好的传播效果。例如某音乐软件推出的“年度歌单”统计，脱离了音乐软件本身，在微博、微信朋友圈引起了强烈反响，如图 2-5 所示。

除了利用视觉感官，也可以利用听觉，使用音频进行营销，不需要占用双眼，可以实现“伴随式”的营销效果。例如在 2016 年“双 11”，某购物平台与上海彩虹合唱团合作，创作出了“我就是这么诚实”这首推广歌曲，歌词切中用户痛点，开启了“双 11”的音频营销，如图 2-6 所示。

图 2-5 某音乐软件的营销广告

图 2-6 某购物软件的营销广告

3. 目标客户精准

新媒体能够包含丰富多彩的内容，且利用微信、微博、论坛等能让每个人都能成为信息发布者。在浩如烟海且不断更新的信息流中，不仅有关于生活、学习、工作等的各类讨论，更有关于社会问题、国际关系的讨论，能展现前所未有的广度和深度。通过分析社交平台上的大量数据，数据持有的企业利用新媒体能迅速地了解用户的需求，为产品的设计与开发提供研发的科学依据。以新媒体技术为新媒体营销奠定良好基础，大大降低了产品投放市场前的风险。图 2-7 所示为微博和微信的 App 图标。

图 2-7 微博和微信的 App 图标

同样地，相对于传统媒体，受众只能被动地接受信息的限制，在新媒体传播中，受众可以借助便捷的移动网络通信技术，及时地与营销实施者进行互动，这使信息传播方式发生了翻天覆地的变化。移动通信网络及移动终端设备的普及，使信息的时效性大大加强。因此，新媒体营销为即时信息传播提供了途径，效率得到极大提高。

4. 成本低廉

企业利用新媒体开展营销活动，不仅在操作层面上简单方便，而且宣传推广的费用也相对较为低廉。利用新媒体发布企业营销活动及产品信息的成本几乎为零，这与企业在报纸、广播、电视等传统媒体上所付出的高额广告费用相比，极大地降低了企业的宣传推广团体。不仅如此，企业通过网络社交媒体，还可以施行价格低廉的舆论监控。

社交网络诞生之前，企业对受众进行舆论控制的难度很大，舆情处理几乎无法实现。而现在，社交媒体在企业危机公关处置方面发挥的巨大作用已经得到了广泛认可。目前，国内许多企业都在采用新媒体营销方式。图 2-8 所示为微信的服务号、订阅号和小程序，许多企业都在使用这些功能开展新媒体营销。

图 2-8　微信的服务号、订阅号和小程序

案例　支付宝“锦鲤”

“锦鲤”是绕不过的营销词语。从“转发这个杨超越”[①] 到支付宝“中国锦鲤”大奖，都在网络上形成了“病毒式”的传播。

而吸引如此众多网友的转发，最大的原因是被抽中的这位“中国锦鲤”，可获得全球免单大礼包！礼包的合作商更是分布海内外，提供的礼品不仅丰盛且含金量还相当高。大致包括鞋包服饰、化妆品、各地美食券、电影票、SPA 券、旅游免单、手机、机票、酒店等。结果，该微博一不小心就破了两项新纪录：不到六小时转发量破百万，周累计转发破三百万，成为企业营销史上最快达到百万级转发量及迄今为止总转发量最高的企业传播新案例。

图 2-9 所示为支付宝的“寻找中国锦鲤”微博抽奖活动截图。

图 2-9　支付宝的“寻找中国锦鲤”微博抽奖活动截图

① 转发这个杨超越：网络流行词，最开始是网友们用来吐槽参加女团选秀节目而走红出道的选手杨超越。因为在节目中唱歌跳舞实力表现平平，但是靠着粉丝投票一直身居前三位，最后才得以出道，被网友们吐槽为“转发这个杨超越不用努力就能得第二名”。

2.2 新媒体营销的理论支持

新媒体营销与传统媒体营销之间在传播媒介、传播方式、用户管理等方面有许多差异，这些差异导致了两种不同的营销法则。

最早由美国广告学家 E.S. 刘易斯提出的“AIDMA”法则一直沿用到今天。AIDMA 的含义是：引起注意（Attention）、产生兴趣（Interest）、培养欲望（Desire）、形成记忆（Memory）、促成行动（Action）。AIDMA 法则是指：首先消费者注意到该广告，然后对广告感兴趣而阅读下去，接着产生想买来试一试的欲望，之后记住该广告的内容，最后产生购买行为。这种广告发生功效而引导消费者产生的心理变化，就称为 AIDMA 法则，直观地如图 2-10 所示。

图 2-10 AIDMA 图例

AIDMA 法则直观地反映了传统媒体环境下的营销关系。新闻、娱乐、广告等信息经过编辑后，以图片、文字、视频等形式在电视、广播、报纸、杂志上发布，信息接受者几乎无法选择或筛选自己接收到的信息，也没有及时、畅通的渠道与信息发布方产生联系。这种一对多、集权式的传播技术，形成了消费者对于营销信息的“AIDMA”反应模式，从而形成了以“媒体”为核心，以“引起注意”为首要任务的营销策略。这种策略在对媒体的使用上要求内容刺激性强、覆盖传播范围广、重复次数多等，通过“引起注意”打开消费者消费意愿的大门。

随着互联网行业的发展，尤其是互联网社交媒体服务的出现，传统媒体的 AIDMA 法则便无法满足新型媒体的营销要求了。

2005 年国际 4A 广告公司日本电通广告提出了“AISAS”营销法则。AISAS 的含义为：关注（Attention）、兴趣（Interest）、搜索（Search）、购买（Action）、分享（Share），如图 2-11 所示。AISAS 营销法则是指通过引起消费者的注意，使消费者对信息产生兴趣，消费者开始主动搜索产品的其他信息，进而付诸行动（Action）产生购买行为，并通过网络进行分享。但分享的结束并不意味着营销过程的结束，消费者通过网络分享的方式，可以影响其他潜在消费者，从而引起对方的注意，产生浓厚的兴趣，主动搜索甚至决定购买再分享。

图 2-11 AISAS 图例

由于传播环境与生活方式等大环境的变化，大众的消费决策及消费过程也随之变化。尤其是随着电商及新媒体的发展，人们越来越多地通过电商平台产生消费行为，越来越多地通过社交媒体与网友、远方的朋友及钟爱的品牌发生互动。AISAS 营销法则充分验证了这一环境的变化对消费者行为产生的影响，人们开始在社交媒体上花费越来越多的时间，社交平台逐渐成为互联网上的集市，但人们的时间是有限的，争夺用户的时间引起用户注意开始成为营销的重要问题。搜索引擎技术的进步，同样为消费者的决策提供了支持，消费者一旦对营销内容产生兴趣，就会主动地通过搜索引擎对关心的内容进行搜索，进而采取行动、产生消费，再通过社交媒体把购买过程或产品体验进行分享。

传统媒体营销与新媒体营销对于企业营销活动的影响各有千秋，企业对传统营销及新媒体营销的侧重程度并没有固定的标准，这需要企业对自身产品及消费者的行为习惯进行调查，着重发展适合企业自身需要的营销方式。

同样，传统媒体的 AIDMA 营销法则与新媒体的 AISAS 营销法则并无优劣之分，两种营销法则是由不同的媒体属性决定的。对企业而言，充分利用好传统营销和新媒体营销的优势，将两种营销方式配合使用，使两种方式相互补充、相互影响，最终达到企业的营销目标才是首要任务。

2.3　新媒体营销与广告营销的区别

为了适应新媒体时代的新营销环境，新媒体从业者需要了解新媒体时代广告营销与传统广告营销在共性上的发展变化。

2.3.1　广告营销的特点

在传统媒体时代，广告营销信息的传播主要依赖报纸、期刊、广播、电视和电影等。频道、频率、版面等媒体资源价值就是营销广告的定价依据，媒体覆盖的广度就是广告资源质量和广告传播效果的评价标准。营销广告主每年都可以提前预算年度投放的广告支出，其效果在一定程度上也是有预期、可量化的。

广告营销的主要衡量指标有以下三种，如表 2-1 所示。

表 2-1　广告营销的衡量指标

衡量标准	内　容
千人曝光（CPM）	营销广告投放过程中听到或者看到某营销广告的每千人平均分担的营销广告成本。传统媒介多采用这种计价方式。在网上营销广告，CPM 通常理解为一个人的眼睛（耳朵）在一段固定的时间内注视一个营销广告的次数
点击量（CPC）	网络营销广告发生点击才产生费用，如搜索引擎关键词广告，展示是不收费的，点击才收费。网络营销广告媒体很多采用这种定价模式
转化效果（CPA）	按照行为作为指标来计费，这个行为可以是注册、咨询、放入购物车等。营销广告公司和媒体公司常用 CPA、CPC、CPM 一起来衡量营销广告价格

但到了新媒体时代，营销的方式发生了翻天覆地的变化。新媒体的不断出现为广告主提

供了更加直接地向人们传播信息的新渠道和新手段；社交化的传播效应又可以让新媒体营销效应实现倍增；快速发展的数字化新媒体形式为营销内容的表现提供了更为丰富的方式，互联网网站平台、移动互联网平台、社交媒体新平台、户外广告平台等媒介平台形式层出不穷。

课堂讨论： 你是否认为新媒体营销广告比传统报纸、广播、电视、杂志等广告更为精准？你的判断依据是什么？你能否举一个案例加以说明？

2.3.2 新媒体营销与广告营销的共同点

为了适应新媒体时代的新营销环境，新媒体从业者需要了解新媒体时代广告营销与传统广告营销在共性上的发展变化。

1. 互动性

传统营销广告传播方式的特点是由广告信息传播者向广告受众的单向传播，如报纸广告等依托印刷出版的媒体，这种局限主要是由广告传播的载体所决定的。这类局限性也存在于广播营销广告和电视营销广告。受众在接受广告信息之后也鲜少有机会参与到信息后续反馈之中。传统广告的受众所接收到的信息都是传播者精心设计的内容，在这种状态下，营销受众几乎无法与营销组织者形成互动。

新媒体的出现突破了传统媒体的单向传播模式。在新媒体时代，手机媒体与互联网媒体已成为营销传播的主要模式。受众可以通过点赞、评论与营销组织者深入互动，也可以通过分享观点、截屏页面、弹幕“吐槽”等行为和微信、微博等社交传播媒体进行朋友圈或社交圈传播，带动更多人进行良性互动，提升营销效果。

2. 多样化

新媒体营销广告的表现方式越来越多样化，可以将文字、声音、动画、链接等结合起来，以丰富的表现形式带给受众多感官的刺激。

新媒体营销的受众层次也越来越多样化。营销组织者在对营销行为进行设计与制作时也不再只以大众群体的喜好为依据，还会兼顾一些小众群体的品位、特点，特定地投放营销广告，使广告信息的传播更为有效和精准。

新媒体广告的传播渠道也呈现出多样化的特点。新媒体本身就是由多种媒体形式构成的，仅视频类型，就有网络视频、网络电视、公交移动电视、楼宇电视、视频直播等多种多样的传播渠道，如图 2-12 所示。

图 2-12 户外媒体广告

3. 海量化

受传统传播媒介的限制，传统营销广告信息传播的内容、版面、时长和时段都是受限制的，但数字媒体上的广告不仅突破了时间和空间的限制，还突破了形式的限制，不同的新媒体广告类型之间的差异不再明晰可辨。

2.3.3 新媒体营销与广告营销的不同点

同样，新媒体营销广告也有完全不同于传统营销的全新特点。

1. 精准定位

1971 年，大卫・麦肯兹・奥格威（David Mackenzie Ogilvy）在《纽约时报》（*New York Times*）上刊登广告，公布了创造“有销售力广告”的 38 种方法。排在第一位的是他提出的“最为重要的决定”——“广告运动的效果更多地由产品的定位决定，而不是由如何去写广告决定”。这个道理同样适用于新媒体时代的营销传播，无论媒体环境如何改变，技术发展如何快速，对营销受众的细分和准确定位依然是广告传播的精髓。

针对受众的移动性、多层级、个性化生活形态的特点，营销传播要尽量结合新媒体传播速度快，互动效果好，服务个性化、定制化的优点，让受众的特点与产品品牌更好地匹配。同时，要针对不同特点的人群和其不同的生活轨迹，让营销组织者准确地找到合适的目标受众，充分降低传播成本，从而提高营销效率。例如户外广告的发布要覆盖消费者的全生活场景，形成完整覆盖链条。例如小区电梯平面广告，公交车上的广告，候车亭和户外 LED 广告，电梯口的液晶电视里的广告，互联网络上的广告，休闲娱乐场所的液晶电视广告，卖场、超市的液晶电视广告，机场大厅的广告等，都应该作为投放的目标。图 2-13 所示为公交车广告的概念设计图。

图 2-13　公交车广告的概念设计图

2. 内容为王

营销广告内容化趋势是新媒体的新生态环境的一个重要优点。在新媒体平台上，营销组织者对营销信息传播的控制力不断变弱，基本上依靠营销案例本身的趣味性来吸引受众参加传播。因此，营销组织者必须改变传统的营销创意策略，通过创意将营销广告融入媒体，使营销内容与媒体资讯或娱乐有机地融为一体，让受众在愉快的体验中自发传播，带动品牌的传播和产品的销售。

当营销广告融入媒体、成为媒体内容的有机构成部分后，广告就不再是不受欢迎的植入，而是观众需要和感兴趣的资讯和娱乐了，这时的受众将不是在观看营销广告，而是在亲身参与并体验营销行为。

课堂讨论：你印象最深刻的新媒体营销案例是什么？请将其分享给同学们，并说说这个广告吸引你或是你分享它的理由。

3. 整合传播

营销组织者在投放营销广告时，通常会采用多样化的传播渠道，拓宽与消费者双向沟通的路径，传递相对统一的产品信息，树立稳定的品牌形象，尽可能地提升消费者体验，实现营销信息的有效传递。

故从营销广告投放的角度来看，应注重多种传播方式的整合。新媒体营销广告和传统营销广告各有千秋，不论是哪种方式都是优点与缺点并存。若是对它们加以组合运用，可以扬长避短，优势互补，从而达到更好的营销效果。

随着科技的不断发展，未来整合营销、大数据营销将逐渐成为主要的营销方式。如何抓住社交网络、视频网站、微信、App 等近年来兴起的数字接触点，通过新的营销模式将营销行为列入企业的全媒体战略之中，是营销推广策划的重中之重。

课堂讨论：在你的印象中，有没有被传统媒体广告吸引并关注企业新媒体账户的经历？请将其分享给同学们，说说这个广告吸引你分享的理由。

案例 第一届文物戏精大会

拍灰舞、98k 电眼、当当当当……熟悉的旋律响起，驻扎“抖音”的不仅是网红达人和身边的你我他，就连国家博物馆和地方博物馆里的历史文物竟然也“抖”起来。为了迎接 2018 年国际博物馆日，国家博物馆携手六大博物馆（湖南省博物馆、南京博物院、陕西历史博物馆、浙江省博物馆、山西博物院和广东省博物馆）共同打造的这支“抖音”，也是在尝试用流行的平台和玩法让更多的人了解中国的历史文化及国家文物。自“5 • 18 国际博物馆日”后，这个短视频累计播放量已经突破 1.18 亿次，点赞量高达 650 万次，分享数超过 17 万次。网友们好评声音不断，纷纷说这就是中国的博物馆奇妙之夜。

2.4 新媒体营销的现状和发展趋势

新媒体营销一方面需要成体系的营销策划知识作为理论指导，另一方面新媒体平台的特点使企业与消费者之间、人与人之间的交互方式也发生了变化，也使旧的营销知识无法按原本的特点套用在新媒体营销中。

2.4.1 新媒体营销的现状

现在较为热门的新媒体平台包括微博、微信、直播、短视频、知乎和今日头条等，其共同特点是信息的及时性强、用户基数大、互动性强、内容形式丰富。由于平台之间的运营方式差异及技术不同，在各个平台做新媒体营销的技巧和策略也是不同的。

基于对新媒体各平台特点的了解，在新媒体平台开展营销活动时，不能仅套用传统营销方法，更需要在遵循各平台的运营规则的前提下开展营销活动。

通过了解平台运营机制和平台广告资源，结合基于产品或品牌的活动策划，即可策划出一份简易的新媒体营销推广计划。但对于新媒体营销整体而言，新媒体营销并非仅仅是根据平台规则开展营销活动，更不是简单地在新媒体平台投放广告资源。

从新媒体兴起之时起，企业新媒体营销就注定不是单靠一个岗位或掌握一门知识就能够完成的活动。想要在新媒体平台开展覆盖面广、受粉丝欢迎、参与度高的营销活动，需要掌握心理学的知识，明白为什么用户要来参加营销活动。活动策划时，需要把活动设置成既能吸引用户参与，又能引导用户转发的活动；文案撰写时，需要用简单易懂的方式讲清楚活动的规则；营销活动的推广和广告投放时，需要找到合适的广告资源位和合适的意见领袖；画面海报设计时，需要专业的设计人员进行处理，画面中的元素使用及颜色搭配等都会影响到粉丝是否愿意参加活动。

新媒体营销是一个系统工程，需要多个工作岗位共同配合完成，在策划新媒体营销活动时，需要对各平台进行分析，找到适合企业自身的新媒体平台。根据平台运营机制和规则，基于产品或品牌的推广需求和目标受众的喜好，策划满足推广目标的营销活动。

从新媒体营销的市场需求来看，近几年企业在新媒体平台的投入正在逐年增加，摆脱了以往对新媒体“只是企业发布信息的平台”的偏见认识，越来越多的企业开始在新媒体平台布局，组建新媒体营销部门以加大对新媒体营销的投入。对传统企业而言，尤其是面向大众消费者的企业，新媒体营销正逐渐成为其市场部的重要工作。在传统企业中，如统一、联想、海尔、中国邮政等，其营销方式正在向新媒体营销延伸，其中不乏转型成功者。在新兴企业中，如三只松鼠等，借助新媒体平台逐渐成为行业翘楚，有大量粉丝在其新媒体营销平台关注其一举一动。新媒体营销正在成为企业市场营销工作的重要一环。

图 2-14 所示为三只松鼠线上营销活动的海报。

图 2-14　三只松鼠的线上营销活动

2.4.2　新媒体营销的发展趋势

着眼新媒体营销的未来，媒体营销始终离不开新媒体平台，新媒体平台的技术在不断地更新迭代，营销领域的理论与实践也在不断地深入探索，作为新媒体和营销的结合体，未来新媒体营销将会在技术、艺术、策划之间寻找到平衡点。在未来，出彩的营销策划活动不仅包含洞察人心的创意，而且需要借助新媒体营销平台及其他技术把创意恰当地呈现出来。同样，新技术的探索和发展，会不断地刺激营销策划的创新，如 VR、AR 等。在高校的知识体系中，新媒体营销逐渐会形成一个综合性的学科，包含技术、策划、心理、艺术等方面；在社会大分工体系中，新媒体营销将会成为企业市场营销中重要的一环，成为企业与消费者互动沟通的窗口。

1. 新媒体将成为未来营销活动的主阵地

与传统媒体相比，新媒体双向传播的特点使得用户与企业之间互动性更强，便于及时得到效果反馈。同时，新媒体用户越来越多，覆盖面越来越广泛。新媒体平台潜在的影响力提供了巨大的营销价值，新媒体营销将成为未来的主流营销模式，各行各业将持续加大新媒体营销的投入。

2. 内容真实性和趣味性将成为发展要点

随着新媒体的普及和新媒体营销案例的增多，用户对新媒体营销的接受程度会逐渐提升。未来，广告内容的趣味性或将成为其能否有效传达产品信息、触动用户购买的主要因素。另外，客观性也将成为新媒体营销广告的另一关键点，如何在保留真实性的基础上深耕内容创新将是新媒体营销未来需要进一步探索的方向。

3. 短视频和直播或将成为未来新媒体营销的主流形式

随着5G技术的进一步发展，直播行业和短视频行业或将迎来新的发展良机。在新媒体营销过程中，视频展示的直观性、全面性、即时性、交互性强的优点与企业营销的目的更加符合。未来短视频营销有望进一步得到企业的青睐，成为新媒体营销的主流方式。

4. 数据透明化将成为监管的主要目标之一

数据、流量成为衡量营销效果的核心要素。今天，制造虚假的流量、评论等行为严重扰乱了企业对营销效果的评估，也损害了消费者的利益。随着科技的发展，数据分析功能将能够成功识别数据的造假情况，进而推动新媒体营销相关数据公开化与透明化，将有利于市场的健康发展。

2.5 新媒体营销的负面效应及网络舆情管理

新媒体的出现极大地促进了信息的传播和不同个体之间的互动，大大提升了信息传递的便捷性和自由度。但是新媒体的传播渠道多、扩散速度快等特性也导致了一些低俗信息或网络谣言的快速传播，更甚者会使一些违法行为快速扩散，导致媒体传播行为中的负面效应。

2.5.1 新媒体带来的负面效应

1. 新媒体对语言环境的影响

随着网络环境的迅速发展，每年在新媒体传播中都会出现一些网络热词。这些网络热词除了相对积极正面的，能体现社会现象或反映时代变迁的正面热词之外，还掺杂着一些网络流行语或一些低俗性的语言，如图2-15所示。

这些非常规的网络语言词汇随着网络技术的发展，不断地吸引着追求个性、追求创新的人群。虽然网络语言丰富了现代汉语的词汇，但也给现代汉语的规范性带来了极大的影响。

图 2-15　网络热词的营销效果

简单直接却又略显草率的网络语言对中国语言文化的优雅内涵造成了巨大冲击，网络上隐藏在面具中的语言戾气给人带来的心灵污染也不可低估。

课堂讨论： 你能列举一些网络上经常使用的低俗或是在传播过程中已经完全脱离原有语义的热词吗？你如何看待这一现象？

2. 新媒体对阅读与写作习惯的影响

网络是现代人最青睐的信息传播媒介，作为“互联网原住民”的年轻群体对此受到的影响最大。

首先是阅读方面。过去人们习惯阅读报纸和观看电视，但是如今人们几乎不读报纸，也很少看电视，报刊亭基本沦为了香烟便利店，电视机沦为了手机背景音，人们已经习惯于从网络获得新闻及相关信息。

互联网络信息量巨大、交互性很强，但网络上的信息质量却良莠不齐。人们在阅读的时候常常是快速地浏览一个又一个信息，只关注标题，而失去了心平气和阅读的耐心，人心越来越浮躁，容易受标题党和朋友圈刷屏文的影响，高质量的内容反而越来越难以到达受众。这种阅读习惯反映到书面创作和阅读上，造成了追求文字表面刺激的网络小说大行其道，经典文学反而容易被作者和读者忽视。

其次，人们的学习习惯会受到这些因素的影响。在过去的阅读学习过程中，人们养成了书写笔记和查阅工具书的习惯，而如今搜索复制变成了更常用的学习方法。不管什么任务或是作业，人们都习惯于先通过搜索引擎查找资料，然后复制、粘贴。长此以往，不但养成了一定的惰性，还大大降低了人们自主学习的能力，也容易导致盲目引用低劣信息源的信息而引起误会。

课堂讨论： 在运用新媒体阅读时，你会受到标题的影响吗？你是否订阅过依靠高质量文字内容吸引用户的微信公众号？你更倾向阅读网络小说还是经典小说？你在完成任务的过程中是否会依赖搜索引擎？

3. 新媒体对工作习惯的影响

新媒体信息对人们工作方面最大的影响是造成人们注意力的分散。不断出现的弹窗新闻、邮件消息、QQ 消息、微博消息和微信消息等，让工作中的人习惯于中断当下的工作，去响应所谓的热点或者点击提醒消息，以防错过紧急事件。这种不良工作习惯导致工作效率的下降，久而久之必然会造成人们难以长时间专注于某个领域而使学习和工作的注意力不集中的问题，反映出来则是工作能力的下降。甚至有人沉迷于网络游戏，不能实现休闲娱乐与工作生活的平衡。不仅占用自己大量正常的休息时间玩游戏，而且在工作和学习时偷玩游戏，导致事业和学业荒废。

课堂讨论：你有在学习或工作的过程中被不断的消息提醒干扰的经历吗？你有因为熬夜玩游戏而影响第二天的工作或学习的经历吗？你怎样看待以上现象？

4. 新媒体对人际交往的影响

由于网络和手机等新型终端媒介的出现，传统的人际交往方式发生了翻天覆地的变化。传统的书信几乎只用来传递重要的文件原本，通信功能几近消失，取而代之的是微信语音；普遍面对面的交流方式也很大程度上被 QQ、微信视频交流所代替。平时人们都在朋友圈里点点赞、发发评论，节假日人们不再来回走动，变成了网上铺天盖地的祝福语言。

更甚者，有一部分人过于依赖网络，缺乏实际与人交往的能力，造成了“社交恐惧症”。研究表明：不良的人际交往习惯不仅会导致视力下降、颈椎病等各种生理健康问题，更严重的会导致抑郁症和孤独症等。

课堂讨论：你认为新媒体的出现是拉近了人与人之间的距离，还是让人与人之间的互动变得高频但廉价了？可以举例说明吗？

5. 新媒体对社会环境的影响

随着通信网络在生活中各个领域的日益深入，人类社会也将逐渐过渡到以互联网为基点的社会。网络不仅给我们带来了便利，也成为了藏污纳垢的温床，以网络为主的犯罪问题也逐渐地显现出来。网络骗子利用人性的弱点不断地实施各种诈骗行为并屡屡得手，新媒体的先进性也为不法分子提供了更加隐秘而便捷的犯罪渠道；由于网络的开放性和虚拟性等特点，网络诈骗案侦破难度增大，对人们的生活产生了极其严重的影响，也给社会的安定带来了极大的影响。

此外，网络销售中常见各种夸大其词的虚假宣传，商家利用巨额奖金或者奖品诱惑消费者为其他网站引流，或者以低价为噱头进行言过其实的宣传。更有不法商家进行一些不正当交易，导致消费者上当受骗，名誉、财产遭受巨大损失。

课堂讨论：你遇到过网络诈骗吗？如果有，请和同学们分享一下你遇到的骗局。

2.5.2 新媒体网络舆情的应对与调控

互联网利用其即时、互动、信息量大等优势为群众意见表达提供了一个方便的平台。

中国互联网络信息中心于2021年2月发布的《2020年中国互联网络发展状况统计报告》的数据显示，截至2020年12月，我国网民达到9.89亿人，几乎占全球网民人数的五分之一；互联网普及率达70.4%，高于全球平均水平。随着科学技术的发展，我国网民尤其是手机网民呈现出“井喷”式的增长现象。

在这个信息高速发展的时代，许多社会舆论事件都是开始于网络并造成了巨大的社会影响。随着我国社会转型的深化，一些社会矛盾开始突显，这些社会矛盾很容易借助新媒体传播放大，造成网络舆情失控。

1. 网络舆情管理

互联网的特性给予了群众参与社会管理、发挥舆论监督的权利，这使得网络舆情发展速度更快。与此同时，一些虚假、负面的信息和错误的观点也充斥其中，扰乱了网络舆论功能的正常使用。如果听之任之，不但会破坏社会和谐、中伤无辜，也会对个体正当利益造成严重损害。因此，在这样的背景下网络舆情管理显得尤为重要。

互联网作为交互性极强的媒体组成部分，无时无刻都在更新大量信息，不仅有对传统媒体信息的转载和网络媒体自行采编的信息，还有个体网民提供和发布的大量信息。它们以最快的速度和最大的容量反映社会动态变化的同时，也收集了来自社会各个不同层面、不同立场群体的观点、意见、建议、情绪和诉求。所以，建立高效、准确、全面的互联网舆情报告制度，将网络上反映出来的社会问题、热点事件、网民情绪、公众意见等快速报告给各级政府，以便决策者采取对应措施，这对于树立信息透明、反应及时、处置公平的政府形象有着重大的意义。

此外，部分媒体在网络时代为了追求点击率，对网络热点事件加以炒作，打着伸张正义的旗号，披着关怀弱者的外衣，理直气壮地追求新闻的冲突价值，这也是造成网络舆情复杂多变的原因之一。

2. 网络谣言

互联网匿名性所带来的网上信息无序的特性是客观存在的，网上的有害信息时常因为匿名而不容易被追究，导致网络谣言更容易四处传播。

网络谣言指的是通过网络介质（如网络论坛、社交网站、聊天软件等）传播的无事实依据的、带有攻击性和目的性的话语，内容包括突发事件、公共领域、名人要员、颠覆传统、离经叛道等。

由于谣言传播具有突发性且流传速度极快的特点，所以对正常的社会秩序易造成恶劣影响。2013年9月9日，最高人民法院和最高人民检察院公布的《最高人民法院、最高人民检察院关于办理利用信息网络实施诽谤等刑事案件适用法律若干问题的解释》，明确了网络谣言构成犯罪的具体范围。

网络谣言之所以广泛传播，主要有以下几点。

（1）社会媒体公信力缺失，为谣言的产生和传播提供了温床。

（2）公众对科学知识的缺乏，为谣言的传播提供了可乘之机。社会信息管理的滞后，也为谣言的快速传播提供了便捷。

（3）网络推手炮制谣言，强化了谣言的扩散力，挟持了网民的意见。

（4）商业利益的驱动，是谣言滋生的经济动因。

课堂讨论：你最近有没有听过一些网络热点事件，且该事件事后被证明是网络谣言？你是如何得知真相的？

3. 网络暴力

网络媒体具有的双向互动性和言论随意性等特点，导致了不理智网民容易产生非理性情绪，而这种情绪一旦扩展，网络上的群体行为往往容易演化成对少数人的语言暴力。若对此不加控制，势必会导致网络虚拟社会中的不良倾向和不良情绪的蔓延转化，这是全世界应对网络媒体时都需要面对的问题。

网络暴力是网络不良情绪的典型形式，对于在网上发表具有伤害性、侮辱性和煽动性的言论、图片、视频的做法和行为，我们称之为“网络暴力”。

网络暴力与现实生活中的暴力行为完全不同，它借助了网络的虚拟空间，使用偏激的语言文字对人们进行伤害诽谤、攻击等。这些带有恶意的言论、图片、视频的发表者，往往是具有一定规模的网民，他们会在社会上一些违背人类公共道德和传统价值观念及触及人类道德底线的事件发生后，针对这些事件发表上述言论。

网络暴力的根源有很多：一是网民的匿名性使其自认为不会被追查得到；二是一些网民素质低下；三是社会中存在的不公平现象引起公愤；四是有关网络的法治与精神文明建设的缺失。

4. 网络舆情监控

随着互联网的快速发展，网络媒体作为一种信息传播的新形式，早已渗透进了人们的日常生活。网民言论活跃度高涨，无论是国内事件，还是国际事件，都能迅速形成网络舆论。网民通过网络发言的形式来表达观点、传播思想，进而产生巨大的舆论压力。有些舆情经过一段时间的发展可能会达到任何部门、任何机构都无法忽视、无法挽回的地步。可以说，互联网成为了各种思想文化信息的聚集地和社会舆论导向的放大器。

网络舆情监控指的是通过对网络上的信息进行汇总、分类、整理、筛选等技术处理，对网络上的热点、动态、网民意见等形成实时统计报表的过程。

各种舆情监控系统的工作流程基本相同，大致如下。

（1）网络信息采集系统从互联网上收集新闻、论坛、博客、微博、微博评论、微信公众账户、新闻客户端评论等的舆情素材，存储到采集信息数据库中。

（2）舆情分析引擎负责对采集到的信息进行梳理、智能判断和加工，并将分析结果保存到舆情成果库中。舆情分析引擎依赖于智能分析技术和舆情知识库。

（3）舆情服务平台把舆情成果库中经过加工处理的舆情数据进行公布。

（4）工作人员通过舆情服务平台浏览舆情信息，通过简报生成等功能完成对舆情的深度加工和日常监管工作。

案例 某女歌手去世引发的连锁效应

如果某女歌手去世，世间的吵闹声会比她的歌声更响亮。首先，一群记者会在医院外等待女歌手的离世，有人甚至认为很多媒体已经写好了她去世的消息，只等家属的哭嚎声响起，就可以按下回车键，第一时间报道这个消息；其次，某家晚报记者混进医院拍摄了女歌手去世的照片。如此情形令人愤怒不已。

1994 年，黑人摄影师凯文·卡特（Kevin Carter）的摄影作品《饥饿的苏丹》（*The Starving Sudan*）获得了著名的普利策新闻奖。巨大的赞美和批评同时如潮水般涌来，很多人都在质问他“为什么不去帮帮那个小女孩？”于是，仅仅过了几个月，卡特选择了自杀，只留下一张字条：“真的，真的对不起大家，生活的痛苦远远超过了欢乐的程度。”

到今天为止，那只贪婪的秃鹫还没有离开过，它变成了网络时代下新媒体背后的键盘，虎视眈眈地盯着你、我、他，盯着所有人。

2.6　本章小结

本章主要讲解了新媒体营销的基本内容，学习了新媒体营销的定义，了解了新媒体营销的载体和特点，简单描述了营销背后的基本理论。在了解了新媒体营销的基本知识后，还对营销可能产生的负面效应和舆论后果进行了简单介绍，对新媒体营销的现状进行了简单描述，对其日后发展趋势简略地做了介绍。

通过本章的学习，应该掌握以下基本知识。

（1）新媒体营销就是基于新媒体平台所做出的营销行为，并需要遵循基本营销规律，符合成体系的基础营销知识；

（2）新媒体营销和传统营销手段有共同特点，也有依托其特性的、与传统手段不同的全新特点；

（3）新媒体营销的便利性放大了可能带来的不良后果和潜在的舆论压力。

第3章 社会化营销概述

如今，随着计算机和互联网技术的飞速发展，以及 Web 2.0 技术[①]和移动互联网等新兴技术的出现，极大地推动了各种社会化媒体的蓬勃发展。在如此背景下，网民不再是以往单向和被动地接收发布者信息的一方，而是变成了拥有能够与发布者及其他网民进行双向交流的个体。

在一开始，社交媒体们大都以娱乐工具的形式出现，如社交网站 Facebook、即时聊天工具 MSN、个人日志即时更新工具如 Microblog 等；后来，营销者们认识到，社会化媒体不仅能够对信息传播的广度和深度进行优化，还具有成本相对同样效果的传统媒体低的优点，于是将其运用于营销信息的传播，形成了社会化媒体营销（social media marketing，SMM）模式。

目前，越来越多的中文学术界也开始关注社会化媒体营销，相关的学术研究方兴未艾。国内的研究主要集中在品牌通过社会化媒体传播的实践应用上，理论研究相对较少，符合标准的实证研究更是不足。相比较而言，国外的学术研究更为全面和系统化，它们不仅从类型和特征等基本方向上确立了社会化媒体营销的概念基础，并且对社会化媒体营销对企业资产的影响也进行了研究，还对成功实施社会化媒体营销的策略要点进行了分析。

本章将对社会化媒体营销进行基本介绍，将对社会化营销的特点进行解析，以方便读者学习，力求帮助日后的新媒体营销从业者打下良好的理论基础。

3.1 社会化营销的定义、类型与特点

3.1.1 社会化媒体和社会化营销的定义

“社会化媒体”是近年来出现的新概念，大致含义为“能互动的”媒体，是一种能够给予用户充足的参与空间的新型在线媒体。“社会化媒体”概念的出现将以往媒体一对多的传统传播方式变为多对多的“对话”。在相关领域存在着两个关键词：UGC（用户创造内容）和 CGM（内容形成媒体）。

图 3-1 所示为社会化媒体的核心特征。

社会化媒体营销指的是通过运用社会化媒体，如个人或官方博客、社会化书签、社交工具、共享论坛等，来提升企业、品牌、产品、个人或组织在公众当中的知名度和认可

① Web 2.0 技术：Web 2.0 指的是一个利用 Web 的平台，由用户主导而生成的内容互联网产品模式，为了区别传统由网站雇员主导生成的内容而定义为第二代互联网。

度，以求达到直接或间接营销目的的营销手段。这一概念的最大亮点就是其对社会化媒体这一新工具的应用。社会化媒体与传统媒体不同，它是以 Web 2.0 技术为基础的应用程序，它能够允许用户进行创作并交换内容。值得一提的是，社会化媒体营销和网络营销、社交网络营销等概念不完全相同。

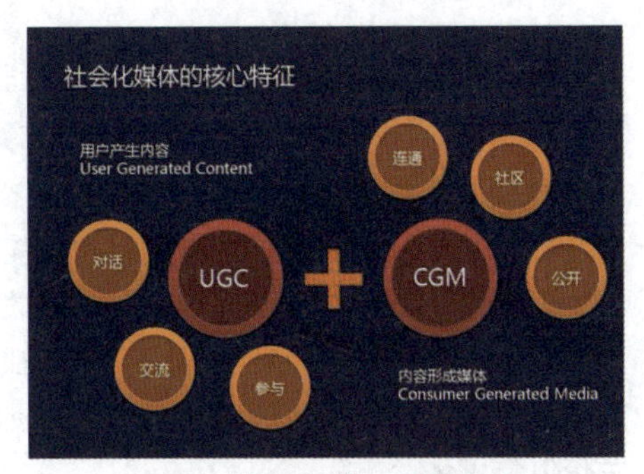

图 3-1　社会化媒体的核心特征

根据某些观点，网络营销是泛指以互联网为平台，通过使用数字化技术和网络媒体来实现营销目标的所有过程。也就是说，网络营销不仅包含了使用社会化媒体的营销活动，同时还包含了在非社会化媒体平台上的品牌营销推广（例如电子邮件营销与搜索引擎营销），可见网络营销涉及了相较于社会化媒体营销更大的范围领域。而且社会化媒体营销通常被认为比网络营销更注重与用户之间的互动。

社交网络营销是一个与社会化媒体营销非常类似的概念，它指的是通过连接在线成员从而扩大企业的业务量及增加企业的社会关系。

社交网络营销相对社会化媒体营销而言有着更小的范围，它只包括了社会化媒体营销中利用了社交媒体平台进行营销活动的部分，同时，社会化媒体营销能够被用来作为整体上的传播战略与思路，然而社交网络营销则更重视企业与他人的连接。

课堂讨论： 你经历过哪些种类的社会化营销实例？请和同学们分享并解释为什么你会认为其属于社会化媒体营销方式的一种。

3.1.2　社会化营销的类型

伴随着互联网技术的逐步发展成熟，种类丰富的社会化媒体平台接二连三地出现，使得用户之间的交流与互动变得越来越密切，并使信息的交换和共享变得更加方便快捷，这些改变为社会化媒体营销提供了广阔的发展空间。综合许多国内外学者们的观点，常见的社会化媒体营销的类型有：微博（博客）营销、媒体共享社群营销、论坛营销、社交网站营销、虚拟世界平台营销和合作项目营销六种。

1. 微博（博客）营销

博客这种社交平台拥有的最大特点是：信息通过特定的路径在圈中进行传播，用户可以通过决定是否关注其他用户来自主选择自己的信息源。其传播方式为多点对多点，每个用户都可以成为话语权中心，通过这种方式，他与关注他的其他用户形成了一个传播圈，此传播圈呈分散趋势。

博客可以通过这种圈子传播营销信息，而且用户可以主动选择圈子。由于用户被选择对象信赖，博客营销与购物网站相比对受众而言可信度更高、速度也更快。微博是博客的一种特殊形式，微博通常会限制信息的长度，而得益于圈子的力量，热点能够在微博迅速形成，并被用来宣传企业的重要活动或事件。如图 3-2 所示，某洗发水在微博发布的营销广告。

课堂讨论： 在你的记忆中，哪些微博营销广告给你留下了深刻的印象？请列举一二，与同学们分享其使你印象深刻的原因。

2. 媒体共享社群营销

媒体共享社群与信息网络类似，它能够在用户之间实现媒体内容的共享，并形成用户生成内容。在社群中，成员会对共同关注的问题进行分享、讨论，并基于共享的内容建立紧密的关系，进而产生对整个实践社群的归属感和相互承诺，这可以赋予组织与个人各种资源与能力，拓展其社会资本、促进组织学习，并通过激励创新使知识管理等相关价值最大化。

组织与成员都可以从这种内容共享中获得益处，并自发参与社群的活动。许多企业便是把握到了媒体共享社群的这个特点，它们通过鼓励消费者提供企业活动的视频，利用媒体共享社群中用户的聚合性，吸引更多的用户观看该视频。同时，社群中的共享知识还能为企业提供更多创意。如图 3-3 所示，某媒体提供的共享社群软件。

图 3-2　某洗发水的微博营销广告

图 3-3　某媒体的共享社群软件

课堂讨论： 你会经常浏览媒体共享社群吗？你在社群中看到了感兴趣的商品信息一般会怎么做？

3. 论坛营销

论坛可被称为社会化媒体的始祖。其与其他平台的不同之处，是论坛更重视意见领袖（KOL），并使信息呈伞形结构自上而下传播。在许多社会化媒体平台上，论坛能够对其中的信息进行整合、分类及深入分析，因此成为了意见领袖们常驻与发挥自身影响力的最佳场所。

意见领袖的影响力十分强大。通常，意见领袖拥有更为专业的视角和更为广泛的人际关系，他们能引导网络舆论风向，并形成网络讨论的热点，而网络的跨地域性进一步扩大了意见领袖的影响范围。其存在及其在相关领域的专业性，使得论坛成为了拥有更具相关性和完整性信息的平台，以及消费者搜寻信息的首选。

企业可以同样借助意见领袖的影响力，使品牌的营销信息传播得更加广泛。如图 3-4 所示，某论坛主页面和不同内容类别的论坛。

图 3-4　某论坛主页面和不同内容类别的论坛

4. 社交网站营销

社交网站能将现实中的社会关系网络转移到互联网，其独特之处是借助强大的关系进一步形成关系链，其成员的社群意识更为淡薄，而人际关系则可以弥补这一缺陷。社交网站没有确切的边界，它不靠话题来维系成员之间的关系，而是通过类似“朋友”这类称呼来构成关系。成员之间会以一对一的单独交互代替多对多的关系，形成一组组的关系链。在社交网站上，只要与关系链双方保持稳定的联系，便可以维持其关系。

社交网络关系的稳定性和聚合性使其受企业营销者高度重视，某些企业开始在社交网站上创建品牌社群，从而进行市场营销调研，获取微观层面的信息。如图 3-5 所示，某社交平台上的营销示例。

图 3-5　某社交网络营销广告示例

课堂讨论：你认为社交平台上的营销广告应该以什么形式出现，才能在不影响使用功能的前提下达到最好的营销效果？有哪些社交平台营销广告令你印象深刻？你觉得这个广告有什么过人之处？请和同学们分享并阐述。

5. 虚拟世界平台营销

虚拟世界平台能够把现实的生活复制到虚拟环境中，用户在虚拟社会的消费习惯都可以视为他们在现实生活习惯的映射。在虚拟世界中，用户通过虚拟的身份在虚拟环境中交流互动，相较于现实更加自由，原因有以下方面。

（1）用户在虚拟世界里能够将自我人格理想化，除去在现实社会中的伪装，甚至通过虚拟形象还原其真实的自我。

（2）用户能够无视现实的制约，使用完全不同乃至颠覆性的形象。

虽然用户在虚拟环境中的形象是虚拟的，但用户在虚拟的自我和他人交互的过程中获得的心理感受是真实的。虚拟社会的这个特性为企业提供了包含消费者行为研究、虚拟产品的销售及广告宣传在内的众多营销机遇。

课堂讨论： 你知道目前有哪些虚拟交互平台吗？

6. 合作项目营销

合作项目允许用户参与并创建内容，包括社会化书签和百度百科词条的编写。根据一些学者对人们参与维基内容编辑的动机的研究，以及他们将动机按对个人影响的程度进行的排序，可以得知，主要动机有以下三点。

- 贡献内容很有趣。
- 应使信息自由流通。
- 帮助他人可体现个人价值。

有学者对 465 个合作项目的活跃参与者进行了调查。他们发现：网络关联性和结构洞能对成员社会资本的形成产生很大影响，进而会影响到参与者在合作项目中对内容的贡献能力。现有研究结果均表明，成员普遍认为利他行为能够同时增加个人的发展机会，并出于这一动机选择参与到合作项目中。

合作项目的开放性与参与自愿性赋予了其公益色彩，这致使更多的网民承认了合作项目上消息的可信性，这不仅为企业提供了机遇，也带来了更多的挑战。如图 3-6 所示，百度百科的合作编辑词条。

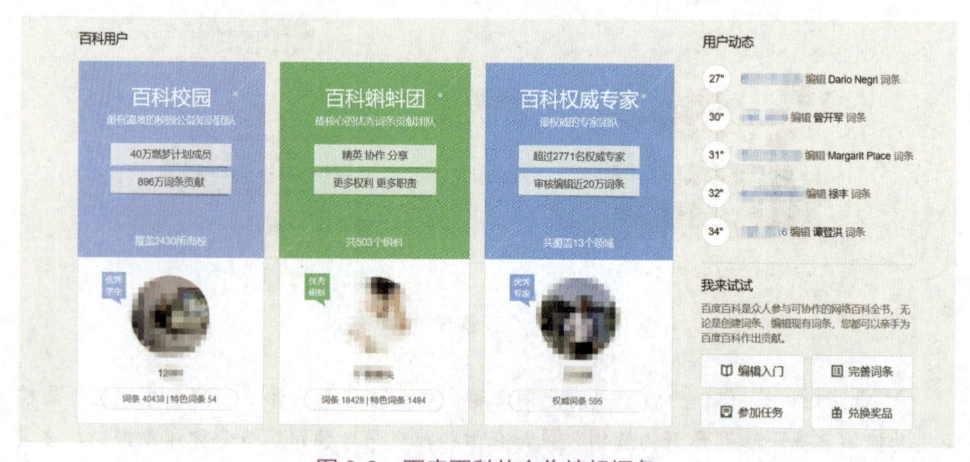

图 3-6 百度百科的合作编辑词条

课堂讨论： 你是否曾借助合作项目达到自己的目的？你是否会选择参与社交网络上的互动合作项目？请表达你的看法并与同学交流讨论。

以上所述的六类社会化媒体营销可谓各有千秋，通过对它们各自特点的分析，可以描绘出在上述六种社会化媒体平台中营销信息的传播路径。如图 3-7 所示，空心点所代表的是一般成员，实心点意味着占据了关键节点的成员，直线表示的是路径。

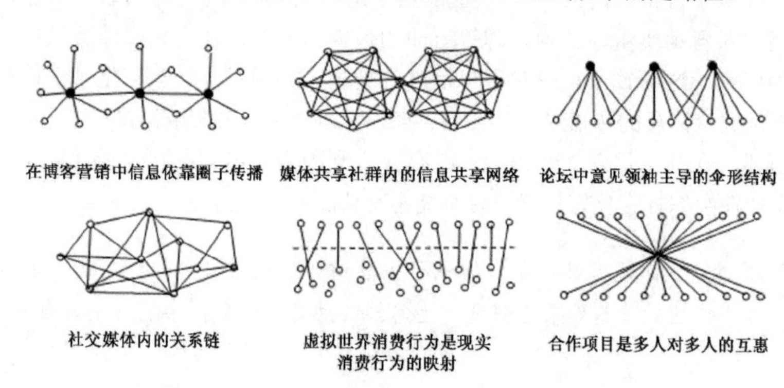

图 3-7　社会化媒体平台的信息传播路径

3.1.3　社会化营销的特点

在传统的营销理念中，人们会重视营销的 4 个方面，就是营销的产品、价格、渠道和促销力度，即所谓的 4P 理论。这一营销体系的传播是单向的。自社交媒体出现以来，人们发现在营销中，人作为营销的触点，具有更为重要的地位。以往的 4P 理论只是企业层面上的需求，如今，人与人的关系才是营销的要点。

社会化媒体营销就是以“人”为中心展开的，人们在社交平台自由发表并向他人分享评论、思想、经验等，并与他人组成互动联结的新型网络媒体平台。个体或组织在进行社会化媒体营销时应该更多地关注用户的真实需求，对用户的行为进行分析，再进一步规划营销策略。相较于以往的网络营销，社会化媒体拥有以下几个特点。

1. 口碑营销

社会化媒体能够为用户提供一个能进行开放自主内容创造的平台，用户除了接收他人的信息，也可以对外传播自己的信息内容，这极大地激励了用户的参与兴趣。

2. 信任度高

我国用户会重视所谓的“熟人”关系，比起信任品牌官方广告中的内容，他们更倾向于信任“熟人”分享给他们的信息及评论或是多数人一致的观点。品牌可以通过借助社会化媒体平台从而使得营销内容在用户间广泛流动，并加深用户对营销内容的信任。

3. 多级传播

社会化媒体在营销传播中并非是单一的，而是采取多级推进的方式进行传播。在社会化媒体中，用户群体很容易因为某一共同话题形成一个区域链接，营销内容可以通过每一个区域链接实现多次扩散，极大地提高了营销内容的传播速度和传播范围。

4. 门槛低

多数社会化媒体平台的门槛设置得较低，不需要参与成本，更没有使用障碍，企业和个体能够自由参与其中。用户既可以轻易获取自己所需的信息，企业也可以对用户的个性需求和产品意见进行捕捉。

5. 监控难

企业能够从平台得到的监测信息通常仅限于用户搜索、评论、转载等数据，而难以捕获有关用户对营销质量、品牌口碑等方面的数据。此外，社会化媒体传播广泛，其信息资讯极为庞大，这导致了企业对用户信息的把控十分困难；一旦产生了负面信息，企业将既无法掌握该消息的传播速度、发展方向，又难以控制其影响结果。

综上所述，在社会化媒体营销中，既存在有利因素，也有不利因素。也正是由于这些特点，企业在组织社会化媒体营销时可能常常伴随着一些问题。

课堂讨论：你认为社会化媒体除了上述讲到的特性之外，还有没有其他容易总结的特性？这些特性对营销效果会分别产生怎样的反馈？请与同学们讨论各自的观点。

3.2 社会化营销与传统媒体营销的区别

社会化媒体营销与传统营销可谓天差地别。对企业来说，社会化媒体营销改变了企业调研与传播渠道；从消费者的角度看，社会化媒体营销使消费者的消费模式焕然一新，具体差别如表 3-1 所示。

表 3-1 社会化媒体营销和传统媒体营销的区别

	社会化媒体营销	传统媒体营销
企业调研与传播	成本低； 互动沟通； 广泛且不可控； 用户生成内容	高成本； 单向传播； 范围有限且由企业引导； 企业生成内容
消费者消费模式	从社会化媒体获取信息； 购买决策受多方交互营销，更为复杂； 消费者乐于进行购后分析，为他人提供信息，实现自我	多数通过口碑、传统媒体广告获取信息； 购买决策大多受自身心理、同伴的影响； 消费者购后分享范围较窄，且较少进行购后分享

3.2.1 企业调研与传播渠道的创新

使用传统媒体的营销手段如今具有许多缺陷，如传播受时空限制、成本高昂、传播效果较差、效率低下等。在缺乏消费者参与和互动时，消费者无法充分地浸入其中。社会化媒体相较而言更加便于互动沟通，使其成为企业市场营销新宠儿。与传统营销相比，社会化媒体营销极大地改变了企业调研与信息传播渠道。

首先，社会化媒体营销成本更低。社会化媒体作为传统媒体的拓展，它能使企业以较低的成本对目标受众进行广告宣传和促销。更重要的是，通过对社会化媒体营销的利用，企业能更快与顾客建立关系。

其次，社会化媒体营销相较于传统营销，新增了互动沟通性。有学者认为，传统媒体仅仅提供给了企业和消费者之间单向的传播渠道，而交互和参与的缺失正是传统营销的巨大障碍。社会化媒体营销将企业与消费者的双向互动变得简单而又直接。在传统营销中，消费者扮演着被动接收企业营销信息的角色；而在社会化媒体营销中，消费者不仅可以参与到企业营销活动的各个环节，还拥有了对企业相关信息进行转发、评论、收藏和分享的能力，消费者可以参与企业的在线活动，并直接向企业提供反馈。因此，在社会化媒体营销中，除了向消费者传送信息，更重要的一点是企业应该听取消费者的想法与意见。

再次，社会化媒体营销可变得广泛但不可控。社会化媒体加强了消费者之间的信息交换，广大用户的呼声在社会化媒体中成为了最主要的信息，这在一定程度上使传统品牌管理者与消费者之间的权力分布发生了互换。同时，企业若是想培育在线品牌社群，应当在自身与消费者之间建立非强制性连接，令消费者对品牌产生归属感，并应放弃对社群的部分控制权。此外，在社会化媒体营销中，信息的流通是难以预测的，任何组织都很难对广泛传播的信息进行操纵。

最后，社会化媒体营销能令用户获得创造性。据研究，虽然企业有能力通过一些“新型媒体”（如官方网站等）自主建立营销组合，但它依然是以企业为主导的营销方式。而社会化媒体所具备的易用性可以把个体从信息的单纯接收者转变为信息的传播源，增强了企业与个体的互动。不少研究者认为，互联网上除营利组织之外，公众自主发布的信息可以被视为用户生成的内容，这明显地表现出消费者在营销中的参与程度。但用户自发生成的内容并非仅具备正面效应，它也可能包含了品牌的负面信息。其中的某些负面信息（如用户舆论或口碑）会对企业的股价产生不良影响，所以企业应该对消费者抱怨背后的社会心理因素进行了解，并非对社会化媒体中的消费者抱怨行为进行强迫性地控制。

3.2.2 消费者消费模式的改变

“AIDMA 模型”显示，销售人员在向消费者推销品牌产品时，会从多个层次影响消费者，依次为注意、兴趣、欲望、记忆和行动。在此过程中，消费者只能被动地接受其推销，再对其做出反应。而在社会化媒体时代，日本电通公司开发出以社会化媒体营销为基础的“AISAS 模型”，消费者从开始接触品牌到消费结束的过程中，会历经注意、兴趣、搜索、行动和分享这五个阶段。这意味着消费者的消费模式在社会化媒体营销中发生了变化，消费者开始重视信息的搜索和分享。

社会化媒体营销对消费者消费模式的变革具体体现在以下方面。

首先，社会化媒体营销使消费者获取信息的方式发生了改变。消费者不再只是被动接收企业的信息，而是开始主动对社会化媒体中的有效信息进行搜索，以求能够降低自身购买的风险。2013 年的某项研究表明，大多数消费者能够从他人在社会化媒体上对产品的评论及自身满意程度的分享中获得有用信息。消费者倾向于认为其他用户在社会化媒体上生成的内容比商业性的广告更可信。消费者乐于通过朋友了解产品，而不是企业官方的信息指导。

另外，社会化媒体营销还对消费者做出购买决策的过程做出了改变。在社会化媒体营销中，消费者在决定购买时，通常会受社会化媒体中的其他人影响，只有在购买比较昂贵或十分廉价的商品时，他们才会减少对社会化媒体言论的参考。用户在利用社会化媒体进行购买决策时，在线体验会在很大程度上影响他们的最终消费决定。社会化媒体中的他人意见或经历，是能够影响消费者购买决策的重要因素，且这些因素无法被企业控制。最后，社会化媒体同样对消费者的购后分享行为产生影响。如今已不再是“一位顾客不满意会告诉十个人”，在使用社会化媒体的时代，一位顾客能将其不满意分享给一千万人，极大地扩展了传统口碑。社会化媒体简化了消费者之间的沟通，消费者乐于和社会化媒体中具有相同兴趣的人分享自己的经验。购买过某产品的消费者会成为信息传播中的信息源，并极大地影响其他消费者的购买决策。

课堂讨论： 你认为在如今的移动通信时代，传统的营销方式有没有存在的必要了？请与同学们交流你的看法，并分享近期你看到过的、印象深刻的传统营销广告。

3.3 社会化营销的策略

社会化媒体营销同样面临着各种风险。若企业想要开展社会化媒体营销，应当注意以下四个策略要点。

3.3.1 功能定位

企业在开展社会化媒体营销前，要先确立目标消费群体，明确社会化媒体中营销的受众，从而能够更好地选定社会化媒体平台。研究者们在研究中，打破了对社会化媒体用户按年龄细分市场的惯例，改为根据用户的信息需求和社会性需求进行细分。也有人通过对社会化媒体用户的细分，发掘出了在线营销更容易影响的七种顾客类型，以帮助企业对社会化媒体营销的目标群体进行辨识，从而有针对性地提高在线营销活动的效率和成果。在对企业社会化媒体营销的目标群体进行确定之后，有专家开发出了蜂窝模型，该模型可以成为企业社会化媒体营销功能定位的借鉴。图 3-8 所展示的是社会化媒体中营销功能定位的蜂窝模型。

该模型的功能模块被分为身份、交流、共享、存在、关系、信誉和集合七种。在不同的社会化媒体平台中，蜂窝模型不同功能之间存在一个平衡点。如社交网站 Facebook 重视关系，并以存在、身份、信誉和交流等其他功能作为辅助；而视频共享社群 YouTube 更关注分享，此外也提供了交流、集合和信誉功能。

企业在实际操作中，可以在对市场和消费者的理解基础上，针对市场竞争环境、品牌目标消费者的行为偏好及企业自身情况，借助蜂窝模型明确自身在社会化媒体营销中的目标：是要通过对消费者的共享意识的促进以增强其与企业之间的互动，还是要使消费者进入企业社群并产生对企业的归属感，等等。当明确自身目标后，企业应了解各社会化媒体平台的功能，适当地组合不同的功能，就能选择出与自身目标功能对应的一个或多个社会化媒体平台，达成对社会化媒体的策略性营销组合。

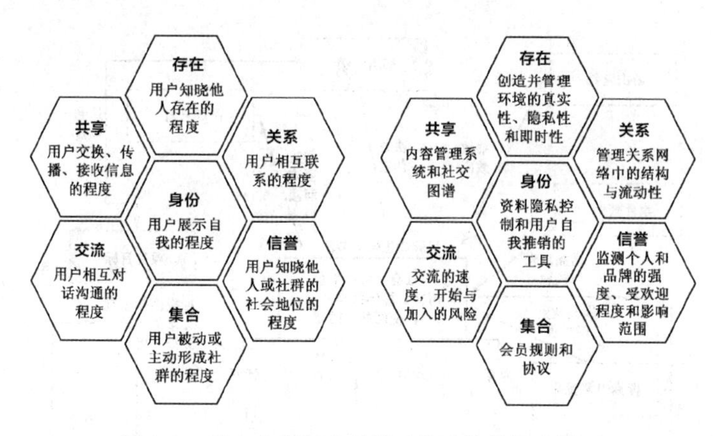

图 3-8　社会化媒体中营销功能定位的蜂窝模型

3.3.2　战略集成

企业对社会化媒体营销的运用并不意味着其放弃了传统营销，为了增强品牌的营销效果，企业应当将社会化媒体营销与传统营销结合起来。实际上，不论是传统媒体传播还是社会化媒体传播，他们都会对品牌产生重要影响。相较而言，传统媒体传播倾向于提高品牌的知名度和增强消费者对品牌意识的培养；社会化媒体传播则更重视品牌的形象，故可用于改善品牌的形象。某些研究结果表明，社会化媒体营销不仅仅是对网站内容的丰富，更要提供给消费者独特的体验。

根据某些学者的观点，社会化媒体营销不应被单独运用，而应伴随传统营销一起使用，使两者组合成一个完整的系统，进而形成战略集成。在该过程中，营销人员必须对包括社会化媒体在内的多个平台、消费者在各个平台上的行为差异进行了解，从而对各个营销平台进行合理整合。国外专家建立了社会化媒体在不同营销中的应用模型，可作为企业的战略集成指导。在模型中，社会化媒体被同邮件营销、搜索引擎营销、游击营销、事件营销、移动营销等多种营销方式及客户关系管理和品牌社群管理两种营销手段进行了灵活组合；利用社会化媒体营销令信息“病毒式”广泛传播，并创建品牌社群，再借其他营销方式对社会化媒体营销进行辅助，通过发挥不同作用的各个部分相互配合，从而实现营销目标。图 3-9 中所展示的是社会化媒体的营销应用模型。

案例　社会化媒体营销与传统营销整合运作：第52届格莱美音乐颁奖典礼

在第 52 届格莱美音乐颁奖典礼上，主办方除了推出户外广告、印刷品广告及电视广告之外，还将有关提名人的视频在电视上的收视率、粉丝们在社会化媒体上发布的相关帖子、人物在线广告所受的关注度在一个名为“粉丝人气观测仪”（fan buzz visualizer）

的网站中进行了收藏。在传统媒体或者网站上，粉丝们可以即时对歌手的排名进行了解，从而加强了粉丝们对典礼的关注程度，令他们自发地聚集到网上进行讨论，表达对他们喜爱的歌手的支持。

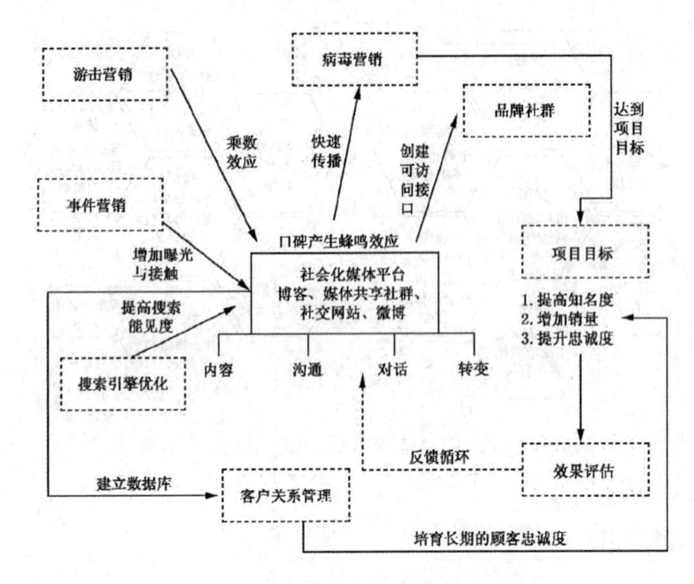

图 3-9　社会化媒体的营销应用模型

3.3.3　内容发布

企业可通过发布不同形式的内容开展社会化媒体营销，如视频、图像或文字等，进一步拓展品牌信息的传播广度，但不同的内容将会产生并不相同的效果。

根据国外学者的研究，当语言风格与消费者相同、信息的透明化和内容的及时更新会使其更有吸引力，同时有助于社会化媒体营销的成功。也有人认为，如果企业能在社会化媒体中发布活跃的、有趣的、谦虚的、不过于专业且诚实的内容，会使企业形象变得更加"社交化"。另有研究者建议，企业可在社会化媒体营销中通过使用反传统的信息来树立自身的形象，或者给予消费者独特的优惠。相关内容的发布需要考虑用户对内容的诉求，而在不同的文化背景下，用户所诉求的内容会出现显著差异，这与主导的文化价值观有关。

有学者将中国"人人网"和美国"Facebook"中的信息进行过对比，并得出了以下结论：中国社会的高集体主义、高权力距离、高语境文化会使中国的社交网站更重视自身的人气、相互依存、物质、情感、社会地位和身份象征；而美国社会的个人主义会使美国的社交网站更侧重于对个性和享乐主义的呼吁。有学者认为，企业在发布产品相关内容时，可以对符合用户偏好的产品进行针对性推荐，以简化消费者面临的选择，从而减轻消费者的信息负担。关于对发布内容的选择，企业可以考虑其他用户的偏好、专家的意见、消费者的偏好、产品和人口特征等因素。对内容的选择性过滤在一定程度上虽然是一种对内容进行挑选的好方法，但用户的属性层次偏好会对其应用的广泛性造成限制。如何才能筛选出令消费者乐于自行传播和分享的内容，是企业在内容发布时考虑的重中之重。

3.3.4 效果评估

早期的研究一般使用企业网站访问量、搜索引擎优化结果来测量社会化媒体营销为企业带来的效益。后来，国外某些学者构思出了一种测量社会化媒体营销效果的简单方法，即先预计企业在时间和金钱方面的投入，再估算由此产生的用户品牌意识和对企业直接销售收入的提升，从而计算出投资回报率，以此衡量社会化媒体营销产生的效果。在大部分营销人员眼中，社会化媒体营销的最大好处是能使企业的曝光率大幅提升，除此之外，社会化媒体营销对于提高企业网站的访问量、获得市场信息和培养忠诚的消费者帮助也很大。

但研究表明，除了考虑如何增加参与人数，企业还应将口碑传播的涉入程度、影响程度和重要程度等因素量化，从而更加准确地衡量社会化媒体营销的效果。同样，在指标交互时，理清各测量指标的相互作用将是评估社会化媒体营销效果的关键。

因此，有人在前人研究成果的基础上，将可用于测量社会化媒体营销效果的分析工具及其功能进行了归纳并得出表 3-2 的结果。

表 3-2　测量社会化媒体营销效果的工具及其功能

分析工具	功　能
Google Analytics、Woopra、Clicky、Piwik	提供访客特征的详细报告
Yahoo！ Web Analytics	提供关键访客的信息，包括人口统计学特征和兴趣特点；提供营销活动管理的特点；帮助了解用户需求
Blog Tracker	追踪博客访问源，以补充与博客表现相关的其他关键性统计指标
Going Up	整合访问者的信息、相关 URL 和搜索次数的统计数据，进行搜索引擎优化
Gr.aiderss.com	统计网站上的帖子在社交网络中被分享的次数
Socialmeter.com	测量一个网站的受欢迎程度
Statsaholic.com	以相对排名及其他信息为基础，可同时比较三个网站
Webslug.info	比较一个网站与其他网站的表现
Pagealizer.com	为网站性能的优化提供建议

此外，提高知名度、提高忠诚度、提高销售量被定为社会化媒体营销的三个目标，每个目标下还存在多个指标。企业可以通过评估各指标，来评估自身三个目标的实现程度，以检测其社会化媒体营销的效果。从这三大目标出发，对社会化媒体营销效果的评估除了要重视社会化传播的效果外，也要重视短期产生的营销业绩及长期的用户品牌忠诚度。其中，企业应该着重测量社会化网络传播的效果，它是社会化媒体营销中的特色评估点。

表 3-3 所示为社会化媒体营销的三大目标。

表 3-3　社会化媒体营销的三大目标

目　标	相关指标
提高知名度	网站访问量和网站链接访问量； 搜索次数和搜索追随次数； 被提及次数； 市场声音份额

续表

目　标	相关指标
促进销售度	网站访问量和访客停留时间； 网站跳出频率和内容认可率； 重复访问次数和重复追随次数； 被提及次数； 市场声音份额
提高忠诚度	访客停留时间； 重复访问次数和重复追随次数； 内容认可率，重复提及次数； 市场声音份额； 建议和评论数量； 与消费者的社会联系

3.4 社会化营销的现状和发展趋势

社会化营销主要依托于社会化社交媒体网络，通过平台进行营销活动，所以社会化营销的现状也可以等同于社会化媒体的现状。鉴于目前学界内常见的社会化媒体分类体系是参照美国罗斯・邓恩（Ross Dunn）的理论提出的，可将社会化媒体分为以下方面。

（1）Social Networking Sites（社交关系网站）。

（2）Video Sharing Sites（视频分享网站）。

（3）Photo Sharing（照片分享网络）。

（4）Collaborative Directories （合作词条网络）。

（5）News Sharing Sites（新闻共享网站）。

（6）Content Voting Sites（内容推选媒体站）。

（7）Business Networking Sites（商务关系网站）。

（8）Social （Collaborative） Bookmarking Sites（社会化书签网站）。

国外的社会化媒体平台有Twitter、Facebook、Flickr、YouTube、Craigslist、LinkedIn、Delicious、Wikipedia和Google user group等，国内的社会化媒体平台有微信、微博、腾讯QQ、小红书、抖音、开心网、人人网、优酷网、百度百科、如邻网、天涯社区、百度贴吧和豆瓣网等。

一个好的社会化媒体产品或者新的业态，需要用户需求与软件技术的很好结合。社会化媒体的平台设计者需要能够同时整合社会学、心理学和计算机科学等方方面面的知识。只有从互联网用户本身的需求出发，充分利用现有的技术，才能够打造一个不仅仅是技术上的社会化媒体平台，更重要的是符合Web 2.0用户需求层面的社会化媒体平台。

目前社会化媒体平台层面的热点问题有以下方面。

（1）满足网民新的使用需求、精神需求的网络媒体平台。

（2）社会化媒体商业模式的设计是“免费的商业模式+盈利模式的策划”，包括用户创作内容、用户协同工作、无组织的商业价值开发等。

（3）新商业的构建，涉及新的组织架构、新经济、新伦理、新媒体、新社区等多方面。

（4）互联网对社会、政治、生活等方面的冲击和影响。

这些问题也都是社会化营销所要面对的问题。

最新预测报告显示，到 2023 年，几乎所有的网民（96.8%）都将是社交网络用户。尽管中国社交网络用户的增长速度正在放缓，但从 2020 年到 2023 年，每年将至少新增 3000 万社交网络用户，社会化媒体将会受到更加广泛的应用，给商业带来更大的想象空间。图 3-10 所示为社会化媒体格局。

图 3-10　社会化媒体格局

值得注意的是，社会化媒体领域呈现出以下几个趋势。

1. 社会化媒体从大众化走入小众排他性

随着互联网商业时代从最早的“点击”文明发展到“关注”文明，同时 Groups（群组）、Lists（列表）和 Niche Networks（利基社区）的发展，社会化媒体呈现出从大众化走入排他性，并越来越具有排他性的发展趋势。之前的社会化媒体中大多数时间都充满噪音和无聊信息。人们经历过社会化媒体初期扩张的躁动的特殊时期之后，开始步入到更加理性的时代，这就导致了大多数用户会选择在相对固定的圈子活动，而不是轻易去结交新的朋友，这是一种用户适应社会化媒体后的自发的调整行为。比如他们隐藏那些极度兴奋的、经常“刷屏”的朋友，不去关注那些制造垃圾信息的朋友。

图 3-11 所示，是腾讯 QQ 上通过各种相同的兴趣爱好而汇聚的“群聊”的界面，用户可以根据自身的不同的爱好、口味选择相应的人群、关注对象，参与共同的话题交流，形成一个个相对封闭的利基社区。

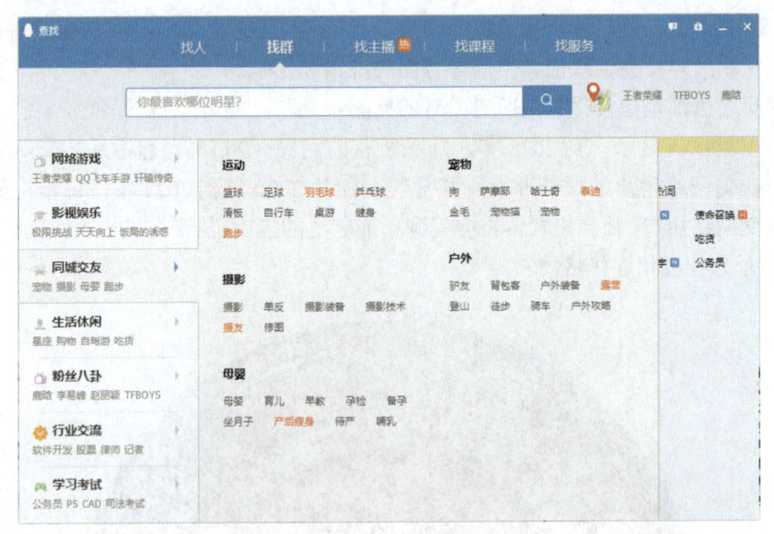

图 3-11 QQ 群的相对封闭模式

这样的选择也是用户自然的选择，屏蔽混乱的无价值的社会化媒体信息，只关注自身喜欢的信息，这也是 Web 2.0 精神的写照，体现了用户主动选择信息的权利。

通过压缩现有的社交媒体空间，确实可以过滤掉混乱的无价值的信息，但同时可能会失去一些有价值的信息。所以，压缩的度还需要我们很好地去把握。

2. 企业更加看重社会化媒体的投入

企业在社会化媒体营销方面所举办的各种活动不应该只是一次性的投入和策划，而是要使活动延续得足够长。比如，百思买的 Twelpforce 利用企业员工的微博进行客户服务支持，希望能借此建立用户记录系统监控用户参与的习惯和用户的评论。在未来，将会有越来越多的企业通过利用社会化媒体平台来节省市场营销的开支，并且通过社会化媒体平台更有效地为客户提供服务。许多品牌在社会化媒体的投入上呈现出爆发式增长的现象，有些企业还成立了专门的团队或小组负责社会化媒体。

案例 杭州出租车成为社会化媒体营销的先行者

在手机打车软件还未普及的时代，杭州出租车司机就已经自发建立了“@杭州出租车预约微博账户”。账户内的小组成员通过经营社会化媒体账户、分享信息，更好地为依赖社会化媒体的白领们提供服务。他们也积极开拓其他的工具，如微信、陌陌等来和消费者沟通，直接引爆平台，获得了消费者的认可。这个例子是在社会化媒体技术手段还并未完全成熟的过渡时期，人们在社会化媒体方面所做的努力。图 3-12 所示为微博新闻报道。

3. 企业将会制定社会化媒体战略

有许多企业还没有制定社会化媒体的政策和规则，也没有社会化媒体的企业战略。随着社会化媒体影响的日益扩大，企业都将会制定社会化媒体营销方面的战略，其中会有涉及整个企业的社会化媒体营销策略和员工如何使用社会化媒体的规范等，使员工全面参与到社会化媒体营销中去。

电商报

【打的 :微信预约 支付宝付费】杭州的哥又火了，从微博预约到微信预约，现在还支持支付宝付费，杭州的哥袁法宝和100多名司机组成一个"杭州出租车微信车队"。乘客可通过微信预约，支付宝付费。袁师傅表示："我一个人的微信中就有600人左右的回头客。"看来微信、移动支付等正在逐渐影响我们的生活。

图 3-12　微博新闻报道

现在，可以观察到的是许多企业已经积极将社会化媒体纳入到企业的战略范畴，其中典型案例是美国某运动品牌，其通过一系列的社会化媒体战略，通过运动鞋构建了一个跑步者的网络社区。

案例　某运动品牌的社会化营销

位于美国俄勒冈州比弗顿市的某运动品牌总部有一个神秘部门，按照《金融时报》的说法，即使该公司的员工也不清楚里面的工作人员都在干什么。该部门门口挂着一块牌子："禁区：我们听到你敲门了，但我们不能让你进来。"这就是其数字运动部门（Brand Digital Sports），整个团队有 240 人，最有名的产品是某运动芯片配件。

该运动芯片配件技术装备包括一个放在跑鞋里面的传感器和一个与 iPod、iTouch 和 iPhone 匹配的接收器。当运动员跑步或者健身时，接收器就可以获取并显示该运动员跑步的里程、热量消耗和步伐等数据，并且会将这些数据存储起来以供下载。在当时智能手机还并不普及的时代，该产品使用者众多，并构建了世界上最大的跑步俱乐部。该公司鼓励用户把数据传输到其构建的一个网站上面，用户在那儿可以得到一些训练建议，还能和朋友分享自己的心得，成绩还会被晒到网站社区里，最终，爱好跑步的人被聚集到这个社区。

4. 移动使用将成为社会化媒体的生命线

随着现代生活节奏的加快，时间成了稀缺品，碎片时间变成珍品。人们为了更好地利用碎片时间，会选择使用手机进行娱乐或获取信息。随着智能手机的推广，许多人通过移动设备来满足其参与社交的愿望。手机作为未来最大的信息终端平台，社会化媒体也将被整合到手机上，我们将会看到更多的社交媒体移动版本。

3.5　社会化营销案例分析

3.5.1　案例一：疫情之下传播点迭代案例分享——2020 银联跨境返现卡传播

在中国新冠肺炎疫情趋向好转之际，中国的消费者开始蠢蠢欲动地计划着出境游的时候，新冠肺炎却突然在全球爆发！在新冠肺炎全球疫情不甚明朗的情况下，出境游受阻，如何建立银联跨境卡这一新的产品卖点呢？

下面将围绕银联跨境返现卡传播案例，从其传播设计思路、消费者需求考量、核心传播策略、创意亮点和传播情况 5 个方面展开讲解。

1. 传播设计思路

传播设计思路分为两个方面，下面详细阐述。

1）深挖线上海淘场景，发掘消费者用卡习惯

新冠疫情颠覆了产品一直以来建立的出境游“线下”使用的传统场景，现在银联跨境返现卡可以在线上使用，因此需要深挖线上海淘的场景，了解消费者的用卡习惯，进一步对银联卡线上使用的相关情景进行定位，并以此在持卡人心中建立新的银联卡形象并将该形象进行传播。

2）不仅宣传产品的优惠活动，更需要具有社会责任感

基于国家政策及银联品牌的责任，此次传播除了号召消费者进行消费以外，还应将银联卡线上消费作为“重振引擎”的一环，具备助力经济复苏的社会责任感。

2. 消费者需求考量

消费者作为银联卡的主要使用对象，对于其需求的把握至关重要，主要表现在情感层面与功能层面。

1）情感层面

期盼返场是消费者当前的心理状态，消费者在经历了停工、停产、停学之后，更期待“返场”心理状态，返回消费者熟悉的工作场景和生活状态。

2）功能层面

消费者即使无法实现境外旅游消费，但银联跨境返现卡具有的好处还是很吸引人的，其涵盖了 6 大类，120 个境外线上商城，聚集了超多全世界的好物。在享受商户超低的价格、超级福利的基础上，更享受 1% 的笔笔返现的福利。

3. 核心传播策略

共情、共促和共赢构成了 2020 银联跨境返现卡传播的核心传播策略，如图 3-13 所示。

图 3-13 核心传播策略

1）共情——内容规划

懂用户：懂疫情之下消费者的感受与愿望，基于共性洞察，输出创意内容，激发共鸣。

2）共促——互动策划

产品教育：通过互动活动策划，将产品利益点深度渗透，引导消费者通过参与进而了解产品。

3）共赢——媒介规划

更多展示，更多转化：通过立体的媒介阵地，帮助“跨境返现卡”获得充分的曝光，让消费者获得海淘新技能。

4. 创意亮点：两个阶段的名人话题引爆，共同助推传播声量

人气主持人朱广权以及知名女演员刘敏涛，承担了 2020 银联跨境返现卡的话题推广工作，通过在公众平台发声，助力该卡的传播。

1）朱广权为“返场计划”带货，以朱广权的权威形象，通过精心编排的直播内容，激起消费者对于消费“返场”的共鸣。

2）刘敏涛为“返场计划”买单，领衔《乘风破浪的姐姐》送出爱心“返场礼”，展露真性情女星的日常生活，同时植入海淘的利益点，号召“姐妹们”一起晒单返场！

5. 传播情况

2020 年 7 月 1 日至 7 月 31 日为 2020 银联跨境返现卡的主要推广阶段。

以“银联返场全世界”为主题覆盖微博、微信、抖音、什么值得买等 4 个平台，获得近 2.5 亿次曝光。其中银联官方平台共进行宣传 30 余条，收获超过 20 万的曝光量，银联上海、银联江苏等分公司及建行、浦发、平安等发卡行均积极参与推广，更有明星选手，如朱广权、惠若琪、刘敏涛、万茜、赵露思参与活动，让“海淘首选银联跨境返现卡”的理念逐级打穿，有效提升银联跨境返现卡使用率及认知度！

图 3-14 所示为明星在微博参与“银联返场全世界”活动。

图 3-14 明星在微博参与“银联返场全世界”活动

3.5.2 案例二：全平台种草案例分享——立白留香珠和香柔珠内容营销方案

1. 产品痛点——品牌遭遇困局

（1）“立白”以往长期以“物美价廉”的形象存在于洗护市场，已形成了“不促不销”的困境，期待通过新品种草来走出这种困境。

（2）在迎合消费者需求的同时，提升品牌形象与产品附加值。

2. 核心思路：新品上市口碑打造

立白全新产品香柔珠与留香珠即将上市，围绕产品卖点为其定制内容营销方案，提升产品曝光度与口碑，为销售引流。

3. 内容营销“关键词”

每个 KOL 都围绕核心的种草关键词，创作多样化内容。

1）产品“留香珠”种草关键词

关键词 1：一颗凝珠香气刚好——表达凝珠型一颗的香气用量刚刚好，不会过多也不会过少。

关键词 2：衣香好全凭一颗——给衣服带来刚刚好的香气，全凭一颗创新型凝珠精准控制。

关键词 3：一颗凝固衣香——立白凝珠型独立包装，一颗凝珠香气刚好，凝固衣服香气。

2）产品“香柔珠”种草关键词

关键词 1：你的衣服高级管家——一次一珠就搞定，寓意香柔珠的三合一卖点像“高级管家”一样带来多重服务。

关键词 2：一颗搞定懒人衣净——“洗衣液 + 柔顺剂 + 增香液”三合一解决懒人问题，一颗搞定懒人洗衣步骤。

关键词 3：三效合一超净洗衣——体现“洁净 + 留香 + 柔软”三效合一的产品效力，并突出 8 倍超净的洗衣高效。

图 3-15 所示为立白的“留香珠”和“香柔珠”产品。

图 3-15　立白的“留香珠”和“香柔珠”产品

4. 内容营销之“种草”技巧

1）种草话术设置

为产品种草设置完整安利环节，从兴趣到购买，最大化降低用户购买的门槛，在销售活动中推动意见领袖们进行统一的内容输出，避免投放信息分散，以便给用户留下深刻印象。图 3-16 所示为“种草”过程。

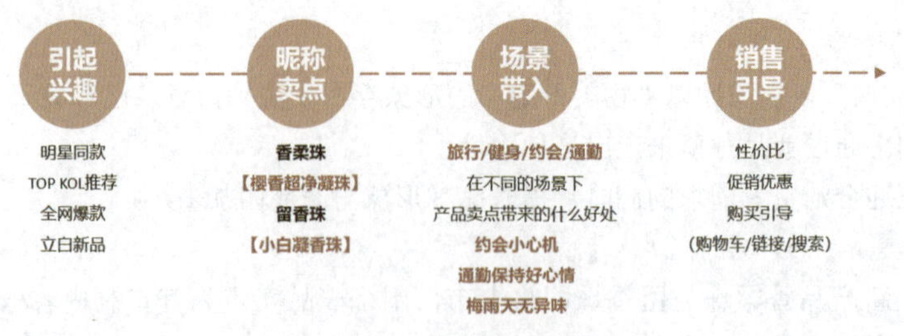

图 3-16　“种草”过程

2）种草策略

（1）设置产品专属昵称。将专业产品名社会化，反复提及，钉入消费者心中，成为品牌独有资产。

（2）多平台立体环绕种草。根据产品特性多平台种草，以抖音为主，小红书、B 站为辅，结合平台特点产出创意内容。

（3）涟漪式关键意见领袖（KOL）投放模型。以头部关键意见领袖为产品背书，从高兴趣垂直领域向泛兴趣大众领域扩散，不断敲响相连的圈层，逐渐覆盖更多的消费者。

5. 内容营销之创意内容

跨界依托“海底捞”知名品牌开展宣传，深入线下用餐场景，宣传产品的“生香”“留香”的强大功能，并创新使用大众点评渠道发酵口碑。

1）海底捞

海底捞服务员餐前送产品香囊；餐中送上留香珠洗涤的小围裙防溅；餐后送联名的留香珠小包装产品。

2）大众点评

大众点评口碑内容发布，美食达人到店打卡加点评，为品牌与活动提升好评人气，突出产品卖点。

3）抖音

抖音美食博主、城市觅食关键意见领袖进行线下探店打卡体验，带头宣传这波联合跨界行动，并为产品带来种草推荐。

图 3-17 所示为海底捞、大众点评和抖音的徽标。

图 3-17　海底捞、大众点评和抖音的徽标

3.6　本章小结

本章主要讲解了社会化运营的概念和与社会化运营相互联系的相关知识。在本章学习过后，应该掌握以下知识。

（1）社会化媒体营销是指运用社会化媒体进行的直接或间接营销手段，相较于传统营销手段更重视反馈及个体与个体之间的互动。

（2）开展社会化媒体营销的时候，需要重点关注其功能定位、战略集成、内容发布和效果评估四个方面的内容。

（3）社会化媒体营销不止是企业产品信息的新的传播渠道，更是直接与消费者对接的新的反馈信息获取渠道，带来了消费模式的改变。

（4）随着社会化社交媒体的不断发展，营销方式也会不断进化。

第4章　社会化营销模式

当今时代，互联网的迅速发展为企业的营销创新活动提供了更新的方式和更多的机遇，网络营销层出不穷。随着网络信息技术的发展，互联网进入到了 Web 2.0 时代，博客、论坛、社交网站等社交、营销方式正高速发展变化。同时，一种以互联网为依托进行信息传递的新型媒体——社会化媒体应时而生。它不仅具有高度的透明性、参与的互动性，还拥有天然的社交属性，这些特性使社会上越来越多的人开始试着接触社会化媒体，并利用它表达、分享和传递信息或者获得自己想要的资源。越来越多的人们在虚拟的网络世界里建立的相对小众、虚拟的关系也正在快速向四周扩散。对企业而言，这绝对是新的营销机遇和手段，各行各业的人们意识到社会化媒体营销即将占领主要地位，于是，他们开始在策略或营销手段上努力寻找更新机会和发展对策。由此可见，社会化媒体营销发展正在引起世界各国学者、专家的注意。这种营销手段不同于传统的营销策略，几乎涵盖了所有传统营销模式的全过程，从营销策略上实现了历史性的突破。

同样的道理，随着网络的不断发展，无穷的网络信息分散了网络用户的绝大部分注意力。同时，网络环境也随着网民数量的增多不断朝着恶劣的方向发展，大量低俗新闻、恶搞信息、网络病毒蔓延、用户身份信息泄露、青少年沉迷于网络电子游戏等问题逐渐出现。这些恶劣低俗现象的出现导致了网络用户专注度和信任感逐渐下降。与此同时，传统网络营销的广告形式、宣传方式也受到了网络用户及消费者的质疑，传统网络营销陷入了无法受信于网络用户、消费者及网络营销定位不够精准的困境。社会化媒体以真实的人际关系为基点，利用互联网的传播性及个体社交网络的不断扩展性和真实性，正在消除新用户的不信任感。同时，由于用户迫于交往中的压力，更容易表现出从众心理。这种心理状态使得企业不仅更容易获得消费者信任和欢迎，而且还可以更有针对性地开展网络营销活动。因此，社会化媒体营销渐渐成为网络营销的主要发展方向。

本章将介绍社会化营销的几种常见模式，阐述其特点，并将列举具体案例来进行说明。

4.1　饥饿营销的定义与方法

什么是饥饿营销呢？为什么要称这种营销方式为饥饿营销呢？

饥饿营销是指商品提供者有意调低产量，以期达到调节供求关系、制造“供不应求”的假象、维持较高的商品利润率和品牌附加值的目的。

强势的品牌、过硬的产品和出色的营销手段是饥饿营销的基础。饥饿营销通过把潜在的消费者吸引过来，然后限制供货量，造成供不应求的热销假象，从而提高售价或是创造话题吸引消费者眼球，以求赚取更高的利润。

饥饿营销的最终目的并非是提高价格，而是要让品牌产生附加值，但这一附加值有好坏之分。饥饿营销对企业产品来说是把双刃剑，使用得恰当，能使原来就强势的品牌产生更大的附加值，使用得不恰当将会对品牌造成伤害，使企业名誉受损，从而降低附加值。

4.1.1　饥饿营销的优势与劣势

1. 饥饿营销的优势

1）可以强化消费者的购买欲望

饥饿营销通过实施欲擒故纵的策略，通过调节产品的供求关系，引发供不应求的假象。消费者都有一种好奇和逆反心理，越是得不到的东西越想得到，于是企业的策略对消费者的欲望进行了强化，而这种强化会加剧供不应求的抢购气氛，使饥饿营销呈现出更强烈的戏剧性和影响力。

2）可以放大产品及品牌的号召力

当消费者看到周围的人整天在排队抢购、谈论某种商品的时候，这种宣传的感染力就达到了顶峰。这种宣传传播是消费者自发的传播，是无成本且持久进行的。久而久之，其他消费者就会被周围的人感染，进而采取和他们一致的行动，也关注起这种商品或品牌。这种效果，正是企业梦寐以求的。

3）有利于企业获得稳定的收益

一般商品从上市到退市，基本都是价格越卖越低，而饥饿营销通过调控市场供求关系，将产品分批、分期投放市场，保证市场适度的饥饿状态，通过客户关系维护将购买欲望持续地转化为产品生命周期内的购买力。这样，就使企业可以保持商品价格的稳定，牢牢控制商品的价格，维持商品较高的售价和利润率。

4）有利于维护品牌形象

在消费者的传统意识里，品牌的形象与它所代表的商品的价格、销量、广告宣传等密切相关。企业实施饥饿营销策略，给消费者传达的信息就是这种商品不错，不然不会缺货，买这种商品可靠，价格不会跳水。于是，品牌形象就得到了有效地维护。

2. 饥饿营销的劣势

1）会损害企业的诚信形象

诚然，饥饿营销运用得当，可以在一定程度上体现品牌的高价值形象，但本质上这是企业对市场供求的一种故意操控，售前造势、售中销控，这与现代营销观念相违背。高手或者偶尔为之，但如果企业总是重复这种手段，消费者会逐渐醒悟，进而对企业产生厌恶，这对企业的长远发展不利。

2）消耗消费者的品牌忠诚度

饥饿营销属于短期策略，而品牌是长期战略，如果每次都让消费者费尽千辛万苦买到梦寐以求的产品，他们就会对品牌进行消极评价。饥饿营销之所以能运作下去，是因为消费者对品牌有认同感、有忠诚度，但更多的是一种无奈和忍受，这种无奈和忍受会慢慢消耗弥足珍贵的品牌忠诚度。当消费者有了更多选择目标的时候，他们会毫不犹豫地选择离开，这时候饥饿营销的副作用就会集中体现出来。

3）拉长产品的销售周期

饥饿营销将销售规模通过拆分、分批次销售来拉长销售周期的做法充满风险。一方面，饥饿营销会延长企业收回投资的时间；另一方面，饥饿营销把原本属于自己的市场留给了别人，从而失去主动权。另外，拉长的周期也可能给了竞争对手喘息和模仿的时间，加快了产品失去优势的速度。

4）实施难度高

饥饿营销对产品、品牌、市场竞争和整合营销等方面的要求很高，这决定了并非任何企业都适合采取这种策略。如果企业实施不当，就有可能得到事与愿违的结果。

4.1.2 饥饿营销的方法技巧

1. 心理共鸣

被营销的产品能够满足消费者的需求是开展饥饿营销的基础，消费者的认可与接受及产品所表现出的足够的市场潜力，能够使饥饿营销得以行之有效地实施。在以下几点与消费者或目标人群达成心理上的共鸣，使消费者认同品牌文化，响应品牌号召，自发地为营销活动造势，这是饥饿营销运作的根本。

（1）整合产品的功能点和卖点；

（2）塑造良好的品牌形象；

（3）多样化的表现形式，有话题性的发布会；

（4）与消费者的沟通方式，重视反馈。

2. 量力而行

饥饿营销这把双刃剑在正确使用时，会对品牌价值及品牌影响力有进一步的提升。但长时间的饥饿营销，一味地拔高消费者的胃口，不仅不能满足消费者的期待，还注定会消耗部分消费者的耐心。饥饿营销一旦突破消费者的底线，则会适得其反，轻则消费者会转移目标至竞争对手，营销效果会大打折扣；重则导致品牌价值下降，失去部分品牌号召力。因此把握好尺度是饥饿营销实施的重中之重。

3. 宣传造势

不同消费者的欲望阈值不同，从饥饿营销的实施，到能够吸引更多消费者的眼球，再到购买行为这一整套流程，非常重要的主线就是欲望的引导和激发，它是饥饿营销实施的重要保障。从主要宣传点的制定，到各平台根据不同用户而延展出的不同的宣传内容，各个媒介渠道在不同阶段的营销宣传中分别扮演什么角色，使用什么话术，要达到什么样的预期效果，都要做到心中有数、多措并举，做出明智的选择，才能使饥饿营销的手段行之有效。

4. 审时度势

在市场经济环境下，同类产品中消费者可选择的对象并非仅有一家品牌。在实施饥饿营销时，竞争对手的市场活动会影响到消费者的消费行为，从而转移购买目标。由于不恰当的营销手段引起的品牌忠诚度降低等情况时有发生。因此监测竞争对手的市场策略动向，提前准备多项应急预案，提高反应速度，对未知意外的应对准备显得尤为重要。

4.1.3 饥饿营销的案例

案例一：某品牌茶饮的饥饿营销

2017 年，某品牌茶饮成为网络上十分瞩目的饮料，其独具特色的口味和精致的品牌风格迅速得到了很多年轻人尤其是学生们的喜爱。但某品牌茶饮并不是一家普通的网红店，它来源于 A 茶，作为芝士奶茶的首创者，从 2012 年到 2015 年，A 茶已经在市场上获得了很高的知名度，但后期因为品牌的名称问题，2016 年初，A 茶更名为某品牌茶饮，并逐渐开始重视对奶茶品牌的塑造。

2017 年 2 月 9 日，某品牌茶饮通过微信公众号发布一则推送，传递出即将在上海来福士商场开店的消息。2 月 10 日，某品牌茶饮微博再次预告即将开店的消息，同时发起了转发获得抽奖机会的活动，如图 4-1 所示。

某品牌茶饮设立的上海第一家店位于上海人民广场来福士商场。新店开业当天瞬时排起了上百人的长队，这条长队一直排到了商场外，每个人排队几小时只为购买一杯奶茶，如图 4-2 所示。

图 4-1　奶茶店微博

图 4-2　某品牌奶茶门店照片

2017 年 3 月 31 日，在上海某品牌茶饮店运营了将近两个月后，针对线下出现的恶劣代购现象，某品牌茶饮通过微博平台发布一则声明“某团队致上海某品牌茶饮客”，表示“目前，上海的两家门店每日每店出杯量在 3000 杯以上，尽管如此，还是很难满足每日超大需求量”。同日，某品牌茶饮微博针对广州地区恶劣的代购现象也发表声明，表示“由于近日代购日渐增多……不得不决定今日起广州各店暂时采取每单限购 10 杯的措施，每人每次限下一单”。图 4-3 所示为某品牌茶饮的声明微博。

在某品牌茶饮的日常微博中，常与购买某品牌茶饮的微博红人——“网红”及颜值较高的消费者互动，借此提高品牌的关注度。2017 年 4 月 29 日，某品牌茶饮深圳店开店营业，吸引了大量顾客排队购买。为改善代购排队的恶劣影响，某品牌茶饮多次进行了限购措施。图 4-4 所示为排队现场和限购措施。

1. 心理共鸣

A 茶作为新兴芝士奶茶的“第一人”，在社会上甚至是网络上具有强大的产品竞争力，本身就拥有自身产品的大量追随者，尤其是转型以后，在品牌形象塑造及店铺风格装修方面均有所改善。例如简单黑白线条的员工群体形象画及装修风格既简约又大方的店铺，不仅很好地提升了某品牌茶饮的品牌格调，还塑造了良好的品牌形象，极大地满足了白领群体对高品质、高口感饮品的需求。

图 4-3　某品牌茶饮的声明微博

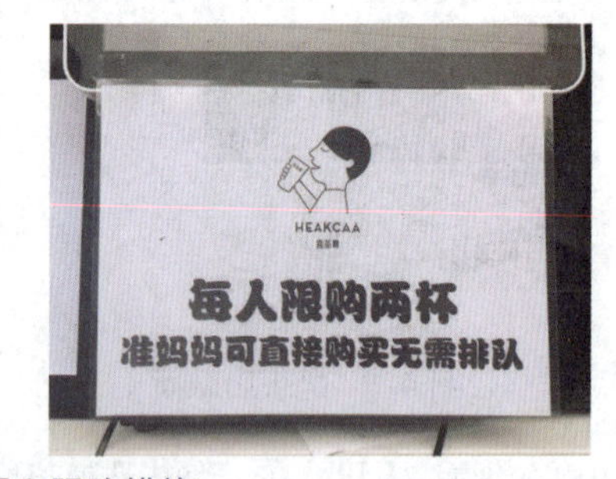

图 4-4　排队现场和限购措施

2. 量力而行

A 茶转型为某品牌茶饮后，在各个城市线下店铺经常出现长时间排队及大量代购饮品的现象，在单店出杯量低的情况下推出限购政策，使越来越多的消费者买不到茶饮，于是网络中出现了茶饮采用过度饥饿营销的负面新闻。

3. 宣传造势

在宣传造势方面，某品牌茶饮多次在微博中发布某品牌茶饮线下店铺长时间排队现象并转发相关微博。与此同时，某品牌茶饮时常与购买某品牌茶饮的微博名人、网络红人、歌手明星等互动，从而塑造良好的品牌形象。

4. 审时度势

针对媒体茶饮饥饿营销的负面信息，茶饮一方面正在努力开发更多线下实体店，另一方面在某品牌茶饮的微博中，继续发布大量线下消费者排队现象的信息与新闻，试图继续营造线下生意火爆的局面。

案例二：电商中的饥饿营销

除了线下实体店，直播购物已经在网络高速发展的今天更加生活化、日常化。在直播这种交互模式中，观众可以随时点开直播观看，而技术的提高，更方便了消费者通过实时弹幕进行互动。某些电商应用软件的直播模块给广大电商店铺提供了一个良好的营销平台，将抢购活动搬到了电商环境中，并为简化了消费者的操作难度和时间、精力的投入。图 4-5 所示为某直播间的标题和封面。

图 4-5　某直播间的标题和封面

线上，以直播的互动性和娱乐性加持；线下，借助大型新媒体社交平台，吸引大量用户加入直播，再通过直播平台增大流量，实现线上和线下齐头并进为品牌造势的目的。品牌在某些电商平台的营销活动也集中在线上直播和线下宣传推广的直播前期通知、引发话题讨论等各种方式，使直播间迅速售罄商品，完成抢购活动。品牌可借助某些大型新媒体传播平台，通过拍摄电视广告，利用户外媒体推广等，采取线上直播与线下宣传相结合的宣传手段，提高商品在人们生活中的曝光率，帮助品牌营销策略顺利执行。

消费者对商品的需求基于生活水平的改变和社会发展而不断变化。早期，由于生活水平的限制，人们倾向于选择高实用性和高性价比的商品；如今，随着国民经济的发展，人们的生活水平不断提升，便出现了追求更新鲜、更美观的商品的购买倾向。在互联网高速发展的背景下，消费者通过更多的渠道获得了更多的信息，也更加注重购买商品时的便利性、产品的娱乐性和新鲜度，更喜欢与众不同的产品。而品牌也密切关注消费者的心理变化，及时调整品牌的发展方向。利用饥饿营销模式，便可刺激消费者对限量抢购商品的欲望，提高粉丝购买的积极性。

总之，由于互联网的高速发展，人们身边出现了与外界沟通的新桥梁——直播。从各大直播软件用户不断增加的情况中，我们可以了解到，某些电商直播平台作为一种新媒体逐渐拥有了不可替代的地位和价值，为品牌发展带来了无限的潜力及可能性。直播平台的品牌商家采用“限时”“限量”“秒杀”等词条，达成饥饿营销的效果，以带来大量用户流量和商业利润。直播平台不断在内容上进行探索与更新，从盈利角度通过不同方式实现流量放大，不仅有利于自身作为电商平台的发展，也能帮助商家增加商品曝光率和热度，在消费者心中营造出“受欢迎”“稀有”的商品形象。

课堂讨论： 小米手机早期经常被人指责采用过度的饥饿营销手段，你怎么看？现在小米手机新款基本上不会出现断货新闻，请试查资料并试着分析原因。

4.2　口碑营销的定义与方法

口碑营销是指企业为销售做出的营销方面的努力，使消费者利用其社交圈子，与亲朋好友互相交流，无形之中将自己的产品信息传播给其他人的一种营销手段。这种营销方式具有成功率高、可信度强的优点。从企业营销的实践层面总结，口碑营销是企业运用大量有效的手段使得消费者针对企业产品的特点、售后服务及企业宏观形象展开讨论和交流，并刺激消费者自发地向身边人群进行介绍和推广的营销方式和手段。

与传统营销模式中的广告相比，口碑营销实现并塑造了从最开始的消费人群关注品牌、对产品产生兴趣，主动搜索相关内容，到产生购买欲望并购买产品，向他人分享并影响他人关注品牌这样完整的闭环营销过程。传统广告是从关注品牌产生兴趣，到渴望拥有产品，回忆品牌信息，最终实现购买。两者之间的区别在于口碑营销多出消费者购买产品后的再分享环节，信息传播流程更长，购买者与周围的亲朋好友的商品信息的互动交流更频繁；而传统广告则是消费者对商品的单向接受过程，借助新媒体营销平台的社交分享特点，口碑营销一定会在新的环境下大放光彩。

4.2.1 口碑营销的优势与劣势

1. 口碑营销的优势

1）宣传费用低

口碑营销无疑是当今世界上最廉价的信息传播工具，基本上只需要企业的智力支持，不需要其他更多的投入，节省了大量的广告宣传费用。所以企业与其不惜巨资投入广告，开展促销活动、公关活动等方式吸引潜在消费者的目光来产生“眼球经济”的效应，还不如通过口碑这样廉价而简单有效的方式来达到这一目的。

2）可信任度高

一般情况下，口碑传播都发生在朋友、亲友、同事、同学等关系较为亲密的群体之间。在口碑传播过程之前，他们之间已经建立了一种特殊的关系和友谊，相对于纯粹的广告、促销、公关、商家的推荐等活动而言，可信度更高。另外，一个产品或者服务只有形成较高的满意度，才会被广为传诵，形成一个良好的口碑。因此，口碑传播的信息对受众来说，具有可信度高的特点。

这个特点是口碑传播的核心，也是企业开展口碑宣传活动的一个最佳理由。同样的质量，同样的价格，人们往往都倾向于选择一个更具良好口碑的产品或服务。况且，因为口碑传播的主体是中立的，几乎不存在利益关系，所以也就更增加了可信度。

3）针对性准确

当一个产品或者一项服务形成了良好的口碑，就会被广为传播。口碑营销具有很强的针对性。它不像大多数公司的广告那样，千篇一律，无视接受者个体差异。口碑传播形式往往借助于社会公众之间一对一的传播方式，信息的传播者和被传播者之间一般有着某种联系。消费者都有自己的交际圈、生活圈，而且彼此之间有一定的了解。人们日常生活中的交流往往围绕彼此喜欢的话题进行，这种状态下信息的传播者就可以针对被传播者的具体情况，选择合适的传播内容和形式，形成良好的沟通效果。当某人向自己的同事或朋友介绍某件产品时，他绝不是有意推销该产品，他只是针对朋友们的一些问题，提出自己的建议而已。比如，给你推荐某个企业或公司的产品，那么一般情况下，会是你所感兴趣，甚至是你所需要的产品。因此，消费者自然会对口口相传的方式予以更多地关注，因为大家都相信它比其他任何形式的传播推广手段更中肯、直接和全面。

4）具有团体性

正所谓物以类聚、人以群分。不同的消费群体之间有着不同的话题与关注焦点，因此各个消费群体构成了一个个攻之不破的小阵营，甚至是某类目标市场。他们有相近的消费趋向，相似的品牌偏好，只要影响了其中的一个人或者几个人，在这沟通手段与途径无限多样化的时代，信息便会以几何级数的增长速度传播开来。

这时的口碑传播不仅仅是一种营销层面的行为，更反映了小团体内在的社交需求。很多时候，口碑传播行为都发生在不经意间，比如朋友聚会时或共进晚餐时的聊天等，这时候传递相关信息主要是因为社交的需要。

所以，我们可以看到口碑营销不仅仅是一种经济学中的营销手段，它更有深层次的社会心理学作为基础。它是架构于人们各种社会需求心理之上的，所以它比一般的营销手段更天然自发，也更加易于接受。

5）提升企业形象

口碑传播是人们对某个产品或服务有较高的满意度的一个表现，而夸张的广告宣传有可能会引起消费者的反感。拥有良好的口碑，往往会在无形中对企业的长期发展，以及企业的产品销售、推广都有着很大的影响。当一个企业赢得了一种良好的口碑之后，其知名度和美誉度往往就会非常高，这样，企业就拥有了良好的企业形象。这种良好的企业形象一经形成就会成为企业的一笔巨大的无形资产，对于产品的销售与推广、新产品的推出都有着积极的促进作用。并且，口碑在某种程度上，是可以由企业自己把握的。

6）避开对手锋芒

随着市场竞争的加剧，竞争者之间往往会形成正面冲突，口碑营销却可以有效地避开这些面对面的较量。富士就是运用这种渗透式口碑传播的高手。不知从何时起，流传开一种说法："室内摄影用柯达、室外摄影用富士"，这种似是而非的说法很快流向全国。我们不难发现，这句看似平淡的"说法"，不仅奠定了富士室外摄影"大头"市场的优势，而且对人们的彩卷消费习惯有着深刻、长远而持久的影响，极易引导消费者形成潜在的消费定势。

2. 口碑营销的劣势

1）个人的偏见

口碑营销是由个人发动的，口碑极易带有消费者个人的感情色彩。稍不注意，便会因个人好恶不同而染上强烈的个人感情，致使褒贬不当，成为偏见。因为消费者的个人情绪或不满，也许就会对某个产品或服务，造成偏见的传播行为。自然不会有良性的口碑。

2）表述不明确

口碑传递的信息有时会因表述人表达中的言不达意、不准确，无意中夸大或缩小等因素，造成事实叙述不清楚或不确切，使旁人难以明辨事实真相。

3）片面的观点

口碑传播的内容，也就是人们对某类产品或服务所发表的意见，往往局限在自己的所见、所闻、所记等范围内，部分产品牵扯到的专业知识、价值等，人们不可能都全部了解。对某一事物全过程及整体描述的口碑，其内容从微观上看是具体的、重要的，但从宏观上考虑，不免多偏于局部，仅限于一人的见闻和认识。

4）错误言论

人们对于某类产品或服务，在交流中有时会因为记忆上的差错，会使其他人对企业的产品或服务造成错误的理解，对历史事物空间、时间、经过等重要事实表述上产生差错，使事物的一些细节失真。有时，还有可能因为道听途说、以讹传讹致使口碑资料的内容完全错误，违背事实真相，甚至听到错误言论信息的人也会根据自己的认知又进行二次负面传播。

4.2.2 口碑营销的方法技巧

1. 号召核心人群

核心人群是指商品或品牌产品的忠实消费者或深受该产品企业文化影响的群体，他们往往一直追随某一品牌或产品，不论是否拥有该品牌的产品，核心人群都主动而自觉地向身边的人宣传品牌旗下的商品。在营销过程中，企业一方面要采用各种资源来激发消费者的购买欲望，另一方面要运用口碑营销的策略，利用不同年龄段的核心人群，实现口碑组合的扩大化。

2. 简单体现价值

过于死板的口号或多余的语言往往会浪费信息传播的时间，而短小精悍、简单明了的既能体现产品优点又能反映产品价值信息的语言，才会让产品迅速地在消费人群中扩散，尤其是在新媒体平台上，传播的信息需要精心斟酌。既能体现价值，又朗朗上口的语句往往能够迅速引起消费者和关注者的传播欲望，而无法体现特点或冗长枯燥的语句往往不具有口碑传播的意义。

3. 丰富品牌故事与文化

每一个流传已久的故事都蕴藏着某种独特的情感，这正是故事的艺术魅力所在，企业品牌故事也是如此。故事是企业传播文化的有效工具，无论是企业的成长历程，还是提炼出的企业品牌文化，通过故事的包装与完善，就能把公司的品牌文化具象化、具体化。即使故事在流传过程中，不同的人或不同的时代对其演绎的方式大不相同，但只要坚守故事的核心理念不变，企业文化依然能够源远流长。

4. 关注细节

影响消费者口碑传播效果的不仅是产品的质量和企业的品牌文化，还有很多细节需要注意。要避免因微不足道的细节错误造成口碑传播的失败，在传播过程中应该认真打磨产品或服务的每一个环节，让消费者亲身感受到产品的与众不同。

5. 关注消费者本身

对消费者持以傲慢态度的企业不会产生良好的口碑，在消费者对企业产生信任之时，企业就应珍惜这份来之不易的信任，关注消费者的真切需求，为消费者提供意料之外的喜悦是获取消费者好感、赢得口碑传播的基础。

4.2.3 口碑营销的案例

案例一：Flying Pie披萨店

美国有家披萨店，叫“Flying Pie”，它的官网并不是十分精美，版面字体大小不一，风格迥异，让人看了眼花缭乱。尽管如此，其品牌的在线营销方案仍然能被策划得十分有趣，并已默默地推行了好几年，城镇里的所有人几乎都对这家披萨店有所耳闻。图 4-6 所示为门店照片。

这一成功的在线营销方案叫“It’s Your Day”。这家披萨店以其自身的经历证明了即使营销活动不多，也同样可以利用网络平台获得良好的传播效果。每个营业日“Flying Pie”都会使用一个特定的“名字”，例如 2 月 16 日是“Ross”，2 月 19 日是“Joey”。届时，店家会邀请五位名叫这个名字的幸运“网民”，让他们在当天下午 2 点到 4 点或晚上 8 点到 10 点在披萨店自己动手制作免费的披萨，制作完成后拍照发到网上。店家每周都公布下一周的特定名字，关注的人们就会多次查看公布的名字列表，即使看不到自己的名字，哪怕看到朋友的名字，他们同样也会告知对方参与活动。图 4-7 所示为店铺网站。

图 4-6　门店照片

图 4-7　店铺网站

那么新的特定的名字如何选出呢？店家会请每个来参加过活动的幸运顾客提供名字，并投票，以所投票数作为参考并决定下一周的幸运名字。这样的做法很明显是希望这些参加者能邀请到更多的朋友作为新的幸运顾客来到店里。甚至允许参加者告知下图的幸运顾客：“你的名字在名单上面”，作为回报主动告知者还有可能再次参与活动。这样，就会有越来越多的人光顾这个神奇的披萨店了，人群越来越壮大，新的客户就会源源不断地产生。

更有趣的是，美国一位专栏作家还前往这家披萨店进行过实地调查，这位作家当初就是参与活动的“幸运顾客”，他是从朋友那里知道“Flying Pie”披萨店的。开始，他收到了一封信，信中告诉他这家披萨店即将在某年某月某日举办“Armando”日活动，而这个作家的名字正好叫“Armando”。这位作家先是非常惊讶于这家披萨店的存在，打电话给寄信给他的朋友确认披萨店存在与否。朋友说曾经品尝过这家店的披萨，味道虽不能说绝美，但也独具特色。朋友说自己每天都去检查该店网站公布哪些新名字，每天公布的名字都会让她想起几位拥有这个名字的朋友，还养成了寄信给这些朋友的习惯，通知他们成为了“幸运顾客”这个好消息。这位作家经过调查，发现虽然店家一直在做这个活动，但没有一个人得到过免费的披萨。为什么呢？因为虽然“Flying Pie”每天只让五个人来参与获得免费披萨的活动，但因为种种原因，真正来的人并不多。但另一方面，即便大部分人没有实地参与这个活动，但他们依然自发地参与了传播“Flying Pie”的活动。

“Flying Pie”的营销推广活动是一则非常成功的案例。构思巧妙、环节简单、效果突出，没有花哨的营销手段，追求的是实实在在的营销效果。即便网址简单破烂，“Flying Pie”依然可以将目标客户群体相互联系起来，织成一张网，并不断扩大网的范围，通过口口相传不断让客户带着新的客户来。图 4-8 所示为顾客合影照片。

图 4-8　顾客合影照片

“Flying Pie”的小成本营销能够成功的原因有以下几点。

（1）大多数同类型的披萨店常常举办折扣促销与礼品赠送，投入不小，但千篇一律的销售模式，无法引起新客户的兴趣。而“Flying Pie”每天邀请五名幸运客户来店里亲手制作一份免费的披萨，用大多数人没有体会过的全新经历，激起人们体会参与的快乐；通过拍照上传与他人分享愉快的经历，让其感受到别人对于“幸运儿”的羡慕心理。这种营销模式或许可以称之为“体验式营销”。

（2）其实人们并非真的是为了免费披萨才前往的，但他们依然会为自己被选为幸运客户并被大家知晓而感到兴奋。这样的营销活动已经成为了当地朋友闲时谈论的话题，达到了“口碑营销”的效果。

（3）“Flying Pie”并不是闭门造车，自顾自地选择幸运客户，而是让已被选中的幸运客户来提供自己朋友的名字，经由投票选出并作为下一组幸运顾客，其结果是“Flying Pie”所获得的不再是普通意义上的“幸运儿”，而是所有“幸运儿”背后的整个社交圈子。

案例二：口碑营销电商案例

现在，市场已经步入了新市场营销的大数据时代，现代互联网技术使每个互联网使用者都进入了新媒体时代，不断促进虚拟社区的发展。市场层面的扩散依赖于消费者互动的社交网络，社交网络包括节点——消费者——联系——他们之间的社会联系，社交网络的结构影响着扩散过程。网络口碑这一概念可以理解为通过互联网技术传播的与特定的商品或者服务有关的受传者的反馈信息。理论上讲，这类信息具有双向传播性和公开性的特点，且可信度较高。

在众多企业中，某软件凭借自身的口碑营销优势在跨境电商领域做出了自己的特色。该软件通过搜集用户的分享笔记，降低其他用户的搜寻成本，实现了用户分享与海外购物的完整闭环。该软件App的定位是“做年轻人消费的决策入口”。年轻人注重生活的品质，他们是对海淘有一定需求且肯于消费的群体。该软件将笔记系统作为其主推功能，用户可以通过海外购物笔记分享社区标记自己的生活，同时也能把生活各方面的经验和攻略分享给他人。该软件的社区笔记分享核心是口碑营销，口碑营销使消费者能更全面地了解产品并且更容易地接受用户分享的购物体验。直接的商业广告易造成消费者的反感，而该软件为消费者提供既能购物又能得到信息分享的新平台，围绕消费者的体验和反馈，结合线上营销和跨境电商服务的方式，通过口碑宣传来吸引更多的消费者。该软件以其突出的特点在各平台脱颖而出，在发展的初期就收到了大量的好评，是口碑营销的典型成功案例。图4-9所示为某软件首页。

图4-9　某软件首页

1. 明确的目标人群

随着近年来人们消费水平的提高和电商平台的成熟，人们购物逐渐摆脱了传统商场的局限，转向更方便快捷的网上购物。作为年轻的消费者，他们通过追求高品质的商品来提升生活品质。该软件把年轻人作为使用主体，抓住现代年轻人乐于通过网络及新媒体了解资讯的习惯，获得了更加明确精准的定位：做年轻人消费的决策入口。

使用该软件的人群趋于年轻化，这类消费者具有一定的主观意识，他们乐于分享和寻找适合自己的产品和与之相关的信息。该软件为其提供了来自他人的购买意见、决策入口和购买平台，为消费者提供了一站式服务。软件通过清晰地定位消费人群并利用网络社交媒体的推广，让年轻人迅速地了解并认识到了该平台。该平台上的商品，通过年轻人之间的信息传播，将商品信息向外宣传，在该平台上拥有良好口碑的商品，将通过现代年轻人这一大量流动信息的载体，得到迅速且广泛地推广。

2. 口碑营销

该软件的社区模式为用户原创内容（UGC）模式，这种模式通过互联网平台对用户的体验进行分享和展示来调动其他消费者的积极性。该软件提供了一个可以通过各种形式进行推荐的平台，消费者不再仅仅是搜寻者，更是该软件笔记内容的创造者和生产者，营销活动的不同之处就在于它们如何引导用户搜索和如何进行特定的电子口碑营销对话，这些对评估营销总体有效性时非常重要。该软件利用口碑营销给消费者间接提供了信息交流的渠道，促进了用户之间的相互联系和产品数据的增加。研究表明，大多数用户喜欢在购买前主动搜集其他用户的评价，对商品和服务及想了解的领域尤为关注，这也是现代社会网络购物消费者的心理状态。该软件正是借助这一状态开发了大数据平台，对积攒的用户分享数据进行筛选和过滤，根据用户的点赞、收藏和搜索记录，匹配用户可能感兴趣的数据信息，进一步激发用户的购买欲望。

社区能够有效地利用口碑营销为电商的发展带来良好的收益，而社区所创造的价值在于社区成员间的互动和知识分享。网上商店近年来的快速发展，体现了其快捷方便这一优点在消费者心目中的受欢迎程度。

3. 竞争与合作

当前，海淘与电商发展迅猛，各类电商企业占据了相当一部分市场，该软件面临着很大的竞争与挑战。该软件以口碑营销与跨境电商的营销模式运行，通过清晰地定位与个性化地推荐在市场竞争中占据了一定的优势。但其他作为行业巨头的跨境电商也在市场竞争中具有一定的地位，且在服务方面较完备，也会给该软件带来一定的压力。该软件虽然用户量较多，但羽翼并未丰满，商城并没有足够多的品牌入驻。在这样的情况下，该软件意识到了自己的不足，开始努力寻求合作。该软件通过合作试水，在该软件的商家内测版中推出了"好物点评团"项目，所谓"好物点评团"就是其他电商平台的会员可以直接对该软件的笔记进行点评、点赞、收藏等，其中主推笔记为具有较高人气的美妆产品。两个软件的用户本身是有很大一部分是重叠的，他们双方的合作也便利了重叠用户的跨平台交流。

网络口碑的出现为电商企业提供了新的经营方针和思路，口碑营销策略在信息化普及的今天，在电商发展中展现出了尤为重要的地位。网络口碑拥有高含金量是中国的社会现状，其影响并不局限于改变电商类实体经济消费的营销方针，文娱类消费也深受波及。

案例三：电影市场的"黑马"

以电影市场为例，网络口碑营销与电影的情绪化、交互性、娱乐化、体验性等特征高度关联。片方巧妙地运用网络口碑营销手段，利用网络舆论和自媒体的扩散，可助力影片在市场上获得更高的知名度和更大的利润价值。

1. 电影市场口碑营销的核心要素

（1）通过观众的让渡价值催生网络正面口碑让渡价值，即顾客购买产品服务获取的总价值与付出的总成本之间的差额。

观众在观看影片后，若认为电影内容满足或者超过了心理预期，则观众所获得的价值超过了观看电影所耗费的金钱成本、时间成本和精力成本，即意味着观众获得了让渡价值。优秀的影片能够使观众的让渡价值得以实现，甚至直接导致正面口碑传播速度的大范围提升。电影在市场的火爆程度与网络口碑营销有巨大的关系。通过前期点映预热，让影片"未映先热"，并凭借优秀的剧情及演员的精湛演技，让观众自发地传播正面口碑，对影片的正面评价便可在网络自媒体中随处可见。反之，如果影片内容质量不足以支持其宣发力度，片方单靠新媒体渠道进行单向轰炸，会导致顾客观看影片后获得负面的让渡价值感受，加剧传播影片的负面口碑。如某些热点 IP 电影的惨败，虽然前期宣传效果超群，然而糟糕的观看体验导致其在大量消费群体中名声扫地，排片量随之迅速下降，导致口碑和票房双失利。

（2）片方会针对特定群体分层、分众规划口碑宣传角度。

在电影营销的前期，宣传策划首先要明确电影的整体品位，明确其主要目标受众。电影能够涵盖各种领域，不同品位的作品会针对不同的观众群体，如战争片和文艺片的票房就来自异质性群体。当宣传目标和实际的核心观众相匹配时，电影网络口碑营销的内容就会更有意义，效果就会更加显著。如某些地方方言院线电影首映日在全国的排片量低至将近 1%，但在该方言使用地区排片量却在 36% 以上，首周上座率也能达到 45%，虽然是小成本影片，却取得了十分显赫的业绩，在各平台电影短评中不乏对其的赞美之词，使影片通过网络口碑辐射到了全国来自该地区的同乡们。

（3）大众对文化产品的审美众口难调，电影作为体验型产品，观众会产生衡量心理预期的感知风险。

观看影片前，观众若想为帮助自己判断体验感，通常会习惯于主动寻找与这部电影相关的信息或评论，以降低感知风险。现在，人们日常参与网络活动的时间相较于二十世纪初明显增加，移动网络使人们与他人交换意见、搜索和分享信息成本更低、收效更快。

如今，观众更愿意选择网络平台购票，用于网络购票的主流平台一般设置了便捷及有奖励的星级评分和评论环节，以吸引观众详细描述观看影片的感受和建议。有观看影片倾向的潜在观众利用软件和网络主流平台查看特定影片的票价与上映时间的同时，会特别关注对该电影的评分和评价，且越来越多的消费者习惯通过浏览他人的影评来确定自己观看目标的依据。此外，各社交平台上公众人物的软性推广，也成为片方利用网络进行口碑造势的常用而有效的工具。

2. 电影网络口碑营销的实例论证——以某电影为例

1）案例背景

该电影（图 4-10）是当年中国电影市场的一匹“黑马”，首日票房不足 1000 万元，排片率也仅为 13%，次日排片率更是骤降至 10%。但在前期宣传相对滞后、同期一批具有流量竞争力的电影集中上映、影院排期较少三重不利因素影响下，该片却似乎一夜之间在各主流社交平台迅速传播和赞誉有加的评论与推介之间，连续多日占上热门话题榜。随后，该影片连续 16 天单日票房位列第一。

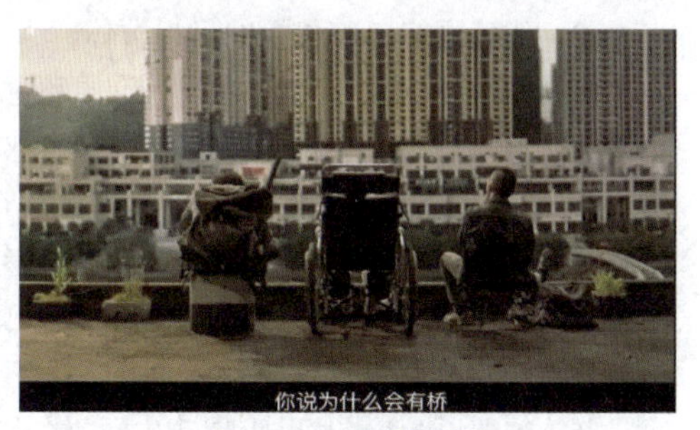

图 4-10　电影截图

2）关于国产电影网络口碑营销分析

面对选择观影的因素，有研究数据表明“朋友推荐”是目前最被大众所接受的参考因素。该研究的调查结果同时显示大部分受访者会选择在观影前参照网络平台上的电影口碑去观影，且在观影后对其做出评价。通过该调查分析，国产电影观影购票行为与口碑营销互动密切，其中“网络口碑营销”起到了巨大作用。

3）该电影网络口碑营销的成功要素分析

（1）高质量的内容表达。

电影的内容表达体现在电影的剧本与剧情、演员及演技、摄像、音乐、特效、剪辑合成及艺术风格等诸多方面。“内容为王”是逆向验证电影市场的真理，而高质量的内容表达作为市场认可的前提条件，则需要口碑助推才能被受众感知，以获得更多的市场票房。与高制作成本的影片相比，该电影没有巨额资本投入，无大制作或流量明星，也不涉及标新立异的题材。但该电影通过出色的内容表达这一核心驱动，成功突破了某些其他方面的不足。导演的个人能力是电影质量的决定性因素之一。导演利用戏剧思维的优势，通过视觉、剪辑营造的紧张感和饱满的节奏处理，巧妙地处理了剧中人物群像与多线叙事的关系，在喜剧外衣下包裹着悲情的内核，从而引起观众的共鸣，这也正是该影片的价值所在。影片在“荒诞”背后所映射出的其实是真实世界的现状，成功借助戏谑冲突的表象来寄托温情。虽然该影片后半段的节奏安排略显不足，但仍在网络口碑平台中获得了“演技炸裂”“惊喜”“好看”“小成本电影逆袭”“年度黑马”等高频赞扬词汇。

演员自身的素质和表演经验对电影的口碑也具有积极的影响。该电影凭借演员的精湛演技，让影片展现的小人物形象跃然而出，在口碑传播中主流信息平台都肯定了这部小成本国产良心电影。在宣发方面，大量强调“好演员的春天来了”这一来自网络的观众自发评价，使观众的观影取向和口碑创造得到了官方的肯定，从而衍生推导出“好电影的春天也要来了”这一商业化背景下对电影价值观的认同。

目前，该电影主流网络平台的评分呈现出了极佳的高分表现。评论普遍认为该电影虽然在体量上相对弱势，但在许多观感指标上却远高于其他同期电影。当然，高分评价对于一部国产小成本剧情片来说不足为奇，但也在一定程度上证明了主流观众对该电影的认可。电影能够通过院线实现与其艺术价值相匹配的商业价值，也正是基于此成绩才使其得到了良好的口碑。

（2）明确网络口碑传播的目标群体。

该电影精准定位于特定地域、阶层和生活环境的观众群体，并唤醒了更广泛群体内心的故土情结、现实中的无力感和奋勉进取的倾向，是该电影独到并且显而易见的构思切入点。电影中赋予的情怀，可以解释为观众对影片产生的共鸣或记忆。

有业内专家分析，一、二线城市的电影市场已经饱和，三、四、五线城市的电影市场稳定增长。三、四、五线观众透露出自己独特的文化品位，更喜爱贴近生活的影片。该影片十分接地气，深深烙印着创作者个人的记忆；同时，该影片运用方言对白并夹杂底层群体的俚语，使影片贴近现实生活。影片中小人物形象的塑造及地方特有的景观特色，引发了观众的情感抒发，当这种观众自发的情感变成口碑时，感染的人群会成为这部影片的高可信度宣发群体。该电影从首日票房低迷，到五日后票房破亿，很得益于对核心观众的精确定位。

（3）利用关键意见领袖推介造势。

各网络平台上都存在着有关键话语权的人，他们通常拥有的关注粉丝少则几十万人，多则几千万人。关键意见领袖的影响，使得大量的普通群众也加入到对影片的推广宣传中。推动该影片网络口碑的关键意见领袖可分为两大类，分别是电影明星或从业者及网络影评达人。当时，许多明星陆续在公共社交平台为该影片强势宣传，肯定了这部影片的质量。明星关键意见领袖的推广依靠的是明星自身的影响力，不仅减少了宣发支出，更具有成本优势和说服优势。同时活跃在各平台的草根“网红”纷纷推荐，全网热议，大波影片消费者集体助攻，使得网络口碑效应滚雪球般吸引来越来越多的人关注。这些知名人物的网络口碑也更具真实性和权威性，该电影的票房也在各大关键意见领袖的摇旗呐喊下成功逆袭，并且持续发酵并最终转化为票房价值。

（4）整合互动体验营销链条。

在当今的网络化时代，线下互动与线上互动同步配合已成为口碑营销的必然趋势。线下互动能够帮助影片精准地面向宣传受众强化其概念，也能促进线上美誉度的二次传播，从而降低观众的试错成本预期。在影片正式上映之前，片方深入各大票仓城市，从高校到影院面对不同观众群体开展各类线下互动进行多轮路演。在上映前一周，片方控制影片口碑，使其密集爆发。他们选择某影评网站作为其主要推广阵地之一，在点映前特意为核心影评人及其他影迷举办了大量的小场看片活动。

线上互动则以各公共社交平台为主，同时在门户网站、视频网站、主流论坛等进行多层次配合。由于在不同类型的平台拥有不同类型的用户，只有多维度推广深入方能形成一个完整的影片网络口碑营销矩阵。该影片制作方在著名社交平台注册了官方账号，以影片内容为基础引发相关系列话题，并发布了具影片特色的预告片和海报，在影片营销中强化影片的喜剧标签，蓄势于影片内容的下沉和口碑的爆发。片方稳步构建由业内到核心影迷圈，再到普通大众的递进式传播路径，以良好的口碑引爆更大范围的相关热议，以此吸引更多的观影者。

从诸多案例中我们可以看出，在信息化发展随时间推移高歌猛进的同时，市场营销的手段也在不断变化。如今，口碑营销无疑是极具价值的营销策略，利用自媒体的宣发力量，能够使产品的知名度和销量都得到显著改善。但必须明确一点，那就是一切化腐朽为神奇的口碑经营操作，都离不开商品本身的优异质量，否则会适得其反。

4.3　情感营销的定义与方法

现在，人们越来越趋向于情感消费，消费者购买商品所看重的不再完全是商品数量的多少、质量的好坏及价格的高低，有时也是一种情感上的满足，一种心理上的认同。情感营销从消费者的情感需求出发，唤起和激起受众的情感需求，诱导受众心灵上的共鸣，寓情感于营销之中，让有情感的营销赢得没有情感的竞争。

物质文明高度发展到今天，品牌产品的材质、质量已然不能满足人们的生活需求和心理需求，在日常生活中人们逐渐开始产生了对某件商品寄托强烈情感的现象。文化、思想、情感已经成为人类精神文明的重要部分，企业也开始运用这些重要的情感来营销产品，从人们的感官和感情上影响消费者采取行动。

4.3.1　情感营销的成功基础

1. 产品命名

产品的名字是使得受众记住并传播的核心信息，产品的名字必须与产品的属性相关联，要能被受众接受并能给受众带来文化、思想、感情上的触动。因此，产品的命名不仅要符合目标人群的定位，还要符合产品的定位，不恰当的名字将无法起到触发消费者情感的作用。

2. 合适的形象设计

形象设计包括商标（Logo）设计、产品外观设计与产品颜色设计。商标的设计需要与产品的属性相结合，同时要满足易发现、易理解、易记忆的特点；根据产品属性及消费者的偏爱风格来设计的产品形状更容易引起消费者的注意；不同颜色的搭配模式同样能触动消费者接触产品时的情感。

3. 恰当的情感宣传

充满人情味的宣传及包含某种思想文化的广告，通常能够树立产品的良好形象，消除受众对广告的心理抵触。同时企业也要设身处地地为受众着想，加强与受众的情感交流，使得消费者对企业及其产品从认识阶段逐渐升华到情感阶段，最后达到产生行动并消费的阶段。

4. 合适的情感定价

情感价格由能满足消费者情感需求的价格、品牌产品的影响力及产品自身属性构成，合理的情感价格可以加强产品及品牌的影响力，从而达到提升情感营销效果的作用。

5. 感染人的情感氛围

为消费者提供舒适优雅、具有感染力的营销环境，一方面能够提升产品及品牌的格局，另一方面消费者在此种营销环境中更容易接受来自品牌的消费信息，从而购买想要买的产品或是根本不打算买的产品。

4.3.2 情感营销的优势与劣势

1. 情感营销的优势

1）情感产品大受欢迎

所谓情感产品，是指真正受消费者喜爱，拥有独特概念的产品。商品同质化的今天，如何在众多的同质化商品中脱颖而出，使消费者在做出购买决策之前先想到某一品牌，需要厂商之间不断探索消费者的需求。除了探索核心产品外，还应在品牌、包装、价格、售后服务、消费者预期等方面挖掘消费者内心需求。只有这样，才能做到“人无我有，人有我优，人优我独，人独我变”，做到商品的与众不同。这样做的目的，是使消费者在买到商品之时，不仅获得物质上的追求，更获得了情感上的满足，达到物质和精神的水乳交融，达到营销的极致。

2）情感营销淡化商业目的

自古以来，买卖双方之间的信息不对称性，导致了顾客对于商家来说始终处于弱势地位，因此在民间有“无商不奸，买的没有卖的精……”等描述。因此，顾客一般不会轻易相信商家的说辞和行动，而情感营销则扭转了这一局面。商家利用情感营销，在产品的研发、设计，品牌设定、包装及营销策略当中植入情感因素，淡化商业目的，使消费者在接受产品之时，忽略了商家的销售目的，更多的是将个人情感融入到产品之中，获得购物后的超值满意，这是商家最希望看到的一面。

3）情感促销丰富消费者体验

促销策略的四种方式中，非人员性促销指广告、公共关系和销售促进融入情感要素最多。如在广告宣传中，除了工业用品广告以外，日常消费品广告无不采用情感诉求或情理结合的诉求方式，像台湾大众银行的广告，一系列广告均是以娓娓道来，讲述感人故事的方式为自己的品牌“不平凡的平凡大众—大众银行”做宣传，让人们感受到品牌的价值，进而产生消费者内心的共鸣。销售促进与公共关系同样可以融入情感因素，如商家通过竞赛、主题活动等方式，调动消费者的参与热情，做好和消费者的互动，进而达到和消费者的有效沟通，使消费者既满足了个人体验，又记住了商品的名称，促成了体验消费。

2. 情感营销的劣势

1）情感要素不合理导致消费者情感疲劳

情感营销是将情感内容在合适的时间融入合适的产品之中，不做作、不虚假，与产品或现场有机结合，并且要有始有终。例如在某品牌奶粉的营销中，消费者在购买商品之时，导购人员在销售现场的温馨讲解和承诺，会让消费者感觉宾至如归，售后的回访会让消费者感觉关怀备至。面对这样的销售个性，估计任何一个消费者都会为之感动。与之相反，如果当产品出现问题，消费者主动联系厂家之时，却得不到任何的答复，如果以后再采用类似的情感宣传，收效也不会太理想，也就是所谓情感疲劳。上面的仅仅是个小例，情感要素不合理的表现多种多样，但都会导致同样的结果，就是消费者的情感疲劳。

2）过度情感营销会损害品牌美誉度

过度情感营销是指企业在营销活动中过分依赖情感营销，如在广告宣传中违反了产品的客观性和真实性，宣传言过其实，或者过分融入情感要素，没有突出产品特点，造成消费者获得信息后感觉坠入云里雾里，不知所云，对产品的核心价值无从了解。因此，不适度的情感营销，会造成情感的浪费，最终影响企业品牌的美誉度。

3）情感营销会造成消费者的资源浪费

消费者类型按照购买决策做出之前的心理特点来分，可分为理智型、冲动型、经济型、情感型、习惯型等。由于所购商品价值不同，因而不能简单的定义每个消费者在购买商品过程中的消费类型，但实践表明，绝大多数消费者在购买的过程中均会受到销售现场气氛和广告宣传等的影响。这些外在的刺激因素会激发消费者的潜在购物意识，这种意识如果被强化，就会转化为明确的购物动机，大多数消费者都有被这些情感因素影响，变成冲动型顾客的经历。在购买之后，消费者并未获得非常满意或满意的心理效果，甚至有后悔心理。这样，势必就会造成消费者资源的浪费，长此以往，将不利于整个社会经济的和谐发展。

4.3.3 情感营销的方法技巧

1. 明确产品情感定位

产品的情感营销要有创意，情感定位要明确，产品与情感定位之间必须有关联，产品与情感要素的衔接要自然，情感定位要始终如一。如脑白金产品连霸保健品市场的销售冠军宝座，无论是销售现场还是广告宣传，整个销售过程都融入了情感要素，情感定位明确。脑白金定位是保健品，因此与之相适应的情感定位是满足消费者送礼的需要，在沟通中强调逢年过节送礼的重要性，把亲情和送礼文化在与消费者的沟通中表达得淋漓尽致。因此，使消费者在购买保健品时，率先想到的就是脑白金这个品牌。

2. 情感促销客观

言过其实的情感促销只会使企业获得暂时的销售成果，不是企业的长久经营之道。

在情感促销中，应遵循客观、真实的原则，使消费者即能产生情感的共鸣，又会得到完美的购物体验，获得购物之后最大程度的满意，产生持续的购买行为，不至于造成消费者资源的浪费。因此，商家在进行情感促销时要结合产品的特点、生命的周期阶段、企业的销售目标、与竞争产品的差异，消费者的认知等多方面，采取相适应的情感促销策略。

3. 企业真正开发满足消费者需求的产品

无论是哪种形式的营销模式，最终的目的都是满足消费者的需求，如果企业能够真正从消费者的内心出发，研究消费者的心智，开发让消费者喜欢的产品，必定会大受消费者欢迎，这恰是满足消费者情感要素最好的归宿，也是企业更好地践行社会营销观念的体现。

4.3.4 情感营销的案例

案例一："啥是佩奇"感动全网

2019年，一段视频成为新闻热点，它就是电影《小猪佩奇过大年》的营销视频。为什么一段视频营销广告能带来这么大的反响从而引发人们的讨论呢？图4-11所示为《小猪佩奇过大年》的画报。

这段视频是以"春节"为主题向消费者推送的高质量的广告片，戳中了大众"回家过年"的心理软肋。在春节这样一个特殊的时间点，占据"天时、地利、人和"的好时期，在诸多迎合春节热点的各大品牌中推出的一则十分让人走心的广告，凭其主题词"啥是佩奇"力压群芳，脱颖而出，达到了刷屏级的良好营销效果，成为营销圈的顶级开年大戏。图4-12所示为微博话题"啥是佩奇"。

图4-11 《小猪佩奇过大年》的画报

图4-12 微博话题"啥是佩奇"

其内容中主要有以下三个亮点。

（1）新壶装旧酒。

视频中，爷爷为了孙儿等晚辈，用自己独特的方式默默地付出。把"笨拙"而又温情的这种旧的情感洞察与之前热门的"佩奇"混搭在一起，让看起来毫不相干的两个事物如"火星撞上地球般"，变成了让人眼前一亮的新的情感洞察。使视频所表达的意境不仅具有传播的话题性，也体现了其中的人文关怀。

（2）真实地克制最放肆。

视频精准地把握了现实生活中普通人对家人表达情感的方式—总是委婉克制。他们总是做不到内心想象的那样热烈、真实而直接地表达。在营销过程中采用这样真实的故事来反映这种克制，会更容易引发观众的共鸣，提高传播的影响力。

（3）故事的脚本演绎的是一个很老套的剧情：“目标出现——遭受阻碍——继续努力——结果诧异（第一个小高潮）——意外发生——产生转折——美好结局（最终的高潮）”

根据以上提出的故事情节，结合视频内容解析：极具冲突的主线目标“啥是佩奇”——体现了不同的文化差异及不同年龄人的代沟障碍——长辈继续跌宕起伏的努力，推动剧情发展——得到结果（红色小猪），打造硬核佩奇——出现“打电话来说不回家”的意外——又出现“接他去城里”的转折——“土货和土味”硬核佩奇的闪亮登场（高潮）——最后回到“啥是佩奇”的问题。故事用长辈为了跨越代沟，想与晚辈交流而看的电影和对立“土味”描述的结局，达到了营销的目的。图4-13所示为《小猪佩奇过大年》的视频截图。

图4-13　《小猪佩奇过大年》的视频截图

案例二：春节期间的“全家福”

春节刚刚过去，一波儿新年借势营销广告暂告一段落。此时纵观各大品牌的营销策略，我们不难发现，很多企业即便花大价钱刷足了存在感，却依然没有在消费者心中留下对品牌的深刻认知。但某乳业品牌打造的以“至纯中国味，把福带回家”为主题的贺岁短片，围绕“过年团聚”“全家福”记录呈现的三个不同职业领域的普通人的故事，却感动了无数中国网友。故事视频上线仅48小时，全网播放量便已经突破了800万次。图4-14所示为某乳业品牌的营销广告。

图4-14　某乳业品牌的营销广告

1. 深挖用户情感诉求，成功引发共鸣

用户情感诉求向来是很多品牌都会追求的营销方向之一，但很少有品牌能够真正满足用户内心真正的情感诉求。与家人团圆，是自古以来蕴藏在中国人骨子里的情感；用全家福记录团圆，留住难忘时光，大多数中国人对此都十分重视。但在这个几乎人手一部智能手机的时代，拍全家福对很多家庭来说却反而成为了一个“奢望”，甚至有很多人已经忘记了拍摄全家福这一习俗。该品牌这段“全家福”视频，洞察了数以百计的家庭，从中选出了三个职业领域不同又极具典型代表性的人物：自幼父母离异的女白领、每年春节都在医院值班的护士、长年在外打工的外卖小哥。该品牌通过展示“全家福”承载的不同家庭温情的故事，以来期戳中消费者的情感软肋，通过在观众心中催生情感，留下深刻印象。虽然前期工作比较复杂，但该品牌的用心的洞察，也成为了其此次新年营销活动取得好成绩的关键因素之一。

2. 深度关联品牌情感价值，让春节更有人情味

在拍摄手法上，该品牌将视频内容以采访加记录的形式呈现出来，其中没有流量明星或网红的加持。视频从内容上更加贴合现实生活，表现方式更加纯粹，真实还原了普通人对回家团聚和全家福的向往，强调了“全家福”对每个中国人的意义。该视频自然而然地把用户的情感诉求与该品牌所提倡的“至纯至爱”的广告理念相融合，同时为品牌产品赋予了一定的人文温度和情感色彩，从而将产品定位进一步升华。短短几分钟的视频，却可以让观者有“心酸之余还有温度”的观后感。这样就很容易在消费者心中留下印象，进而提升对该品牌的好感。此次该品牌还在线下联动了全国百城母婴门店，并专门打造了全家福专属拍摄活动区域，以便更多人实现拍摄全家福的心愿。

3. “沉下去+浮上来”成功传递品牌温度

随着移动新媒体的迅速崛起，消费者的注意力被迫呈现出快速的分散化，这也对品牌营销提出了更高的挑战。为了能够让活动真正贴近普通大众的生活，而不是仅以此作为噱头来博取消费者的眼球，该品牌采取了号称“沉下去＋浮上来”的营销策略。

“沉下去”即品牌做到洞察消费者真正的需求，直击消费者的情感薄弱点，并在线上、线下精准定投百城母婴用户集中圈，从而与更多消费者形成情感链接。圆梦一个个普通人小小的新年美好愿望，可能是此次营销的更大价值所在。

“浮上来”是让用户凭真实情感形成对品牌的客观认知，同时又很好地宣传了该品牌“用至纯的关怀，守护挚爱的人”的理念。让消费者清晰地感受到了品牌的温度，进一步传递出该品牌产品的差异属性，体现出了自己是更懂消费者心理的奶粉产品。

春节期间，该品牌主推的“全家福”活动，成功传递了品牌产品“至纯至爱”的理念，做有温度的营销，让新年的商业营销更有人情味，让该品牌恰如其分地走入到消费者的内心。

4.4 IP营销的定义与方法

IP营销中的“IP”原指知识产权，近年来随着IP内容的逐渐丰富以及商业价值逐年增加，IP的含义早已超越了知识产权的范围，正成为一个独特的营销概念。IP营销是将品牌人格化并通过持续产出优质内容来输出价值观，通过价值观来聚拢粉丝，其本质是品牌与受众之间的沟通桥梁。IP营销通过把IP注入到品牌或产品中，赋予产品温度和情感，这一桥梁大大减少了人与品牌之间和人与人之间的沟通障碍。

4.4.1 IP营销的优势与劣势

1. IP营销的优势

1）IP合作具有延展性

以某游戏为例，游戏本身就拥有宏大的世界观，所以除了游戏是IP以外，里面的人物、游戏情节等都可以成为可延展的IP，是各大品牌都可以做到的联合开发营销。

2）IP合作可以有多重粉丝群

对品牌而言，无论是跨界营销还是IP营销，能带给品牌的不仅仅是IP效应，还能带来粉丝效应。一个IP，可以是小说改变为动画、漫画、影视又或者是游戏等多种内容，在这期间都会聚集相应的粉丝群体，也算是受众广泛了，并且它的粉丝基础也能满足品牌对于受众的各类要求。

3）IP合作的可塑可控性

无论是对应游戏里的铁鼠还是妖琴师，都可以用形象作为品牌代言，他们的可塑可控性都极强。一方面，以动画的形式表现真人电视商业广告做不出的效果，可以为品牌带来更多的表现空间；另一方面，代言人也不会出现负面影响，减少了品牌的潜在风险。

4）IP合作性价比超值

相对于明星代言人动辄上千万的巨额酬金，以及明星真人的“不配合”，与游戏类的IP合作，其代言成本相对较低，并且配合度高。另一方面对企业而言，自己开发IP费时费力，而跟受众广泛的游戏这样的知名IP联合开发营销，可谓事半功倍。

2. IP营销的劣势

1）IP营销相对受众较为狭窄

因为IP营销主要是针对IP本身拥有的粉丝群体，所以受众相对大众营销方式要小，受众成分也较为单一，在取得一定的成效之后偃旗息鼓是常态，没有相对较长的生命力和持续性。

2）IP营销有相对局限性

因为IP营销的针对性相对较强，所以营销受众群体相对固定，可能对某种产品的需求很大，但对另一种产品的消费能力可能就在平均水平之下了。所以使用IP营销的时候，要推广与IP的受众有关联的针对性产品。

4.4.2 IP营销的方法技巧

1. 人格化的内容

人格化是通过一些文化创作手段，赋予虚拟产品或实物产品以情感、情绪，使其拥有像人一样的性格或情感。通过人格化的IP营销手段，可以逐步建立起品牌与受众之间的互动关系，使得品牌更有温度而不仅仅是冰冷的文字说明。

2. 独特的原创性

IP的原意中包含知识产权的含义，把IP扩大至营销范畴，IP营销同样需要在表达风格、呈现形式及承载的精神文化上具备原创性和独特性。模仿或抄袭的营销方式会迅速拉低企业的品牌价值。

3. IP的可持续性

IP 的建立需要持续的人格化内容输出，通过长期持续的人格化内容输出可以把 IP 打造得更加立体鲜活，提高 IP 营销的价值。

4.4.3 IP 营销的案例

故宫博物院是世界上最有影响力的博物馆之一，在经营发展中也需要 IP 文创营销。在以前很长的一段时间里，故宫的文创营销不仅走过不少弯路，而且在用户定位、产品研发、产品定位、产品定价、宣传方法、营销手段上都出现过大大小小的失误，导致此前故宫文创产品的销售情况并不理想。

直到 2012 年 1 月，单霁翔院长上任后，对故宫博物院的营销活动进行了一系列改革。首先，对故宫实施整体保护性修缮工作，点亮紫禁城的“前三殿、后三宫”；其次，推行实名制售票，成功限制每日游客流量；第三，整治故宫的外部环境，逐渐扩大开放区域，成立故宫文物医院；第四，联合有意向的企业共同开发各式各样时尚新颖的故宫独创 IP 文创产品；第五，建立极具文化氛围的群众服务中心等场所，带领故宫 IP 文创营销走上复兴之路。以下将对故宫博物院自 2012 年以来的营销案例进行概述分析，从而探讨故宫博物院是如何在已有的基础上走上创新发展之路的。

1. 历年故宫博物院营销案例概述

1）2012 年故宫博物院营销案例概述

随着互联网技术的逐步完善，从 2012 年开始，故宫博物院开始尝试运用移动互联网为游客提供导游服务及藏品介绍等，尝试新媒体运营，并且在新浪微博里发布故宫的相关资讯，展示各种各样的展品。故宫以这种简单而直观的方式，不仅为受众科普了故宫的历史知识，还可以让受众每天都能欣赏到一些平常见不到的珍贵藏品，更能让受众拉近与故宫的心理距离。这一阶段的主要目的还是向广大群众介绍和科普故宫里的各种藏品，以吸引粉丝为主，仍处于摸索完善阶段，并未实施有具体的新媒体营销手段，选择的还是与原来相符的“高贵冷艳”的文创路线。

2）2013 年故宫博物院营销案例概述

（1）推出首款 App——《胤禛美人图》。

2013 年 5 月，故宫博物院为了让大众能够更加深入地了解藏品蕴藏的丰富史学知识和其背后的故事，研发了故宫首款 App——《胤禛美人图》。同年 5 月《胤禛美人图》正式上线，故宫利用网络技术构建了一个全新的科普平台，让更多的文物爱好者和普通受众可以近距离地接触、欣赏和学习到故宫文化。图 4-15 所示为《胤禛美人图》的 App 界面。

据了解，《胤禛美人图》App 主体是由 12 幅立轴画卷组成，同时还伴有悠扬婉转的音乐。用户通过 App 可以观赏到《胤禛美人图》的细节。《胤禛美人图》的画面不但可以全屏欣赏，也可以点击“鉴赏”模式，激活一个虚拟直观的放大镜对细节进行观察研究；同时，画卷中的每一幅图片还带有画面构图情况介绍及有关绘画的鉴赏文字。值得一提的是，这些画面中所出现的物件旁都伴随有一个 3D 形式的小标记不停地旋转和闪动，如果点击它们就能激活一个子页面，页面中专门介绍画面中出现的器物的背景资料。甚至有些器物还自带 3D 的物体展示，充分展现了多媒体网络技术为读者带来的对现代电子出版物的便利阅读体验。

图 4-15　《胤禛美人图》App 界面

据数据统计，《胤禛美人图》仅上线两周，其在各大应用商店的下载量就超过了 20 万人次，并获得了“2013 年度精选优秀 App”。作为一款科普 App，其下载量是十分可观的。

（2）举办文创设计大赛。

2013 年 8 月，故宫开始采取社会化运营的方式，放下作为前朝皇宫的高高在上的距离感与紧张感，产品的策划设计开始注重知识性和趣味性并举。同年 8 月，故宫第一次面向公众征集文化产品创意想法，举办了以“把故宫文化带回家”为主题的文创设计大赛，开始了紧跟社会化媒体步伐的品牌产品年轻化的营销之路。图 4-16 所示为故宫文创活动中的特色合影。

图 4-16　故宫文创活动中的特色合影

（3）创建“故宫淘宝”微信公众号。

2013 年 9 月，超大 IP 的故宫放下身段，开通了故宫淘宝官方账号和微信公众号，试图走近大众。故宫早期的文案与高冷路线保持一致，文章结构中规中矩，标题枯燥无味，当年的阅读量仅仅 4 位数左右。随着新媒体的出现，故宫传播的影响不断加深，故宫淘宝公众号的宣传更加“接地气”，以广大受众喜欢的风格进行营销策划宣传，不断刷新年过 600 岁的故宫的宣传纪录，拿下了超多篇“10w+”爆款推文。图 4-17 所示为故宫淘宝海报。

图 4-17　故宫淘宝海报

3）2014 年故宫博物院营销案例概述

（1）创建“微故宫”微信公众号。

2014 年 1 月，故宫博物院的官方微信公众号“微故宫”正式上线，使得故宫利用社交媒体向受众展示藏品变得更加方便快捷。

（2）打造 IP 形象的“故宫猫”①。

2014 年，“故宫猫”的悄悄走红，致使故宫的游客量猛增。在大众旅游的时代，消费者大多希望能给亲朋带些更具有文化专属性和真实故事性的旅游纪念品。既然“故宫猫”如此受大家的喜爱，故宫当即决定，与某形象设计公司联合创新开发出专属于故宫的文创 IP 符号。以具有故宫文化专属性和真实故事性的文创衍生品——“故宫猫”为主题的系列文创纪念品诞生了，让历来拥有吉祥寓意的故宫猫以新的姿态在新时代同样守护着紫禁城。图 4-18 所示为故宫猫的相关文创产品。

该形象设计公司以此为背景，以故宫猫为原型形象，对其进行了抽象化的提炼，使它更具有 IP 化的生命力和传播力，塑造了最早的经典侍卫形象——“大内咪探”，也被称为“平安使者”，寓意它守护着故宫的平安。同时，设计师们对故宫的产品进行了分类与梳理，对所有藏品进行了整合归纳，运用中央商务区众创模式，全集团近百名设计师，历时 52 天，设计开发完成了百余款衍生品，产品不仅灵动可爱，更具有一定的实用性。从此，“大内咪探”身着皇帝衣服或宫廷侍卫服装、眼神软萌可爱的形象广泛被用于衣服、水杯、手机壳、书包、手表和鞋子等衍生产品，不仅展现了中华民族博大精深的历史文化，又彰显了紫禁城的强大生命力与亲和力。

（3）推出 App——《紫禁城祥瑞》。

2014 年 6 月，故宫博物院继续推出了 App 应用——《紫禁城祥瑞》，选取了故宫的龙、凤、瑞象、狮子等“祥瑞”，向受众介绍了相关文物及相应的宫廷、祥瑞知识，并伴有自己动手做瑞兽的环节。App 虽然风格华丽清新，却集欣赏和教育意义于一身，增加了更多的互动性和趣味性，所以直到今天，此款应用依然在各大 App 商城保持着良好的口碑及超高的下载量。图 4-19 所示为《紫禁城祥瑞》App。

---

① 故宫猫：故宫中的屋子和文物，大多是木质的古建筑群，这些木质的古建筑很容易受到老鼠们的攻击，所以故宫中专门养了 200 只猫，用来守护这些古建筑。

图 4-18　故宫猫的相关文创产品　　图 4-19　《紫禁城祥瑞》的 App 图标

（4）推出《雍正：感觉自己萌萌哒》推文。

2014 年 8 月 1 日，故宫淘宝微信公众号发布了以《雍正：感觉自己萌萌哒》为题的推文。此文一出，迅速让平均阅读量 4 位数的故宫公众号有了第一次的“10W+”，成为故宫淘宝公众号的第一篇“10 万 +”爆火推文。通过数字科学技术，故宫让《雍正行乐图》重新“活”了起来，古代绘画与现代技术相互交融，使雍正皇帝成为当年的热门“网红”之一。动态图片中，“四爷”雍正竟然是这样一位自由自在且让人羡慕的汉子：斗虎、射鸟、逗猴、抠脚、抚琴、晃脑等趣味的动作都通过微信用户之间的不断分享和多次传播而走红，累计转发超过 80 万人次。图 4-20 所示为微信公众号推文截图。

（5）推出“朝珠”耳机。

2014 年 9 月，故宫博物院又推出“朝珠”耳机，再次迅速引起大众的关注。这件产品的研发思路是产品功能、时尚美感与历史文化的结合。耳机作为当今社会人们不可或缺的功能性用品，尤其是年轻人，更希望通过佩戴耳机的方式体现自己的个性，而不再局限于商品的使用价值。因此将耳机的功能性与“朝珠”这一佛教文化载体充分结合，所产生的文化创意立刻引发了大众尤其是年轻人对故宫文化创意产品的关注，进而在使用产品的过程中逐步加深了消费者对故宫文化的兴趣。图 4-21 所示为故宫淘宝推出的“朝珠”耳机产品。

图 4-20　微信公众号推文截图　图 4-21　故宫淘宝推出的“朝珠”耳机产品

故宫博物院推出的“朝珠”耳机荣获“2014 年中国最具人气的十大文创产品”第一名，并在“第六届博物馆及相关产品与技术博览会”上获得“文创产品优秀奖”。

（6）推出 App——《皇帝的一天》。

2014 年 10 月 30 日，故宫正式发布 App——《皇帝的一天》。这款 App 是故宫博物院针对 9～11 岁的孩子研发的移动应用，也是故宫官方出品的首款儿童类应用。该 App 通过自身的趣味性、启发性的内容，结合交互技术，实现与孩子们的高效沟通，将中华传统文化知识通过更有趣、更简单的方式传递给孩子们；引领孩子们了解清代宫廷，了解皇帝一天的饮食起居、办公学习与休闲娱乐生活的点点滴滴；更正了一些影视剧中宫廷文化的误读，正确引导少年儿童对历史的认知。图 4-22 所示为《皇帝的一天》的海报。

图 4-22 《皇帝的一天》的海报

《皇帝的一天》非常受欢迎，它构思了一个虚拟的故事情节：

少年皇帝试图出宫，于是干清门外的小狮子着手为皇帝找替身。从清晨起床开始，穿衣、读书、骑射、上朝、用膳，玩家可以通过这样的方式体验一遍皇帝一天的生活。小狮子在游戏中还客串讲解员，通过弹出的文字向孩子们介绍清代宫廷礼节及服装文化等知识，寓教于乐。

《皇帝的一天》走卡通萌化路线的主要原因是受众大多是 9～11 岁的儿童。在这款儿童教育类应用中，孩子们可以在干清门外的小狮子的陪伴下，以轻松愉快的方式了解清代皇帝是如何度过自己的一天的，借此了解故宫文化与相关历史知识。出版方希望更多的孩子们能够以人观己，并合理地安排自己的作息时间，逐步培养良好的生活习惯。

4）2015 年故宫博物院营销案例概述

（1）推出 App——《韩熙载夜宴图》。

2015 年 1 月，故宫推出了另一个基于历史名画开发的 App——《韩熙载夜宴图》。这款 App 运用了大量的科学技术手段，包含了 100 个注释点，18 段专家音、视频导读和 1 篇后记，给观众提供了新鲜时尚的交互体验。

（2）推出 App——《每日故宫》。

2015 年 2 月，故宫又推出了一款 App——《每日故宫》。这款 App 每天都会从故宫博物院 186 万余件藏品中精心挑选出一款，并通过网络发送给下载了该 App 的广大手机用户；让广大受众通过了解文物，与历史人物同游宋元山水，共访禁城别苑，寻找皇家日常生活中的细节，感受传世藏品悠久的历史气息。此外，别具一格的故宫日历、文物的历史和造型、文物展览等基本信息等，用户都能在此 App 上获取，这代表着故宫文化正伴随着日新月异的科学技术和营销手段，以更年轻化、更便捷化的形式继续传承。图 4-23 所示为“每日故宫”App 宣传图。

图 4-23 “每日故宫”App 宣传图

（3）推出 App——《故宫陶瓷馆》。

2015 年 5 月，故宫推出了 App——《故宫陶瓷馆》。这款 App 以“时间轴”为骨架，串联起文华殿陶瓷馆现在陈列的所有藏品，每件藏品都配备了清晰的图片和专家为其撰写的介绍文字。其中，更有 8 件精品可以通过 360° 三维形式水平环绕欣赏，让广大用户能够把“故宫陶瓷馆”装进自己的口袋里，随时随地地看故宫展览，增长见识。

（4）推出《她是怎么一步步剪掉长头发的》推文。

为 2015 年 5 月，故宫博物院在淘宝和微信公众号推出《她是怎么一步步剪掉长头发的》一文。文章先是讲述了乾隆皇帝和其皇后乌喇那拉氏之间的恩怨情仇，然后借助《还珠格格》中的皇后和容嬷嬷两个人物对清朝后宫进行解读，最后则是神转折——为针线盒和香皂盒两样产品推出了营销广告。

（5）推出 App——《清代皇帝服饰》。

2015 年 6 月，故宫推出了 App——《清代皇帝服饰》。这款 App 应用在服装方面展现了清代皇家所推行的满汉融合制度，让用户能够“零距离”欣赏传统织绣工艺的巅峰之作。据统计，目前故宫藏有织绣类藏品 18 万余件（套），其中包括大量清代皇帝在典礼、祭祀、巡幸出行等不同场合穿戴的冠服、佩饰及半成品袍料、缎匹等，为研究清代皇帝服饰的材质、制作工艺、纹饰内涵、服饰结构等提供了极为丰富的史料。

这款 App 基于这些历史文物及文献资料，结合织绣专家的研究成果，按服饰穿用场合对其进行分类，对礼服、吉服、常服、戎服、行服、便服这 6 大类不同功用并且特色鲜明的皇帝服饰进行了介绍，为观众系统而清晰地梳理了宫廷服饰制度的历史，同时还提供了一部观赏性强、解读详细的皇帝服饰“动态图录”。通过这款应用，用户可以了解包括服饰的传统手绘图样、高清细节图片及工艺流程图等的知识。

（6）推出萌系产品。

2015 年 8 月，故宫“萌系”产品一上市就成为消费者喜欢的“爆款”，故宫淘宝在网上促销的第一个小时，全部的 1500 个手机座就全部售罄，一天内成交达到 1.6 万单，创造了文创类产品营销的新丰碑。

（7）举办《石渠宝笈》[①] 展。

2015 年 9 月，故宫在武英殿举办了《石渠宝笈》展，展出《清明上河图》和《五牛图》等国家珍宝。其间，每天早晨，午门外的游客就会排起长队。展览时间一到，游客们纷纷以奔跑的姿态冲向武英殿，场面极其壮观。这一现象被媒体称为“故宫跑”。图 4-24 所示为游客们蜂拥观展。

图 4-24　游客们蜂拥观展

由于游客观展的热情高昂，故宫就等于是顺水推舟地筹办了一场民间“运动会”。故宫官方制作了观众分组入场的牌子，并安排工作人员在现场维持秩序。游客按顺序领牌子，再按批次进馆。为了让游客能够更好地参观展览，故宫同时还指派专业讲解人员、志愿

① 《石渠宝笈》：是清代乾隆、嘉庆年间的大型著录文献，共编四十四卷。著录了清廷内府所藏历代书画藏品，分书画卷、轴、册等九类。

者为游客提供讲解服务，并为每件展品制作了二维码，游客用手机扫描二维码就能看到展品介绍。在游客最多的一天，该馆甚至直到第二天凌晨 4 点才闭馆。

（8）开放文化创意体验馆。

2015 年 9 月 28 日，故宫博物院文化创意体验馆在位于御花园东北侧的东长房正式开放，成为了游客参观故宫博物院的“最后一个展厅”，在该体验馆集中展示和销售故宫博物院研发的各类文创产品。文化创意体验馆内部拥有丝绸馆、服饰馆、生活馆、影像馆、木艺馆、陶瓷馆、展示馆和紫禁书苑等 8 间各具特色的展厅。每个展厅展销的文化创意产品互不相同，能够满足不同观众的多种需求。

展览营销的商品中有的以实用的生活用品为主，如卡通的手机壳、书签、电脑包、鼠标垫、U 盘、纸胶带、钛金眼镜、手表、香皂、酵素皂等日常用品，还有夏天盖的真丝被、冬天盖的棉被等。据统计，故宫仅织绣就有 18 万件，其上的众多图案为文创产品提供了丰富优质的素材资源。如雍正皇帝十二美人图，其图案不但可以做美人箱，还可以做雨伞。此外，故宫中的 200 多只野猫，也被包装成了网红，并以它们的形象开发出了书包等一系列超萌的文化产品，深受年轻人喜爱。除了日常用品，故宫文化产品里也有高端精品。如五福五代堂紫砂壶正是根据五个皇帝喜欢的五把紫砂壶研发的，设计出后不仅成为有价无市的商品，同时还被作为国礼赠送给外宾。

（9）发布《够了！朕想静静》微博。

2015 年 10 月 30 日，故宫淘宝在官方微博发布了《够了！朕想静静》的文章，以极具幽默诙谐的语气介绍了“一个悲伤逆流成河的运气不太好的皇帝的故事”。故事的主人公是明朝最后一位皇帝朱由检。一开始，在画像之中正襟危坐的崇祯皇帝画风突变，以手托额，摆手做发愁状；然后，他竟变成了手拿机关枪、甚至眼神有点小邪恶的“被害幻想症”患者，并搭配时下流行的台词“总有刁民想害朕”；再然后，读者还能看到朱由检的身份证，在住址一栏任性地写着“北京紫禁城想住哪就住哪”。最后是一道证明题，而求证的结果是“朱由检的心理阴影面积”。

调皮的文风搭配各种搞笑表情图，故宫淘宝把崇祯帝从登基到自缢的人生故事进行了幽默化创作，但崇祯帝的故事其实只是个铺垫，故宫淘宝真正的目的则是推销“新年转运必买的 2016 故宫福筒”，这完全是一个超高手段的营销广告。

（10）发布有趣的历史人物图。

2015 年 11 月 3 日，“故宫淘宝”发布了一组历史人物图。其中包括李清照抛媚眼比剪刀手，康熙戴眼镜手拿玫瑰摆出花朵、剪刀手等经典自拍姿势等。这些造型完全颠覆了传统观念中的人物形象，让人们眼前一亮，体会到了传统文化的多变性。图 4-25 所示为突破性的历史人物形象。

图 4-25 突破性的历史人物形象

（11）推出 App——《故宫展览》。

2015 年 12 月，故宫推出了新的 App——《故宫展览》。这款 App 应用为游客提供了关于线上看展和线下查询展览信息的功能。打开应用后，用户可以根据自身的浏览需求随意阅读、按日期筛选、或者按展出状态筛选（全部、正在展出、过往展览）来找到自己喜欢的展览。此外，App 内还有一整张故宫的电子版地图，用户可通过手指操作进行缩放，并在地图上看当天都有哪些展览，分别在什么地方展览及相关展览的内容。它同时还为用户提供了参观须知、交通路线、服务设施等信息服务，带给游客十分便捷周到的服务。

（12）成立数字博物馆。

2015 年底，曾经作为清代皇城正门的端门，开始被作为端门数字博物馆对外开放。基于高精度全景建筑三维模型的“数字沙盘”技术，端门数字博物馆以直观的“数字立体地图”为观众提供了数字导览服务；书法藏品则由“数字毛笔”和“数字水墨”仿真书写；在“数字多宝阁”里近百件故宫收藏的古老器物，可以在技术手段的帮助下让用户用手“摸”到；而有许多观众以前不能进入的宫殿，则借由“数字宫廷原状”所提供的沉浸式立体虚拟环境技术，提供了体验身临其境的机会。

截至 2015 年 12 月，故宫博物院共计研发文创类产品 8 类共 683 种，其中包括服饰、陶器、瓷器、书画等系列，产品涉及首饰、钥匙扣、雨伞、箱包、领带等多个类别，获得相关领域奖项高达数十种，当时文创产品的年销售额已超过 10 亿元，两倍于故宫的门票收入，而故宫淘宝的微信公众号中那些有趣的“广告文”也是篇篇获得 10 万次以上的点击量。

5）2016 年故宫博物院营销案例概述

（1）推出《我在故宫修文物》纪录片。

2016 年 1 月 7 日，CCTV-9 播出《我在故宫修文物》的纪录片，这是由叶君、萧寒执导，由中央电视台出品的一部三集以文物修复为主题的纪录片，当时在央视电视栏目《纪录片编辑室》中播出。该片重点记录了故宫书画、青铜器、宫廷钟表、木器、陶瓷、漆器、百宝镶嵌、宫廷织绣等领域的稀世珍奇文物被修复的过程及修复者的生活故事。图 4-26 所示为《我在故宫修文物》的海报。

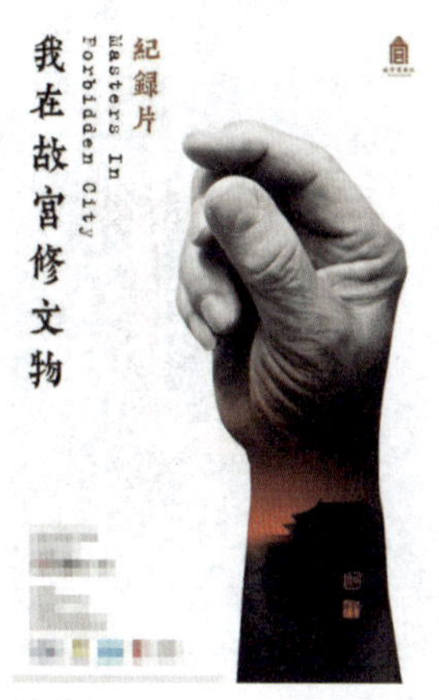

图 4-26　《我在故宫修文物》的海报

故宫文化的传承离不开文物，同时文物的话题更是故宫博物院最好的营销话题。关于对现存文物的保护和修葺的幕后工作，在《我在故宫修文物》这部纪录片中得到了全面详细的呈现。其中最动人的是故宫人修文物的“匠心”和坚持，让人自然追溯联想到故宫文物在其创作的历史中的精益求精和不易。该纪录片出乎意料地收获了众多年轻观众的好评，纪录片刚播出后不久，就有1.5万人报名要到故宫博物院协助修文物。同年12月，同名大电影被推出，故宫博物院还邀请到独立音乐人陈粒演唱了该电影的主题曲《当我在这里》，从多方面联动进行营销。

（2）推出“冷宫”冰箱贴。

2016年1月11日，故宫淘宝微博账号发了一条博文：“有人建议做款冰箱贴，既充满历史感又言简意赅，冰箱上就贴两个大字：冷宫！这都是什么粉丝啊”，有微博网友建议和某知名家用电器品牌合作一下，之后海尔微博也做出回应：“容我考虑一下。”而故宫淘宝回了一个“给一个窜天猴，要不？”这样在微博上有来有往半年后，“冷宫”冰箱贴产品就正式上线了。图4-27所示为冷宫冰箱贴。

（3）开发故宫“狗服”。

在“故宫猫”系列文创产品走红后，考虑到故宫里还生活着同样作为动物的狗，每天闭馆后它们负责故宫里的巡逻工作，十分敬业。因此，故宫博物院又以他们的形象开发了牡丹图案和菊花图案的狗服，同步2016年春天的牡丹展和秋天的菊花展展出。

（4）故宫博物院与阿里巴巴合作。

2016年6月，故宫博物院达成了与阿里巴巴的合作，在某购物平台开设了官方旗舰店，旗舰店由文创、出版、门票三大板块组成。当时在阿里巴巴旗下的该购物平台，设立有“故宫博物院文创旗舰店”“故宫博物院出版旗舰店”“故宫博物院门票旗舰店”三个网店。

（5）出品《穿越故宫来看你》。

2016年7月6日，故宫博物院和腾讯联合出品了H5——《穿越故宫来看你》的相关视频作品。在其宣传营销的视频中，明成祖朱棣从画像中跳出来，玩说唱、自拍，用微信、QQ等通信工具与自己的后宫和大臣联络，改变了人们对故宫的刻板印象。有人称这是2016下半年第一个真正大火的H5宣传。这种通过让威严的皇帝卖萌形成的反差感来展示故宫厚重历史的方式，是一个非常成功的传播案例。图4-28所示为故宫的H5宣传。

图4-27 冷宫冰箱贴

图4-28 故宫的H5宣传

当时该公司CEO将故宫称为“一个超级大的IP”，并宣称未来要将它与QQ表情、手机游戏、影视内容等媒体形式结合在一起，使其与故宫淘宝在微信公众号里“卖萌”的形象一脉相承。而这种和互联网公司的“联谊”则为故宫吸引了更多来自年轻人的关注。

（6）借势国产电影。

2016年7月，在某热门的国产动画电影上映时，故宫博物院与电影方联合推出了相关定制产品，成功圈粉了电影的粉丝。

4.5 跨界营销的定义与方法

跨界营销是指根据不同行业、不同产品、不同偏好等方面的消费者之间所拥有的共性和联系，把一些原本毫不相干的元素进行融合、互相渗透，以此进行品牌影响力的互相覆盖，并赢得目标消费者好感的营销方式。

4.5.1 跨界营销的成功基础

1. 合适的跨界伙伴

跨界合作的相关方一定是某个方面存在互补性而非竞争性的不同品牌。互补性不仅仅是产品功能方面的互补，更重要的是对彼此品牌覆盖用户群体的互补渗透。合作双方的用户群都有不同的潜在需求，通过跨界营销，双方的用户群能够同时了解两个品牌，使得参与合作的品牌都能在双方用户中得到最大限度的曝光。

2. 与伙伴的契合点

跨界营销合作的双方可以是来自不同行业的不同品牌，而双方合作的出发点是双方用户群对双方品牌都有需求，营销关键点就是找出双方品牌和产品的共鸣点，从而让双方用户觉得两个品牌是非常自然地关联在一起的，自然接受营销信息，最大限度地促进销售。

3. 成体系的推广

跨界营销的目的是彼此通过合作达到单方面难以达到的影响力，在合作宣传中需要合作双方合力开展，系统、全面地推进营销活动，谋求跨界双方的共同点或营销中的共同利益，并在推广渠道、推广内容、推广形式及传播周期等方面达成一致，合力进行系统性地全面推广。

4.5.2 跨界营销的优势与劣势

1. 跨界营销的优势

通过强强联合的方式让企业品牌推广的协同性更强，还能通过互补关系得到更多的资源，避免企业产品出现被替代的情况。各大行业的强强联合突破了发展的局限，自然就可以从更深层次来了解不同客户群体的需求，也能更好地了解消费者的消费意愿，这样推广营销的方向就会更加精准。

2. 跨界营销的劣势

主要劣势在于如果不能找到更为精准的合作对象，也没能和更高端的品牌进行合作，就没有办法在产品功能和品牌上形成互补关系，也就没有办法更好地促进相互融合的效果，不能让品牌的立体感和优势价值得到更好地展现。

4.5.3 跨界营销的方法技巧

1. 资源相匹配

所谓资源相匹配指的是两个不同品牌的企业在进行跨界营销时，两个企业在品牌、实力、营销思路和能力、企业战略、消费群体、市场地位等方面应该有的共性和对等性，只有具备这种共性和对等性，跨界营销才能发挥协同效应，如同李光斗先生在南方报业传媒集团主办的“2007 年度中国十大营销盛典”上说的，“跨界营销最主要的是要像婚姻一样门当户对。要寻求强强联合，这样才能使跨界营销产生 1+1>2 的效果，获得双赢，否则就会给双方带来无尽的痛苦”。

2. 品牌效应叠加

品牌效应叠加就是说两个品牌在优劣势上要相互补充，将各自已经确立的市场人气和品牌内蕴互相转移到对方的品牌身上，或者传播效应互相叠加，从而丰富品牌的内涵和提升品牌整体的影响力。

对每一个品牌来讲，都诠释着一种文化或者一种方式、理念，这种方式的理念也是目标消费群体个性体现的一个组成部分。但是如果特征单一，以及其他竞争品牌和外界因素的干扰，品牌对于文化或者方式、理念的诠释效果就会减弱。通过跨界营销就可以避免上述的问题，两种品牌的互补能够互相衬托，相得益彰，发挥各自的效果；反之则不会起到这样的效果，只是在浪费各自的价值。

3. 消费群体一致

每个品牌都有一定的消费群体，每个品牌都在准确地定位目标消费群体的特征，作为跨界营销的实施品牌或合作企业由于所处行业的不同、品牌的不同、产品的不同，要想使跨界营销得以实施，就得要求双方企业或者品牌必须具备一致或者重复消费的群体。

4. 品牌的非竞争对手性

跨界营销的目的在于通过合作，丰富各自产品或品牌的内涵，实现双方在品牌或在产品销售上的提升，达到双赢的效果，即参与跨界营销的企业或品牌应是互惠互利、互相借势增长的共生关系，而不是此消彼长的竞争关系。因此，这就要求进行合作的企业在品牌上不具备竞争性，只有具备非竞争性的不同企业才有合作的可能，否则跨界营销就变成行业联盟了。

5. 互补原则

非产品功能互补原则指进行跨界合作的企业，在产品属性上两者要具备相对独立性。合作不是各自产品在功能上的相互补充，如相机和胶卷、复印机与耗材等，而是产品能够本身相互独立存在，各取所需，是基于一种共性和共同的特质。如基于产品本身以外的互补，像渠道、品牌内涵、产品人气或者消费群体等。

4.5.4 跨界营销的案例

案例一：国牌糖果品牌跨界——跨界联名仍是年轻化的灵丹妙药

“六一”节前夕，60 岁的某国民品牌奶糖持续神操作，先是与某香氛品牌联名在购物平台推出“奶糖味”快乐童年香氛系列产品，随后又与另外的品牌在线下合开了联名奶茶快闪店。该品牌的这一波跨界联名，也在抖音和朋友圈掀起了童年回忆的怀旧潮。图 4-29 所示为快闪店图片。

图 4-29　快闪店图片

从 2018 年开始，从运动品牌到食品行业，跨界联名早已不是什么罕见的营销手法，回头看看这些席卷年轻人的跨界营销方式，会发现，它们都是家喻户晓的老品牌一反常态地做出的让人大吃一惊的行为。

并非跨界联名的营销方式有多灵，而是跨界联名带来的混搭，让那些我们曾经耳熟能详的老品牌焕发出了与众不同的光辉，让深藏在脑海深处的认知重新被定义。这一招法对那些老字号国字牌的年轻化可谓是灵丹妙药，那些新兴品牌可以尝试寻求与老品牌的联合，借助他们的势能帮助自己快速速立起用户对自己的认知。

案例二：外国企业通过跨界联动制造噱头

在国内知名品牌纷纷进行跨界联动之时，某国外品牌在进驻中国的一年多时间里，也推出了各类创意跨界营销活动，为自己博足了眼球，有效地提升了其在中国的知名度。下文将列举一些经典案例。

1）杭州：一键叫来“一个亿”

2015 年 6 月 3 日，某应用软件在中国举办了一场号称一键喊来“一个亿”的项目，来为杭州的创业者谋求福利。在该应用中，创业者可以通过轻松便捷的操作方法为项目召唤投资人。同时，该应用还宣布将从超过 500 个创业项目中筛选出 45 个优质项目并提供相关的帮助。在如此噱头的吸引下，5 万多名观众现场见证了这场在杭州很受瞩目的创业盛会。

2）北京：一键呼叫 CEO

2015 年 4 月 24 ～ 25 日，该品牌携手多家名企，共同举办了一场活动。在北京某名牌大学附近，停着该公司的车辆，车上坐着来自各公司的高管，大学里的学生们可以通过该品牌 <App<“一键呼叫”功能寻找企业高管。每个成功找到企业高管的学生将有 15 分钟的时间毛遂自荐，学生不仅有和高管直接交流的机会，甚至可能被邀请进入合作企业工作和实习。

3）上海：一键呼叫直升飞机

2015 年 4 月 25 日，某品牌在上海推出了一款“一键呼叫直升机”的服务，并选择了 20 位用户成为首批乘客，其中包括不少明星红人。活动当天，首批乘客中有一对年轻情侣在直升机中为彼此戴上了婚戒，情定今生，浪漫非凡，令人羡慕。明星红人的出现以及素人求婚成功事件，都为该活动增色不少，几十家新闻媒体跟进报道，赚足了大众的关注。

4）杭州：一键呼叫摇橹船

乘坐摇橹船是西湖的一项特色服务，也是最传统的游湖方式之一。2015 年 4 月 16 日，该品牌在杭州正式推出了“一键呼叫摇橹船”业务。只要用户在码头边打开该品牌手机应用，轻触屏幕上的按键就能召唤到人工摇橹船，获得“尽享泛舟西湖、一览春光盛景”的机会。

5）上海：明星变身司机

2015 年 4 月 6 日，一个视频在网上被广泛转发：在上海，某著名明星驾驶着售价近百万元的汽车，作为该品牌的一名司机在城中驾车拉客。

6）杭州：多名某集团高管当该品牌司机

2015 年 5 月 11 日，一个姑娘早上打该品牌车去上班，结果司机是某集团房产公司的高管，两人聊着聊着，姑娘就通过特殊折扣下单买了套房。除了这位房企高管，还有许多高管加入了该品牌的这个项目。为了展示集团适应新兴互联网思维的新形象，集团安排了多名在杭项目高层参加了为期三天的“该品牌驾驶活动”，也就是说高管们集体加入到了该品牌杭州的活动行列中。

7）天津：一键叫相声师傅

在天津，只要用户使用该品牌的软件，说相声的师傅立刻能上门讲相声，这个与天津民俗相结合的服务展现出了十足的创意。

8）杭州：智能餐厅亮相

2015 年 6 月，该品牌旗下的智能餐厅首次亮相杭城。那些餐厅是该品牌在中国首度尝试的餐饮跨界品牌，被选中的合作伙伴皆为杭城高品质的餐厅。把品牌与城市的美食文化进行完美融合，通过一系列包括美食研发、服务转型，以及社交和商业模式重构在内的创新，为用户带来了新颖的餐饮体验和生活方式新启发。

6 月 10 日，该餐厅推出“白吃日：一键 U 味白吃”的活动，活动当天，当第一批菜品正式浮出水面时，活动倍受杭州市民热捧，亮点频出，具体亮点有以下方面。

（1）规模大。千份美食覆盖杭城，从 14：30—20：00 时未间断。

（2）品种多。下午茶、民间私房菜、餐厅招牌菜一网打尽。

（3）排场大。杭城美食家 CEO 亲自驾爱车载美食上门。

（4）互动性强。线上、线下分享美食和美食背后的故事。

（5）实时性高。活动期间刷新了杭州史上美食最快被秒杀的速度——0.05 秒。

9）近 300 个城市：全球最大“冰淇淋日”

2015 年 7 月 24 日，该品牌在全球六大洲、58 个国家和地区的近 300 个城市接力推出史上最大规模的全球“冰淇淋日”。其中，在中国 14 个城市的用户都能享受到该品牌的这项活动带来的乐趣。“冰淇淋日”是该品牌每年夏天举办的一项全球性的趣味活动。2012 年，最早参与“全美冰淇淋日”活动的城市，只有波士顿、芝加哥、纽约等七个城市。2013 年，参与“冰淇淋日”活动的美国城市超过了 33 个。到了 2014 年，该活动的参与范围被扩展到全球，在六大洲 38 个国家的 144 个城市都在同一天开展了这项活动，中国的北京、上海、广州和深圳也第一次加入其中。在所有参与“冰淇淋日”的城市，该品牌用户都可以像“一键叫车”一样一键呼叫冰淇淋。

总之，该品牌的跨界营销正在把自己从一家科技公司变成一家自媒体，不断地向媒体兜售和爆料，吸引大众的眼球，免费上头条，众多其他品牌也都借助该品牌使自身进入了舆论的话题，而该品牌更是将跨界营销打造成了一种潮流和时尚。

4.6　事件营销的定义与方法

事件营销是企业通过策划、组织和利用具有名人效应、新闻价值及社会影响的人物或事件，引起媒体、社会团体和消费者的兴趣与关注，以求提高企业或产品的知名度、美誉度，并树立良好的品牌形象，最终增加产品或服务销售量的目的的手段和方式。

事件营销集新闻效应、广告效应、公共关系、形象传播、客户关系等元素于一体，通过把握热点新闻的规律，制造具有新闻价值的事件，并通过媒介在网络等平台投放和传播安排，让这一新闻事件得以扩散，从而达到营销的目的。当一个事件发生后，它本身是否具备新闻价值就决定了它能否以口头的形式在一定的人群中被传播，只要它具备足够大的新闻价值，就可以通过适当的途径被新闻媒体发现，或以适当的方式传递到新闻媒体耳中，然后以完整的新闻形式向更多的公众传播。

4.6.1　事件营销的成功基础

1. 一定程度上的相关性

事件营销的策划需要在事件本身的新闻传播价值和产品的相关性之间寻找平衡点，在事件营销中，新闻的传播力往往和事件的产品相关性呈反比关系。企业如果想要满足新闻的传播价值，则应降低产品的相关性，以减少在传播过程中产生硬性发布广告的嫌疑。如果想要借助新闻的传播力直接加大产品或品牌的曝光度，则新闻的传播价值就会降低。因此在策划事件营销时，企业应该从产品的实际特性出发，并延展策划出具有较高新闻传播价值的事件。

2. 目标人群的心理需求

事件营销的策划能否引起消费者的行动，其关键因素是事件是否满足了消费者的心理需求。在策划事件时，企业需要关注目标消费者的地域特点、年龄层、流行文化、社会角色、收入水平等。只有洞察消费者的心理需求，才能策划出切合消费者心理需求的事件营销。

3. 相对大的流量

在事件中出现名人、社会热点等大众熟知的信息，这样的事件往往具有更高的新闻传播价值。因为名人与社会热点等本身受大众的关注度较高，在某个时间点，某个地域范围内，大家的关注点都更倾向集中于此，当把产品与关注度高的人或事件相关联时，可以有效地提升产品或品牌的曝光率。

4. 一定的趣味性

在浏览新闻事件时，大多数受众会对新奇、反常、变态、有人情味等的信息表现出较强的好奇心，而平淡无奇的事件则毫无新闻价值可言。对于受众而言，毫无趣味可言的信息就没有让人口口相传的欲望，会导致事件无法传播。

4.6.2 事件营销的优势与劣势

1. 事件营销的优势

1）受众的信息接收程度较高

现在，在铺天盖地的广告中能够吸引大众眼球的经典之作越来越少，而事件营销的传播价值往往体现在新闻效应上，它能有效地避免像广告被人本能地排斥、反感、漠视的情况发生，受众对其内容的信任程度远远高于广告。据调查，一名消费者对新闻的信任程度是接受一则广告的 6 倍。

2）传播有深度和层次有高度

一个事件如果成了热点，就会成为人们津津乐道、互相沟通的话题，传播层次不仅仅限于看到这条新闻的读者或观众，还可以形成二次传播，引发“蝴蝶效应”。而相比之下，广告的传播一般只是看见的就看见，没看见的就没看见了，传播仅局限在一个层面上。

3）投资回报率高

据有关人士统计分析，企业运用事件营销的方法取得的传播投资回报率约为一般传统广告的 3 倍，能有效帮助企业建立产品品牌的形象，直接或间接地影响和推动产品的销售。

2. 事件营销的劣势

1）可能的争议性

事件营销的策划诞生之初就伴随着新闻热点事件，并依托热点事件的话题来提升传播范围。但是需要注意的是，话题的传播性一般伴随着争议性，一不留神就有可能因为舆论偏离预定轨道而对产品推广产生负面影响。

2）不能持续发展

热点事件无时无刻不在发生，所以依托某一事件的营销手段会随着事件影响力的逐步消散而降低传播效益。尽管有资金投入来延长消费者的关注热点，但是网民也是会疲劳的，而长时间的事件曝光可能会带来审美疲劳，甚至因为过高的关注度造成人们的抵触情绪。

4.6.3 事件营销的方法技巧

1. 有公众可参与的“事件”

大众在娱乐的时候也能娱乐自己，所以如果想让热点营销起到显著的效果，首先要有公众可参与的事件。在此前提下如果能够很好地策划、利用某一事件来激发人们的好奇心理，营销者将会收到良好的市场促销效果。

2. 学会有效“嫁接”

社会上每天都会发生大大小小的事件，每一件事都有可能成为新闻，这就要看观察者的敏锐洞察力了。一次成功的新闻事件营销有时需要机遇，但更重要的就是观察力和想象力。找到新闻热点后，最重要的问题就是怎么把公司和产品或者概念嵌入到新闻之中，最好要嵌入得不露痕迹，才能达到借势传播的效果。

3. 寻找沟通兴奋点

很多的事件营销都是需要营销者精心策划后才能施行的，而事件营销策划必须与自身的宣传目的有着密切的联系。一些大事件总能引起社会关注和公众的兴趣，只要我们找到合适的切入点，巧妙地把企业、产品和事件联系起来，然后尽量让消费者自发参与进去，用沟通来创造事件之外的真正价值。实践证明，一种能吸引消费者参与互动的营销方式，往往会取得较好的回报。

4. 制定不同阶段的营销策略和方案

热点新闻事件是稀缺资源。这就要求企业在事件营销的实施过程中，即使是对一个很小的事件，也要进行分轮次传播，以求达到营销最大化的目的。在媒体受众细分的今天，企业完全可以根据不同媒体制定不同的新闻方向，通过分层次、分时间段地进行新闻渗透，让企业品牌在一个新闻事件中得到最长时间和最大规模的传播。同时，企业在根据新闻热点推出营销活动时，必须重视与媒体的沟通。这将向媒体展示企业迅速有力的执行力，从而通过媒体向大众展示企业的品牌形象。

4.6.4　事件营销的案例

图 4-30 所示为某购物平台携手某策划公司打造的“差别最大的双胞胎”的艺术装置。在广州白云万达广场，平台方布置了几十个透明的粉色橱窗，还邀请了 128 位来自全球不同城市的双胞胎到场。

图 4-30　活动现场

这一场面宏大的“快闪秀”，是当时史上第一次超百位双胞胎参与的橱窗行为艺术。仔细观察现场可以看到，每一对双胞胎的长相身型几乎完全相同，穿着服饰的品牌和款式更是一模一样。图 4-31 所示为橱窗行为艺术的照片。

图 4-31　橱窗行为艺术的照片

差别最大的地方其实在于他们服饰的“价格标签”。从图中可以注意到，在展示的橱窗表面，分别印刻着市场价和该购物平台的产品价格，二者之间有着巨大的价差。从营销层面来讲，品牌利用价格对比的手法，其实是变相突出该购物平台的优惠力度。

4.7　互动营销的定义与方法

互动营销是指企业在营销过程中充分听取并利用消费者的意见和建议，用于自身产品或服务的规划和设计，作为企业的市场运作服务的营销方式。通过互动营销，在消费者与企业的互动中，企业会让消费者参与到产品及品牌活动中，拉近消费者与企业之间的联系，让消费者不知不觉中接受来自该企业的营销宣传。

4.7.1 互动营销的成功基础

1. 分析消费者属性

企业应通过已有的数据或市场调研，对消费者进行分析，了解消费者的年龄层、社会角色、收入水平、分布区域、家庭状况等信息。对消费者的全面了解有助于与消费者进行有效的互动沟通。

2. 互动内容和渠道

根据消费者的属性及产品的属性，企业可以在互动营销制作中采取相应形式和相应风格的内容，同时了解消费者的区域分布及喜好，有助于构建全面的互动渠道，进而从渠道中接触消费者，从内容上触动消费者。

3. 良好的反馈机制

互动双方需要有反馈机制并相互影响，没有反馈机制的互动营销容易无法持续。企业需要消费者的反馈及对产品和服务的改进意见，消费者则需要企业提供便利的服务和额外的激励。良性而恰当的反馈机制有助于企业与消费者之间保持有效而持久的沟通。

4.7.2 互动营销的优势

1. 沟通效率高

互动营销在某种意义上可以说是一种“一对一”的营销方式，各种店家在门户网站、新浪微博、手机微信等各种互联网媒体服务平台上可以随时随地地与消费者开展沟通交流，能够通过客户或是潜在客户的要求进行有效地变动和调整，这类可以通过客户要求作出灵活反应的营销方式，要比一般的立即营销推广效率更高，实际效果更强。

2. 高精准度和针对性

和传统的营销方式相比，互动营销在企业和消费者之间产生了对话，在营销方式和实际的对策上，会通过消费者的意见反馈来进行转变。换句话说，这类推广方式是伴随着客户的要求来转变的，这代表着互动营销一直处在动态当中。因为具备更高的精确度和针对性，这类推广方式的效率一般要比传统式营销高 2 ～ 12 倍。

4.7.3 互动营销的方法技巧

互动营销实施的关键，在于了解不同行业、不同消费者的不同购买行为，以及每个购买行为所需要经过的阶段，然后选择一个最合适的方式最大限度地影响消费行为，从而增加收入，提高营销回报率。

根据调查，企业所要把握的消费者购买过程一般分为 4 个阶段：产生购买意愿、搜集和评估信息、购买、购买之后的服务。研究这个过程，有助于开发和留住顾客。

不能否认，互联网确实可以通过向消费者传递非常强大而有吸引力的信息，来改变消费行为。但怎样才能够使互联网和我们现有的营销活动一致起来呢？或者怎样才能改善我们现有的营销活动，来适应互联网的特点呢？解决这两个问题的办法并不神秘，主要是提高营销的效果和效率。效果指的是最大限度地影响消费行为；效率是花最少的钱，办最多的事。但效率和效果的提升，最终还是需要整合不同的互动营销渠道。

实施互动营销的过程，实际上与广告代理商设计消费品广告的过程非常相似，都是以一种非常吸引人的方式，利用多种渠道向消费者传播产品信息。而且这个过程首先都要确定企业的目标市场在哪里、有多大，然后仔细了解顾客的行为模式、不同的媒体渠道、或者数字渠道，最后决定这些渠道和消费者行为的连接方式和手段。应该切记，互联网技术本身并不能成为一种战略或商业模式，商业战略不是在线或离线的问题，而是二者合一。

4.7.4　互动营销的案例

某奶茶连锁品牌抽奖又“错付”了真心

该奶茶连锁品牌作为国内奶茶领先品牌，营销活动一波又一波，总想着优于竞争对手，不断举办各种新品发布、联名营销等活动。在这些活动中，效果最好的是一次普通的抽奖活动，该品牌在活动中抽中了另一奶茶连锁品牌的粉丝！图 4-32 所示为某奶茶连锁品牌的微博话题。

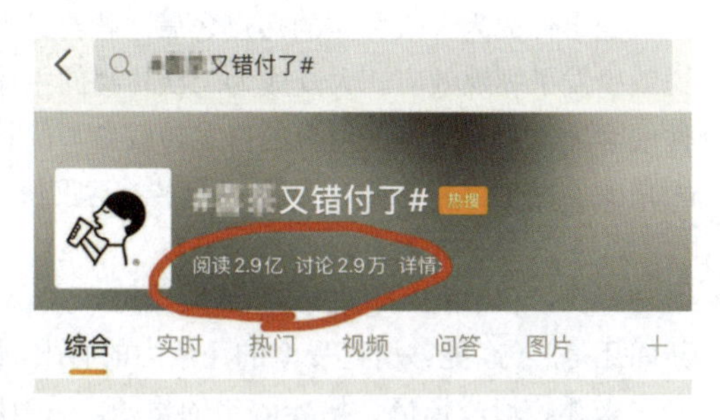

图 4-32　某奶茶连锁品牌的微博话题

虽然说这属于意料之外的事件，算得上一定程度的“翻车”，但是该奶茶连锁品牌反而借势营销，在社交媒体上引发了热度极大的讨论。

该奶茶连锁品牌之前已经抽中过另一奶茶连锁品牌和某咖啡连锁品牌的粉丝，这次抽奖又抽中另一奶茶连锁品牌，果断反向营销，形成讨论话题，刺激传播。

4.8　借势营销的定义与方法

借势营销是借助一个消费者喜闻乐见的环境，将包含营销目的行为隐藏在环境中，使消费者在这个环境中了解品牌或产品并接受品牌或产品的营销手段。具体表现为借助社会热点、娱乐新闻、媒体事件等大众关注的焦点，潜移默化地把品牌营销信息植入其中，以达到在一定程度上影响消费者的目的，借势营销是一种比较常见的新媒体营销模式。

4.8.1　借势营销的成功基础

1. 恰当的热点

消费者身边每天都会产生各种各样的信息，各种大小不一、类型各异的热点频出，这首先需要企业对这些热点进行筛选，筛选出适合自己产品定位人群的热点，进而策划相关营销活动。

2. 迅捷的反应速度

现在，合适的热点稍纵即逝，单个社会热点的平均寿命不超过 3 天，尤其是在互联网上。当企业想要策划借势营销时，则应该在社会热点出现的第一时间策划出相应的传播方案，因为大众会对最先跟进热点借势的内容抱有更多的好奇心。

3. 合适的创意策划

对于日常热点事件，企业在跟进时可以先把产品信息进行恰当地改动，再迅速制作出传播内容。而针对大型热点事件或企业自身、同行业热点事件等，需要进行周密地策划，从前期策划、中期传播，到后期收尾每一步都需精心设计传播点并植入产品信息内容。

4.8.2 借势营销的优势

1. 相对更好的传播深度和层次性

当事件成为大众关注的热点之后，就会成为大众喜闻乐道的议论内容，这对于事件来说就引发了蝴蝶效应。大众成为二次传播的主体，以此进行宣传，广告就成为了新一轮事件的客体。社交网络上用户的自发转载参与，对品牌自身来说是完全免费的传播方式，大大减少了企业的广告成本，而且具有传播速度快、超时空性、内容的交互性、多媒体化等特点。

2. 受众接受程度更好

现在，信息化的传播事件铺天盖地，大众需要进行本能的筛选与更新。所以无论是新闻还是广告，能够引起受众的注意力的有限，最终促成购买行动只能靠不断地引起注意、产生兴趣、形成记忆、培养欲望的累积。只有随着次数和强度的增加，受众才可能认识并记住。而热点事件正是基于此而借用于营销的，它一旦成为受众关注和信任的事件信息，商家巧妙地参与进去，消费者的接受程度和营销效果将是普通广告的多倍。

3. 企业回报率更高

一些企业会在第一时间抓住受众关注的社会新闻事件，并结合企业宣传策略展开一系列的借势营销活动。据相关统计，企业运用借势营销手段产生的影响和效果比一般传统广告高出 2 ～ 3 倍，为树立产品形象和推动产品销售起到了一定的推动作用。

4.8.3 借势营销的方法技巧

1. 敏锐把握社会热点

“借势营销”成败关键是对事件的利用效果。一个突如其来的事件可能会成就一个品牌成为经典，因此需要企业决策者和营销者关注时事和社会实践，敏锐地把握商机和社会热点，更好地利用大事件为企业服务，达到“四两拨千斤”的效果。

2. 与产品性质相关

借势营销同样涉及产品相关性的问题，一场大事件的营销往往需要投入大量的资金，而一场与企业产品风马牛不相及的赞助无疑是对资金的巨大浪费。纵观成功的借势营销案例，事件本身与产品无不有着千丝万缕的联系的。

3. 审时度势，随机应变

借势营销的运动性会增大操作的难度，因为事件进程是无法预料的，而营销人员能做的只能是审时度势，随机应变。

4. 落脚于品牌

借势营销作为一种营销手段，具有短期性，对于长期的品牌建设来说，仅是万里长征中的一步，借势营销要以品牌策略为中心，并最终要落到品牌的塑造上。

5. 要注意挑选热点

企业需要思考热点，自身是否可以与品牌形象或是产品产生关联，与品牌结合的合理性与贴合度是否符合。如果拿热点硬套或者是利用一些负面的热点事件进行营销，那么借势营销的效果可能不会很好，且容易引起用户的反感，还有可能损坏品牌的形象，给消费者留下不好的印象。

6. 注意区分跟风与借势

借势营销，重在“借”，而不在“势”。如果企业重在“势”，那么有陷入盲目跟风的可能。而好的借势营销是围绕品牌优势进行创意，企业可以在公众号的软文中借助热点切入，突出自己品牌、产品的优势。优秀的借势营销都是围绕品牌优势然后与创意结合。“借”的另一层意思就是通过借顾客购买或认同心理的势，满足用户的需求，而并不是借与品牌不相关的热门事件的“势”。

4.8.4 借势营销的案例

案例一：某日用品消费品牌借势2012 伦敦奥运会开展营销活动

奥运会作为每 4 年一次的全球最著名的体育盛会，每个环节都会受到业界内外极高的关注，海量的信息和热点频出，是品牌角逐的战场。每一届奥运会从申办、宣布承办城市到各项比赛、奖牌获得等，都会吸引全世界数以亿计观众的目光。所以，无论是以官方合作伙伴的名义、赛事合作的形式还是以场地标语、直播冠名等形式，全世界的品牌都热衷于在奥运会期间找到适合自己品牌亮相的机会。2012 年伦敦奥运会期间，某日用品品牌首次成为奥运官方合作伙伴，借奥运会这个 4 年一次的体育盛会找到了消费者关注的重点，提出了新颖的全球化策略。该品牌通过独特的关注冠军背后的母亲的视角，打出“为母亲喝彩”的口号，不仅传递了品牌的产品信息，而且更多地传达了品牌的精神。

该品牌选择与国内媒体平台合作，独家冠名了原创节目《奥运父母汇》，通过节目传递了该品牌“为母亲喝彩”的口号。并且充分利用了所签署的奥运明星代言人，以及微电影等多种优势资源形式，与消费者建立了沟通的桥梁。这个节目从“冠军父母及冠军背后的故事”这样一个独特的视角出发，找到了自己能够与消费者沟通的切入点，并且充分利用了视频整合平台中的多个最优势平台的资源，火力全开，引发了多纬度的二次传播及全方位的传播。

该品牌的五位知名运动员代言人都在赛前在社交平台发出了感谢母亲，为母亲喝彩的内容，利用他们的影响力使活动快速升温。该国内视频媒体平台也通过头条头版，以大版面曝光等强曝光手段帮助该品牌引流，吸引了众多消费者的关注。采取这些方式甚至让在传统广告中一直作为围观角色的消费者参与到内容中来的方式，作为内容营销的一部分再去传播相关的内容，使品牌的知名度广为提高。同时，该品牌也建立了更加完整的线上与线下传播链，通过电视台等大众媒体在奥运期间播放自己的微电影和视频节目。该品牌在2012年伦敦奥运会期间，通过优秀的营销策略，成功搭载了奥运会的热点事件效应，获得了非常好的品牌传播效果。

案例二：借助“黑洞首次观测”热点事件开展营销活动

2019年4月10日晚9:00时许，包括中国在内，全球多地天文学家同步公布了黑洞被观测到的“真容”。这引来一波以黑洞为核心的品牌创意海报，不少品牌乘着这次黑洞潮流成功“上天”。各个品牌根据黑洞被拍摄到的照片，融合自己的品牌特色，进行了各种各样独具特色的创作。这种创作有的不仅能展现自身品牌商品的信息，同时也可以结合时下其他热点博人一笑，甚至由于其“鬼畜”的图案组合和画面结构在用户心中留下足以持续一段时间的印象。

想要借助此类观测到的自然现象进行创作从而达到对自身的宣传，优秀的美工是品牌不可或缺的资源。且此类创作相较于直接贴近时下的热点，常常由于其绝妙的创意和可爱美观的造型，更加容易被消费人群接受。图4-33所示为各种产品对“黑洞”事件的加工。

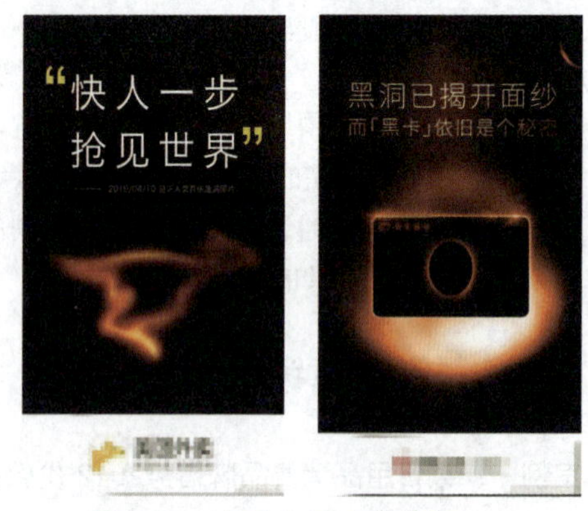

图4-33　各种产品对事件的加工

4.9　社群营销的定义与方法

社群营销是把一群具有共同爱好的人汇聚在一起，并将感情等因素通过社交平台连接在一起，运用有效的管理使社群成员保持较高的活跃度，为达到某个目标而设定任务，并通过长时间的社群运营提升社群成员的集体荣誉感和归属感，以此加深品牌在社群中的印象，提升品牌凝聚力的一种营销手段。

社群营销与会员营销类似，品牌方把活跃度较高的忠实用户聚集起来，针对他们的表现给予不同于普通用户的权益，以增加其忠诚度，从而让他们能够为企业的品牌推广、产品推广、公关等活动提供支持。

4.9.1　社群营销的优势与劣势

1. 社群营销的优势

1）营销成本更低

传统的营销方式广告费用高昂，广告针对的客户群体还不凝聚，浪费严重。而社群营销可以说是零成本，几乎人人都可以做。而且在社群中，每一个成员即是购买者，也是传播者。只要企业的产品过硬，运营得当，社群裂变所产生的营销效果巨大 。

2）营销用户精准

社群营销是基于圈子、人脉而产生的营销模式。社群是指有稳定的群体结构和较一致的群体意识；成员有一致的行为规范和持续的互动关系；成员间分工协作，是具有一致行动能力而聚集在一起的圈子。也就是说，你的社群里面聚集的都是有着共同需求的用户，也就是微商行业经常说的精准粉丝。现在，人们的消费是分圈子层次的，相同圈子层次的人是可以玩到一起的，他们可以买相同品牌、价位的产品，但是不同圈子层次的人就很难玩到一起了。大家在购买产品时不再是基于功能性的消费，而是在某个场景下的消费。社群营销就是某个产品是特定为某一类人设计的，他们有共同的兴趣爱好和行动目的，甚至思维方式都高度一致。

3）高效率的传播

在互联网时代，六度空间理论实现的可能性变得更大了。社群的本质是链接，由手机端和电脑端构建的新媒体环境彻底突破了空间和时间的限制，将人与人联系在了一起，而且这种联系通常是一种基于熟人的联系。出于对熟人的相互了解，在咨询信息、购买产品等方面也更为相互信任。如果能获得某个用户的信任，那么熟人间的传播力量往往会超乎你的想象。

4）更好地用户粉丝沉淀

传统的生意模式，产品卖了以后，卖家和买家之间就没有任何关系了，除非买家想退货，或者有质量问题，买家才会找到卖家。但采用社群营销后，用过产品的人的联系方式都沉淀到微信群里或其他的社交工具中了，当你有新的产品推出后，这些客户都有可能购买。

2. 社群营销的劣势

1）易被干预

网络水军是社群营销最大的破坏者，尤其是恶意网络水军。因为社群营销是以人际社交、信任建立为核心的营销方式，网络水军极大地破坏了品牌的信誉与信任，很容易仅凭三言两语就破坏社群生态。

2）初期准备时间长

社群营销需要品牌找到目标社群，定好社交平台，慢慢摸索与目标社群的沟通方式。从定位、找人、文字、设计、活动、互动等每一个细节开始去做，每天去赢得目标社群的好感与信任，经年累月，一旦突破一个临界点，就会有口碑聚合、放大、爆发的机会。

4.9.2 社群营销的方法技巧

1. 共同爱好

共同爱好是对某种事物的认同行为，是社群形成的基础，“人以群分，物以类聚”，拥有共同爱好的群体汇聚在一起时，能形成一个初步的社群基础。

2. 恰当的结构

“无规矩不成方圆”，一个能够生存的社群需要有完备的社群结构做支撑，包括加入原则、管理规范、交流平台、组成人员等。

3. 积极的输出

每个社群在成立之初其成员都有一定的活跃度，但如果不能持续为成员提供价值，或不能带领成员共同创造某种价值，社群的活跃度将会逐渐下降。社群的输出是一个社群价值的体现，高质量作品的输出能够增加社群成员的集体荣誉感，并提升社群凝聚力。

4. 持续的运营

社群的运营是社群保持活跃的关键，它包括仪式感、参与感、组织感、归属感四个方面。社群运营要让群成员认识该社群的组织性，应该让每个社群成员都可以参与社群活动的组织策划和内容输出，以便在一系列的社群活动中慢慢增加他们的归属感。

5. 可复制的模式

拥有可复制的社群模式是拓展社群规模的前提，也是检验社群模式成熟与否的关键，但过多的群成员很可能会导致群内原来的核心成员之间的感情淡化，而多个社群之间并行运营则会提高社群的运营成本。

4.9.3 社群营销的案例

案例一：某互联网知识社群

某个影响力较大的互联网知识社群，包括了公众订阅号、知识类脱口秀等视频及音频、会员体系、微商城、贴吧、相同爱好群等具体的互动形式，主要服务于80后和90后有“爱智求真”需求的群体。其创始人曾说，他的社群不是自媒体，不是纯视频，不是粉丝经济，而是一个联结诸多商业元素的社群，一场互联网时代的商业试验。作为自媒体第一人，该创始人无疑是成功的。曾在央视就职的他，有着嗜书如命、知识渊博、观点犀利的过人之处，总能站在别样的角度看问题，引来了众多忠实粉丝。2012年12月21日，一档每周五更新的知识性脱口秀节目被人上传到了优酷上。第一期节目的主题为“末日启示向死而生”，录制地点是某家咖啡馆，该创始人在视频中围绕末日情结从历史讲到地理，再从地理讲到文学。这期节目在优酷的播放量最后达到162万次，评论近1500条。

该知识社群的口号是“有种、有趣、有料”，倡导独立、理性的思考。其创始人推崇自由主义与互联网思维，凝聚现代爱智求真、积极上进、自由阳光、人格健全的年轻人，是国内社群营销的典范。

该知识社群虽然逐渐演化成了一个大社群，也进行了商业化运作，但一直是以其创始人本人为中心，以其每日有料、有货、有态度的逻辑语音加上不断推陈出新的粉丝运作手法，令其取得了巨大成功。图4-34所示为某互动网知识社群海报和公众号。

1. 营销创新方式

（1）用思维凝结社群。在移动互联网时代，手机成为了人们获取信息的最重要方式之一，许多人每天通过朋友圈、公众号等获得“碎片化”的知识和信息。工业社会用物来连接大家，而在互联网时代要用人来连接大家。创新就必须要从物化的、外在的东西，重新变回到人的层面，如思维。正如该知识社群强调的U盘化生存，“自带信息，不带系统，随时插拔，自由协作”。

（2）用社群力量拓展边界。在日常的运营中，知识社群的团队创始人长期坚持亲自在微博、微信及客服系统中面向用户回复意见，亲自解决客服问题，与用户进行直接的互动。在中国有太多的年轻人活在组织里，越来越多的年轻人希望享受互联网带来的自由连接，让他们可以平等自由地分享创造。“我们帮助用户打开这样一扇窗，在我们跟用户之间建立起真实的连接。”该知识社群死磕精神的最典型做法体现在其每天早上六点半的 60 秒钟语音。很多人无法理解为何将时间固定为 60 秒，在其创始人看来，60 秒代表一种仪式感，代表对用户的尊重，通过死磕能获得用户发自内心的尊重与信任。“所有的媒体人 6 点半都起不来，那我就死磕，做你们做不到的事，别人做不到，我做得到。”该创始人成功地把这个时间点经营成他个人的标签，用户即使不去听他发送的语音内容，也会由衷地佩服他的坚持。

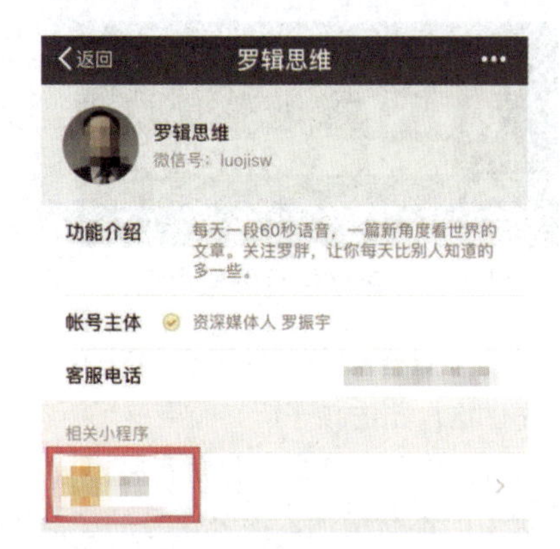

图 4-34　某互动网知识社群海报和公众号

2. 定位创新

该创始人对自己的定位是知识搬运工，他希望替没空看书的现代人看书，再通过自己在节目中把书本上的精华转述出来。2012 年初，看到视频网站和移动互联网崛起的苗头后，他与某创新传播机构创始人经过深思熟虑，决定一起做一档视频节目。当讨论节目该怎么做的时，他们的参照标准是“冬吴相对论”。该知识社群的视频话题不用受别人的限定。每期他都围绕一本书放开讲，如大数据、进化论、康有为等。虽然说是替观众读书，但每次到最后，该创始人的落点都会落回到现实中，宣扬“自由人的自由联合”，以及社群联合、合作共赢的价值观。

3. 促销创新

该创始人始终坚持自己的做法，他创造该社群的目的一开始就是冲着商业化的方向去的。但他并不指望靠视频广告来挣钱，微信、微博里活跃着的用户才是他所看中的受众。人以群分，能够接受其价值观的人大都热衷于争论和表达意见，这一点从其他视频网站的评论数就可以看出来。他的视频是该创始人建立社群的入口和名片。通过视频的大范围传播，持有与他相同价值观的人才能够在微信上聚集，参加各种互动。

案例二：某微信订阅号的社群营销

该微信订阅号创始人曾任中央电视台某经济频道主持人。2013 年，该主持人通过微博宣布辞职，凭借其多年播音主持的工作经验和身为一个父亲对子女的爱，开设了这个微信公众号。经过他持续运营，该公众号已成为母婴类、生活类顶级公众账号之一，粉丝已经破千万。图 4-35 所示为某微信订阅号海报。

在账号起步阶段，该创始人经常会在睡觉前为孩子讲故事，但由于需要出差等原因，他有时不能及时为孩子讲故事，他便通过录音的形式录制了一些故事，放给自己的孩子听。他最初把音频发在了孩子幼儿园的家长群里面，得到了广大家长的喜爱，后来他把故事音频发在了自己创立的微信公众账号中，到这一公众号粉丝达到一定规模后，为孩子讲故事便不再是仅仅一个故事那么简单了。图4-36所示为某微信订阅号信息。

图4-35　某微信订阅号海报

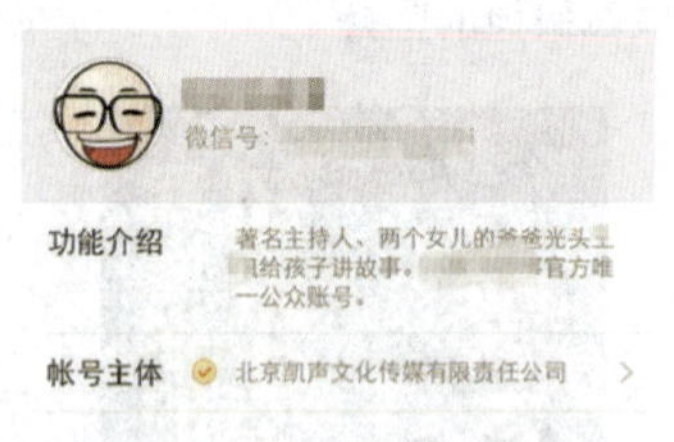

图4-36　某微信订阅号信息

该公众号后来对音频产品做了调整升级，从讲故事延伸到讲古诗词和四大名著。创始人把内容先讲给自己的孩子听，如果孩子听得懂，再将其发布出来。后来他把《西游记》故事改编成为音频作品，开启了付费音频模式，并通过公众号逐步开始盈利。

随着影响力的不断增加，该公众号的产品范围不断丰富，其创始人逐步与出版社、动画片制作方、视频宣发等渠道展开合作，出版漫画绘本和动画片等产品。

随着用户人群的大量增加，这一品牌的知名度日益提升。目前该品牌有自己的App，在其公众号自定义菜单，分为讲给孩子听的“听故事”板块、讲给父母听的“搞定班主任”板块，以及为消费者提供的“优选商城”板块。针对孩子和父母的课程方面，该品牌经过持续的课程开发，内容已经十分丰富。而在优选商城中，主要针对父母和孩子这类人群，提供定制化或优质产品的推荐，这也属于社群商业化中重要的部分。

案例

（1）同好。该公众号粉丝及社群成员大多数为家有孩子的父母，其共同的目标就是给孩子优质的教育、有意义的学习内容等，这一共性拉近了粉丝之间的关系，形成了母婴类社群。

（2）结构。社群规模的扩大及影响力的扩散离不开品牌的产品设计，该品牌以免费内容吸引了更多潜在的消费者，同时以付费内容为消费者持续提供优质的内容。

（3）输出。该品牌通过线上讲故事的方式与孩子父母沟通互动，又通过创办漫画大赛等活动，保持大家对社群的活跃度。这类对输出共同成长成果的运作，有利于增强社群成员之间的共识，加强品牌的凝聚力。

（4）运营。通过长时间持续的运营，该品牌已推出了手机App，在内容产品上除了针对孩子的音频故事，还开发出了针对父母的各种课程。在商业化方面，通过与企业合作进行社群商业化的探索，持续更新优质的内容，使该品牌以一个健康的模式前进。

（5）复制。标准化是复制的基础，标准化后的社群模式及内容产品，一方面有利于避免社群成员庞大后重复过往的错误，另一方面标准化的内容产品要求有利于快速丰富品牌产品的内容，有利于保持内容产品的质量和更新速度。

案例三：妈妈们的母婴微商店铺

2013 年底，中国出台单独二孩生育政策，当时中国面临每年 1700 万新生儿的庞大市场机遇。妈妈们则面临学习、社交、育儿等一系列问题，而解决这些问题便成为母婴行业面临的一大难点。某商店正是看准了这个机会，在 2014 年便开始深耕妈妈社群，并从线上教育、线下活动等多个维度解决妈妈们的问题。以便让妈妈们轻松开店、随时随地学习、认识更多优秀妈妈为服务宗旨，成为当时国内妈妈创业、学习、社交、购物的首选平台。妈妈们无需懂技术，三秒钟即可完成开店任务，无需自己进货或发货便可销售精选商品，只要卖出产品即获得佣金，真正实现了妈妈们随时随地赚钱的目标。该店主营图书音像和母婴类用品，是亲子类书籍的首选平台。以海外产品为主的母婴用品，涵盖婴儿护理、美容护肤、奶粉辅食等多个品类。该店发展速度非常快，不到一年的时间就已拥有数以百万计的妈妈用户，当时日活跃用户五十万，月交易额超千万，在妈妈群体中拥有较强的影响力与口碑。在社群建设方面，该店拥有数百个全国小社群，成员主要以妈妈及年轻家庭为主，规模在百万以上。此外其他大型活动也已不定期开课，影响了数百万户家庭。

该店的定位是让妈妈和自媒体人轻松开店，将人群锁定在妈妈和自媒体上的原因有以下三点。

（1）该店主要瞄准了移动端的碎片化时间。移动互联网的明显特性就是移动化和碎片化，对于微商来说，能否充分抓取用户的碎片化时间将是产品销售好坏的关键。

（2）解决了微商的信用问题。首先该店在某个行业或某个领域享有较高的知名度，其次它有着自己的用户和粉丝。该品牌创始人敏锐地发现了这一点，用大 V 的公信力来解决粉丝和用户对产品的质疑。这也是自媒体人微信变现的最佳方式之一。

（3）积累品牌客户，用人格来为品牌背书。既然解决了品牌的信用问题，那么下一步就应该积累品牌客户。微信虽然不是一个营销工具，但却是一个很好的客户关系管理的平台。自媒体平台本身就可以为品牌提供一个逐步积累粉丝的工具，变现的方式是把这些粉丝转化成潜在的客户，该店充分利用了自媒体平台。再加上有人格为产品背书，品牌效应、口碑效应很快就可以做起来。

该店区别于现有微店的关键要素是以下方面。

（1）“自媒体联盟”属性。或许是注意到了微商群体在过去一段时间内因刷朋友圈卖货的行为，在朋友圈消费者心中产生了负面影响，该店有意寻找具有自媒体属性的妈妈群体，鼓励妈妈们中的卖家们培养自己个人的公众号，在自己擅长、有话语权的某个领域生产优质的内容，以精准内容吸引目标用户，从而培养信任感，然后再配以自己的引导购物。从这个层面上来讲，该店的卖家是买家在某个领域的私人导购。

（2）统一供货，发放佣金。虽然该店的终端销售者是个体卖家，但这些卖家并非商品的直接拥有者。据了解，所有该店卖家的货源均由该店官方提供。虽然该店负责统一供货，但其自称，其并没有选货团队，该店所有的选货都由卖家决定，然后由该店向上游采购。

（3）统一仓储和物流。这也是该店与目前国内主要微店类平台的重要不同，其选择官方包揽所有卖家的发货和物流配送，卖家们无需自建仓库，无需自己发货。目前该店通过自建仓库及与第三方物流服务商合作的方式解决仓储配送问题。

（4）跨境进口业务将扮演重要角色。从上文提到的物流服务商可以看出，跨境业务在该店经营中扮演了很好的角色。这意味着其在选货方面会更多地面向国内的稀缺资源，并直接向国外供应商采购。

（5）向卖家收费。在该店后来的发布会上，其官方正式宣布该店将向卖家们收取 99 元费用作为加盟门槛，之后调到 129 元，再而后调到 199 元。这与国内其他免费加盟的微店类产品也与众不同。精准的用户定位、更加有信任度的 B2C 模式[①]让该店有别于现有的微店产品，但其模式仍然隐含着诸多的不确定因素。例如，真正有实力做成自媒体的妈妈不会太多，规模发展会受到一定的限制；妈妈自媒体的不断增加，未来很有可能会出现同质化竞争，再加上国内母婴跨境电商市场本已竞争激烈，未来该店面临的对手可能会很多。

社群营销其实是通过共同价值观或者相同信仰等纽带在人群中形成人际连接并以此进行营销。因此建议：一是在内容的传播上注重针对性和精准性，不能为了商业利益而随意扩展品牌经营的范围；二是加强服务创新，要对目标社群的潜在需求进行思考，并持续采取有效的营销手段去满足其潜在的需求；三是价格尽量有竞争力，性价比始终是消费者选购商品和选择购买平台的重要依据之一，所以在制定价格的时候要使其足以让目标顾客满意。

4.10 本章小结

在本章中，社会化营销的几种常见模式被一一列举、解释、分析，并列举了具体案例进行了说明。从案例中我们不难发现，某种营销手段的案例中，也存在着其他营销手段的影子。例如在跨界营销案例二中，在一定程度上有事件营销的性质。在学习过程中，我们需对每种营销手段进行区分，但是在实际应用中，优秀的营销企划者应该熟练运用复合的营销手段，以谋求通过最小的投入获得最大的经济效益。

明确目标受众，这一点在许多营销方式之中都是重中之重。在实际操作中，应优先考虑这一点，明确品牌的主打人群，并根据该人群特点进行针对式设计，可以更好地推动商品在目标人群中的传播速度，也更容易为消费者接受。

对时机的把握也十分关键。要想成功达到营销效果，不可缺少的就是对时下热点、潮流、政策、科技、社会经济等诸多方面的考量。谁能第一时间获取第一手消息并合理运用，谁就能在市场竞争中占据主导地位。

此外，在许多案例中，优秀的营销手段往往能够推陈出新，给商品带来拓展价值及进一步展现商品的优秀之处，在为商家带来经济效益的同时，也为品牌赢得良好的声誉。但值得注意的是，任何营销手段都无法完全遮掩劣质产品的缺陷，保持良好的商品质量是品牌成功的基础。

如今，信息化的发展还在继续，随之而来的是新自媒体平台、新社交平台、新的互动形式的不断出现。技术在不断进步，类似的新生信息流通平台和渠道也在不断更新。只要保持思想的活跃性和大胆的想象，优秀的品牌营销就能从不断创新的媒体渠道中发现机遇并改变策略，契合永不停息的社会发展潮流。

---

① B2C 模式：B2C 指电子商务的一种模式，也是直接面向消费者销售产品和服务的商业零售模式。

第5章　新媒体社会化思维模式

众所周知，思维方式是影响人类主观行为的一个非常重要的因素，也是体现人类智慧的最重要的方面。克里斯坦森（Clayton M. Christensen）教授曾经写过或与人合著过《创新者的窘境》《创新者的解答》及《创新者的基因》等书，日本著名管理学家、经济评论家大前研一也写过《创新者的思考》一书。可以看出，现在不论是实业工程师还是社会文化相关从业人员，其思维方式有时大相径庭，有时又殊途同归。所以，伴随着通信网络技术的进步，传统媒体逐步式微，新媒体时代已经到来，在这种环境下，我们更应该及时转变思维方式，做出思维调整。

面对新媒体的冲击，我们要了解新媒体的各种特性，思考新媒体时代与传统媒体时代相比，我们究竟需要做出哪些改变，通过对新媒体的深入研究。弄清楚如何利用新媒体平台开拓创新路径和使用创新方法。同时需要注意的是，相对于传统媒体，新媒体相关理念及思维并不是高深莫测的，也不完全是所谓的“翻天覆地”的变化，许多传统的营销理念在新媒体时代仍然发挥着重要的作用，我们应该用扬弃的方式继承其精华。

5.1　媒体基本营销思维

要想自如地运用新媒体进行营销，一方面不能将传统经典的营销理念完全抛弃，另一方面要全面了解新营销理念的演变路径，并掌握新媒体的基本思维模式。

5.1.1　传统营销理念

传统营销中有四个经典理论，如图 5-1 所示。

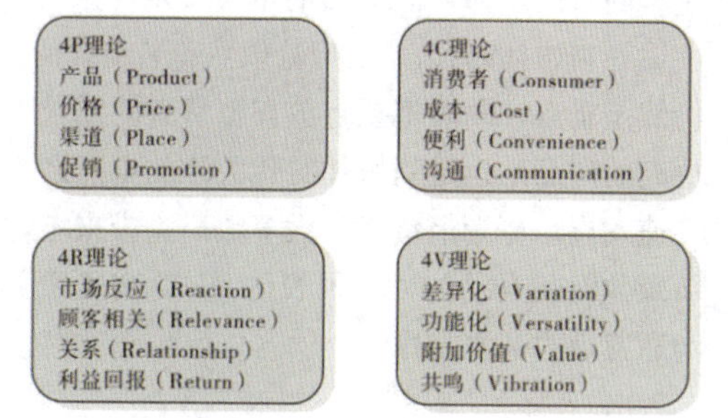

图 5-1　市场营销的经典理论

1. 4P理论

4P 理论是美国营销学教授麦卡锡在 20 世纪 60 年代提出的，该理论又称为四大营销组合策略。其中 4P 是产品（Product）、价格（Price）、渠道（Place）及促销（Promotion）四个英文单词的首字母缩写。

1967 年，世界著名营销大师菲利普•科特勒在其畅销书《营销管理：分析、规划与控制》第一版中进一步确认了以 4P 理论为核心的营销组合方法。1986 年，科特勒在《哈佛商业评论》上发表了《论大市场营销》一文，提出了“大市场营销”的概念，即在原来的4P组合的基础上又增加了两个P——政治力量（Political Power）与公共关系（Public Relations），加上前面的4P，就形成了6P理论。后来，科特勒又提出为了精通战术上的4P，就必须先做好另一个战略上的4P，即探查、细分、优先及定位。加上前面的6P，进而形成了10P理论。在科特勒的理解中，应该还有第11个P，他称之为“人”（People）。图5-2所示为麦卡锡和科特勒。

图5-2　麦卡锡（右）与科特勒（左）

目前，经典的4P理论仍然在新媒体时代发挥着一定的作用。例如，小企业也要有产品和定价；若想在微博上销售，需要有靠谱的渠道；若想在社群中组织活动，则要进行一定的促销。

这四个基本策略仍然可以发挥作用，只是部分形式发生了变化。例如在新媒体时代，企业在定价时可能会使用全新的“营销策略”，可能会有更多的促销渠道和手段可供选择。

2. 4C理论

4C理论是由美国营销专家罗伯特·劳特朋教授在1990年提出的。该理论以消费者需求为导向，重新设定了市场营销组合的四个基本要素，即消费者（Consumer）、成本（Cost）、便利（Convenience）和沟通（Communication）。4C理论强调以消费者为中心，这与新媒体时代的许多营销思维是接近的。劳特朋认为，4C理论是新经济时期的产物，它的出现标志着4P时代的终结，整合时代的到来。劳特朋本人也是整合营销传播理论的奠基人之一。图5-3所示为劳特朋。

图5-3　劳特朋

同时，也有一种观点认为4P是手段，而4C则是目的。从另一种学术界认可的说法来看，产品策略是能够让客户满意的手段，价格策略就是能够降低顾客购买成本的方法，产品渠道是为了实现顾客购买便利的目的，而产品促销的本质就是商家与消费者之间的信息沟通。

在新媒体时代，4C理论依然有着重要的指导作用，主要有如下体现。以消费者为中心仍然是重点，同时把重点放在消费者的需求上；为消费者降低成本，为消费者提供性价比更高的产品，也是新媒体时代关注的重点之一；新媒体时代出现的网络购物及现代物流的飞速发展，更为消费者与大多数厂家带来了便利；沟通方式的更新，沟通效率的提升更是新媒体时代互动的另一种表达方式，甚至新媒体中的社会化媒体所强调的“关系”，更是沟通背后的基本支撑。

3. 4R理论

4R理论是由美国学者唐·舒尔茨（Don E. Schultz）提出的，4个R分别是市场反应（Reaction）、顾客相关（Relevance）、关系（Relationship）及利益回报（Return）四个英文单词的首字母缩写。舒尔茨也是整合营销传播理论的提出者。4R理论的最大特点是以竞争为导向来弥补 4C 理论的不足。同样，虽然是传统营销方式的指导理论之一，4C 理论对新媒体时代的营销活动也有很大的指导意义。图 5-4 所示为舒尔茨。

图 5-4　舒尔茨

新媒体利用其网络大数据的特性可以让企业随时知晓市场对营销活动及产品的反应，这样企业就有能力随时调整策略，随时改进产品，随时发现用户的不满，随时进行危机干预，从而带来更多的机遇和更高的营销效率。

在新媒体时代，顾客关联转变成了精准营销。只不过，新媒体及大数据技术可以让企业更多地捕捉到用户的行为习惯，投其所好，以便精准地向目标客户推送信息，企业同样能够大大提高与顾客的关联性。

4R 理论中的“关系”与 4C 理论中的“沟通”是相对应的，也是新媒体时代以社会化媒体为代表的新媒体所提倡的。因为维系企业与客户的纽带是互相之间的关系，而社会化媒体中用户之间的关注或成为好友就是相互关系的体现。同时，关系营销应运而生，对新媒体营销也有很大的借鉴意义，利益回报在新媒体时代仍然是提倡的。只有更好地满足用户的需求，为用户带来更多的回报，他们才更可能成为企业的忠实客户，“粉丝”是一种更为恰当的对忠实客户的称呼。

4. 4V理论

4V 指的是差异化（Variation）、功能化（Versatility）、附加价值（Value）及共鸣（Vibration）。4V 理论强调培育企业的核心竞争力，对新媒体时代的营销也具有重要的指导意义。

差异化是新媒体时代企业生存的基本策略，各类创新思维其实多数强调的也是差异化，这一点显然可以继续传承。

功能化是指为满足消费者需求的多样化，企业通过增加或者减少一些功能，可以推出不同功能的系列化产品。在新媒体时代，所谓的“混搭思维”及“简化思维”其实正是产品功能化的不同体现。

附加价值在新媒体时代也仍然可以沿用，其主要体现在品牌魅力、个性化产品或服务、增值服务及种类跨界延伸服务。谁也不能否认，当初购买 iPhone 时，除了使用其优良的产品功能外，都多多少少带着些对苹果品牌的认同及少许的“炫耀”，其实都是苹果品牌的附加价值。

共鸣在今天转变成为了“粉丝经济”，让粉丝认同企业的理念、价值观，让粉丝认可企业的产品定位，让粉丝与企业一起贡献，这些都是“共鸣”的一种体现。

传统营销的理念还有许多，这里不再赘述，其中有许多是值得我们继续借鉴，并发扬光大的。

5.1.2　新旧营销理念的转换与对接

本章内容是旨在讨论新媒体时代的营销思维，只了解前面的传统营销理论是远远不够的，我们还需要熟悉新的营销理论，同时把握其主要发展脉络或路径，这样才能对新营销理念有较清晰的认识，熟练掌握并运用。图 5-5 所示为新旧营销理论的联系与传承。

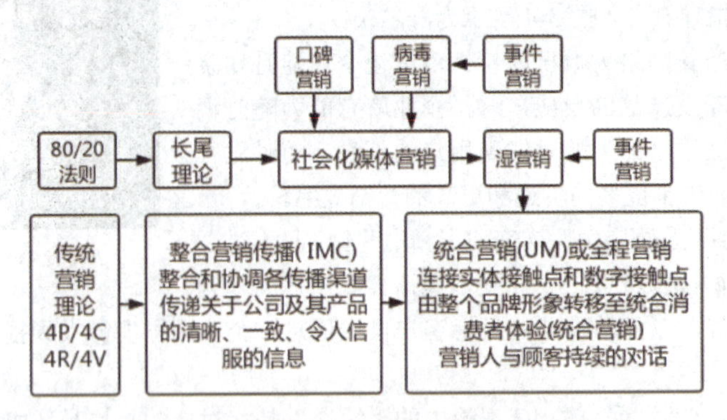

图 5-5　新旧营销理论的联系与传承

1. 整合营销传播

整合营销传播（Integrated Marketing Communication，IMC）是指将与企业进行市场营销有关的一切传播活动一元化的过程。该理论由 4R 理论提出者唐·舒尔茨首次提出，在此之后，斯坦利·田纳本（Stanley Tannenbaum）、罗伯特·劳特朋及海蒂·舒尔茨（Heidi Schultz）等也对整合营销传播有过重要贡献。

整合营销传播也可以理解为“整合和协调各个传播方面（如广告、促销、公关、直销、企业识别、包装及各类媒体等），然后对外传递关于公司及其产品的清晰、一致及令人信服的信息”。

在唐·舒尔茨与海蒂·舒尔茨合著的《整合营销传播：创造企业价值的五大关键步骤》一书中，作者总结了整合营销传播发展的四个阶段，具体内容如表 5-1 所示。

表 5-1　整合营销传播发展的四个阶段

阶　段	任务内容
第一阶段	战术性传播工作的协调
第二阶段	对营销传播工作范围的重新界定
第三阶段	信息技术应用
第四阶段	财务和战略整合

其实，新媒体时代的营销正是这些阶段的进一步发展和理念深化。

作者还指出，整合营销传播需要整合整个营销系统，而非个体或者组成部分，同时也是新媒体时代创新思维中较为提倡的全面、系统性的思维。作者在书中提出的整合营销传播的八大指导原则如表 5-2 所示。

表 5-2　整合营销传播的八大指导原则

指导原则	内　容
原则一	成为一家以顾客为中心的企业
原则二	使用由外至内的规划方式
原则三	聚焦于全面的顾客体验
原则四	将消费者目标和公司目标协同起来
原则五	确立顾客行为目标
原则六	视顾客为资产
原则七	精简职能性活动
原则八	将所有的营销传播活动聚合起来

需要特别重视的是，该书的作者还提出了整合营销传播流程的五大关键步骤，如表 5-3 所示。

表 5-3　整合营销传播流程的五大关键步骤

步　骤	内　容
第一步	明确现有顾客和潜在顾客
第二步	评估现有顾客和潜在顾客的价值
第三步	策划传播资讯内容及制订激励计划
第四步	评估顾客投资回报
第五步	事后分析和未来规划

可以看出，这些理论将前面的 4P、4C、4R 及 4V 等理论做了进一步的升级与整合，使营销理论更加系统化，并体现出了整合的高度及全面性，对系统地理解新媒体时代的营销思维有着重要的铺垫及衔接作用。

新媒体时代，不应让营销的不同环节及不同渠道互相割裂。有时，我们通过另外的渠道了解的某家企业的信息与平时在新媒体平台看到的信息相差很大，很难想象这些反差很大的信息是有关同一家公司的。

2. 从80/20法则到长尾理论

传统的营销往往推崇 80/20 法则，即紧紧抓住能够产生 80% 消费额的 20% 的大客户或热门产品。与之类似的理解还有“世界上 80% 的财富掌握在 20% 的人手里”。

80/20 法则是由意大利经济学家和社会学家帕累托（Pareto）提出的，最初只限定于经济学领域，后来这一法则被推广到社会生活的各个领域，被称为“帕累托原理”（Pareto Principle）。

虽然 80/20 法则让企业可以集中精力服务好大客户，但却有忽略小客户的风险。当然，这是情有可原的，因为在传统媒体时代，企业服务客户的人员、经费、资源及精力是有限的。

新媒体时代，技术手段不断发展，有了改变80/20法则的可能性，使企业在服务好大客户的同时能兼顾中小客户，这一改变的关键点在于服务客户的成本是否会大幅度下降。如果服务所有客户的成本总体不大，则应该对所有的客户一视同仁。此时，长尾理论（Long tail theory）应运而生。

长尾理论是针对80/20法则提出来的。这一理论是由《连线》杂志主编克里斯·安德森（Chris Andersen）在2004年10月最早提出的。该理论提倡关注小客户或冷门产品，它们种类多，但每一个需求量不大，此即"长尾"。图5-6所示的深色区域所表示的就是长尾。

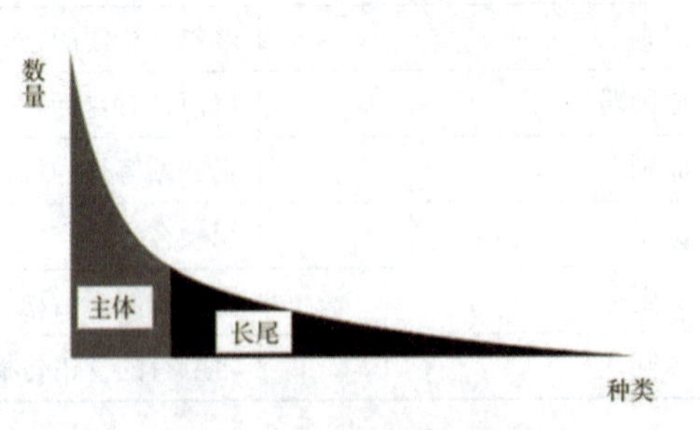

图5-6　长尾理论示意图

小客户或相对冷门产品在过去是不被重视的，因为关注的成本较高。新媒体时代，各类新型平台与工具的出现，使得面对小客户的接触与沟通及对冷门产品的展示和推广变得更容易了，即关注小客户或冷门产品的成本相对降低了，而数量巨大的小客户及冷门产品的积累也同样会产生不小的效益。

谷歌、百度等垄断性的搜索引擎就是一个很好的例子。鉴于服务于广告客户的成本不断下降（主要由计算机系统通过设置好的程序在后台运行），使谷歌、百度可以分出更多的精力服务数量巨大的小客户。那些小客户在搜索引擎投放关键词，提升搜索位次等的费用叠加，为谷歌及百度在最初带来了巨大的经济收益。

3. 病毒营销

事件营销往往会发展为病毒营销（Viral Marketing）。病毒营销会通过特别引人注目的内容（如段子、图片或视频等）来引发众人的关注，并引起大范围的议论与传播。

同时，新媒体巨大的传播力让病毒营销如鱼得水。如果使用得当，能够达到事半功倍的效果，因为网民会对含有病毒式爆点的内容解除戒备心理，会自然而然地将这类内容分享或转发给了好友。如果多数网民都这样做，那么病毒式的事件的内容就会传播得特别快，进而可能会让某个品牌或个人因屡次曝光而一夜走红。

新媒体时代考验病毒营销水平的是，营销组织者能否有足够的策划创意能力，能否创造出出乎人们意料的内容，能否让这些内容具备引爆网络的能力。

病毒营销的事实也提醒众多使用新媒体进行营销传播的组织或个人，在新媒体上发布的内容要特别注意叙事方式。平淡无奇或枯燥乏味的内容，自然要比病毒式的内容传播起来困难得多。图5-7所示为病毒营销示意图。

图5-7　病毒营销示意图

当然，病毒营销的策划手段往往需要

一定的载体，热点、新奇、恶搞甚至怪异的内容往往会成为载体。需要提醒想要尝试这一营销形式的媒体从业者的是，进行病毒营销需要有底线，否则可能会触犯法律和违背道德。

4. 统合营销

统合营销（Unified Marketing）主要强调营销的统一与系统考量，它主要表现为以下三个方面。

①营销人员需要用更加丰富且有深度的手法来连接实体接触点和数字接触点；

②要将注意力由整个品牌形象转移至统合消费者体验；

③要充分利用每位消费者的数据，能使营销人员与顾客进行持续的对话。

新媒体时代，统合营销（又称全程营销）将营销提高到了一个高度，它既包含了整合营销传播中的基本思路，即充分整合连接各种线上、线下的接触点（运用 O2O 的思维），还将“湿”营销的要点充分体现了出来，重视用户的体验胜于重视企业的口碑，同时要与用户持续对话，进而保持长期的良好关系，提升营销效果。

用户全过程的良好体验是统合营销的核心，会为企业或产品形成良好的口碑，进而推动这样良好体验的传播，最后影响用户的忠诚度及好友或粉丝的购买决策。

5.“湿”营销

克莱•舍基（Clay Shirky）曾在《未来是湿的》一书中指出，未来社会将会是“湿”的，未来的社会的普遍组织方式将彻底突破“干巴巴”的社会关系，进化变成“湿乎乎”的人人相互理解的时代。即人与人要靠社会化软件相互联结，人与人之间可以凭借独特的且微妙的关系，相互吸引，相互组合，相互分享，协同合作。汤姆•海斯（Tom Hages）与迈克尔•马隆（Michael S. Malone）还合写了《湿营销：最具颠覆性的营销革命》一书。作者认为，从“干”到“湿”也是一种渐进的过程，“湿营销”也是一种不断发展进步的营销方式。让“湿”的世界逐渐取代这个干燥、充满摩擦的世界。

实际上，过去的推销与营销过程在消费者看来往往显得太急功近利，目的性太过突出，其主要目的都是想在短时间内通过“忽悠”的方式让用户作出购买的决定，这种方式注定会被时代淘汰，因为此种营销方式太“干”，容易引起顾客的厌烦情绪。

所谓“湿”，是提倡在销售之前先通过各种创意吸引用户的关注，可能采取社会化媒体营销中的事件营销或病毒营销，还可能结合口碑营销与体验营销，让人们对品牌有深刻的印象，进而产生好感，逐渐水到渠成，产生消费的欲望。

5.2　社会化营销思维

新媒体也是媒体，众多的内容会不可避免地在不同的新媒体平台上传播。怎样才能让新媒体上的内容更吸引人呢？这就会运用到相应的内容层面的思维策略。

5.2.1　悬念思维

制造悬念原来是小说、戏剧中常用的表现手法，在撰写新媒体文案内容时也可以加以利用。悬念可以让用户和受众产生好奇心理，激发受众的想象力，引起受众的议论与猜测，也引起了受众的关注，对扩大品牌或产品的影响力显得合情合理。

但是新媒体上的内容众多，要想获得用户的关注，就要充分利用受众的好奇心。从心理学的角度看，好奇心是当个体遇到新奇事物或处在新的外界条件下时产生的注意行为和操作、提问的心理倾向。所谓的“悬念制造思维”，就是要在使用新媒体过程中牵动用户的好奇心，并让其产生兴趣。图 5-8 所示为利用悬念思维的海报。

图 5-8　利用悬念思维的海报

悬念制造会让你的内容显得新奇、神秘，不仅更容易引起受众的注意，而且更容易引起受众的议论与猜测，前者即是曝光率，后者即是融入度（转发 / 分享、评论与点赞等的数量）。

在运用悬念制造思维时，可以采用以下 5 条策略。

1）引而不发

这一策略是强调叙事时，提出一些稀奇古怪或存在争议的问题，但只是提问，并不做回答。人们往往对问题有回答的欲望，不仅仅因为好奇心，有时也出于好胜心。关键在于，你是否能想出一个有悬念的问题。不要急于将答案公布给受众，这样可以更加激发他们的好奇心。其实悬念制造，就是俗称的“吊胃口”“卖关子”。

2）鼓动猜想

可以用号召法、奖励法、激将法来鼓动用户参与悬念想象。号召法通常就是“快来”之类的句子，奖励法就是通常给予参与者一定的奖品、奖金、积分或优惠券，激将法则用“不知道这个问题会不会把你难倒”之类的语句。

3）类比叙事

用大部分受众较为熟悉的事物、现象、概念讲述受众不熟悉的内容。特别是当你将要推出新产品或服务、新理念与新产品概念时，都可以采取此类叙事策略。对于新产品或服务、新理念与新产品概念，在类比介绍的时候别忘了说明它们与对比物间的异同；对于数字概念，还可以配合一些数字进行形象描述，如“可以绕地球多少圈”之类的说法。

4）触景生情

不要就事论事，要创造某些情景。这些情景可以是窘境、困境或绝境，还可以抛出一连串引发受众激烈思想斗争的疑问，同时刻意为受众留出猜测或想象的空间。对于相对复杂的情景，如果能将内容设计成险象环生、险上加险、怕什么来什么的效果，则会产生更好的悬念制造效果。

5）超越常识

常识是指惯常的理解与思维方式。当常规被打破时，自然会引发强烈的好奇心。“以少胜多”与“以弱克强”就是此类策略的例子。“伪娘”比美女还要美、“女汉子”比男人还强悍等也同样体现了此类策略。当然，很多时候，同一个问题可以换个角度看，貌似不同的问题，中间通过某种手段联系。

在运用悬念制造思维时，可以通过以下 6 点建议进行操作。

（1）让悬念制造成为新媒体应用的习惯。我们都知道，体育比赛中，一旦一方比分远远大于另一方或一方必胜时，则没有了悬念，观众对于后续比赛的关注度直线下降。想必所有的新媒体工作者都不愿意用户将阅读内容的时间当成“垃圾时间”。

（2）新公司及新理念发布要尽量制造悬念。如果新公司或新理念发布时担心无法引起公众的关注，那么想想悬念制造的思维模式：新公司或新理念有什么值得用户期待的呢？究竟新在哪里呢？

（3）在新产品或服务发布时要尽量制造悬念。这需要深入了解产品或服务，深入发掘产品或服务的特色，然后用新颖、带有悬念的描述方式来解读你的产品或服务，让新的产品或服务更加吸引眼球，吊足潜在用户的胃口。

（4）要学习戏剧或文学的叙事方式。悬念制造的方式本身来自戏剧或文学，要想在新媒体应用中用好它，则需要多用戏剧或文学的叙事方式。想想过去你曾经津津有味地看过的小说或各类演出，其中多数原因就是其中包含了许多悬念，这是吸引用户的重要策略之一。

（5）要花时间丰富自己的知识。为了更好地提出问题、类比叙事或超越常识，你就需要积累更多领域的知识，并融会贯通。只有这样，才不至于在营销策划时苦思冥想也制造不出什么悬念。更何况许多知识是相通的，知道得更多才能发现人们对一些常识的误解，才会有更多看问题的角度。

（6）凡事多想想，看自己能否提出有意思、有水平的问题，平时要多练习提问题，对任何看似平常的事物或信息，都要多加思考，试着提出问题。让质疑成为习惯，质疑可能不仅让你的内容有了更多悬念，还可能让你的思考方式发生变化，更可能会让你在某些方面迅速进步。

5.2.2　病毒式思维

生物界的病毒往往会在不知不觉中在人群中大面积传播，对人类和社会造成极大的伤害。生物病毒传播的重要过程是“传染”过程，计算机病毒也有类似的情况产生，能否将这种传播方式引入到新媒体应用中呢？答案是肯定的。

病毒爆点思维是为了让你的内容在新媒体上产生“裂变式”“爆炸式”或“病毒式”的指数级传播状况。这也是一个奇招，与主账户发布后“转发 / 分享、评论及点赞寥寥无几”的营销内容形成了鲜明的对比。如果“转发 / 分享、评论及点赞寥寥无几”是使用新媒体过程中的痛点，那么就非常有必要了解、熟悉并应用一下病毒爆点思维。

前文曾经提到过“病毒营销”，这里正好与之呼应。病毒爆点思维的核心是制造亮点，预埋爆点，生成“病毒”。

要学会制造亮点，即在内容中应该存在明显不同于一般营销信息的要点，它是吸引人们眼球的主要部分，要能做到让人们眼前一亮（也可能是多次）；同时也要学会预埋爆点，即在内容中悄悄埋下若干个分散排布或集中的引爆点，等待时机成熟，就会被用户在传播过程中自发地一一引爆；生成营销过程中被称为“病毒”的元素，即包含了亮点与引爆点，也可能包含了其他病毒元素的点，合起来注入到内容中，形成营销传播中的“病毒传染源”。

在运用病毒爆点思维时，可以采用以下5条策略。

1）亮点发掘

要求内容发布者要与组织、产品与服务的负责人深入探讨，发掘出其中的亮点。产品或企业本身拥有亮点却因为能力不足无法发掘是令人十分遗憾的事。

2）爆点预埋

爆点可以有一个或多个，需要将它们巧妙地、不动声色地预埋在预先准备好的营销内容中，同时最好的方法是让用户自己观看内容时发现并逐个引爆它，而单次营销活动中的每次不同爆点的引爆都会形成新的讨论，也就会形成新的传播过程。在极个别情况下，受众未发现你预埋的某个爆点时，也要通过一些适当手段引导用户发现。

3）争议制造

许多时候，争议即病毒，病毒即爆点，争议即讨论的话题。在不违反国家法律与基本道德的情况下，适当抛出一些有争议的话题，那么你就可以像辩论赛的主持人一样，主导这场讨论，让持有不同意见的各方各抒己见，组织者做适当的能够突出重点与讨论方向的引导。实际上，微博与微信等新媒体就是一个天然的辩论赛场地或话题讨论节目平台。

4）屏蔽删帖

有时，某些新媒体内容出现的争议过大，或者被部分网民质疑、投诉，发帖人或新媒体平台运营方可以采取屏蔽或删帖的手段去解决这个问题。当然，在屏蔽或删帖后，可以根据其他用户的"要求"再恢复这些帖子，在这样反复的过程中就会形成新一轮的关注热潮。如在贴吧时代席卷全网的"贾君鹏，你妈妈喊你回家吃饭了！"就采取了这样的方法。

5）广播火种

带有病毒或爆点的内容未必就能传播得特别广泛，较好的策略是把这些病毒或爆点的种子像火种一样撒到新媒体的各个平台上，相信"星星之火，可以燎原"。只有更多的火种被扩散出去，才会形成更广泛的病毒传播或内容爆点。

在运用病毒爆点思维时，可以通过以下6点建议进行构思。

（1）掌握尺度与分寸，避免突破底线。突破底线就意味着触犯法律、法规，那么不仅本来的传播或营销目的不能达到，可能还会导致个人、组织或企业受到行政或法律上的处罚，甚至遭遇牢狱之灾。

（2）充分且深入地了解组织及其定位。亮点与爆点既要埋得显得漫不经心，还要戳到受众的"痛点"。一些内容制造者正是由于对组织及其定位（含愿景、价值观与企业文化等）了解不够，因而在亮点与爆点的契合点上抓不住要害，导致了营销效果大打折扣。

（3）充分而深入地了解产品或服务的特点。同样，你需要在制造亮点或爆点时充分了解产品与服务的特点；否则，即使病毒爆点内容传播得很快，如果与企业关系不大，就会在营销过程中得不到足够的好处，甚至得不偿失，最终会对产品促进或服务的推广起到相反效果。

（4）借助名人或明星效应。名人或明星本来就具有相当的影响力，如果充分加以利用则会事半功倍。当然，首先应注意的是不要侵权或损害名人或明星的名誉。《正在爆发的互联网革命》一书的作者就曾经提出，让读者牵线搭桥联系上美国总统奥巴马为该书写序，并称“六度空间理论”已经暗示了这种可能性：任何一个人都可以利用互联网通过 5 个人就能联系上时任美国总统奥巴马。

（5）学会引导新媒体上的议论风潮。一旦病毒爆点内容迅速传播，就可能会有无数种讨论方向。作为发布者和营销组织者，需要严格把握议论的方向，可以把对营销有利的内容突出强调出来。

（6）多渠道及多账号的协同配合。许多基础营销理论都提到过，好的传播需要多种渠道与多个账号合作。例如，你把病毒视频发布到视频网站上后，还可以利用微博、微信或博客上的多个账号进行分享，形成全方位的传播，这也是火种的广为播撒。

5.2.3 共享经济思维

如果你有闲置的东西，觉得浪费了很可惜，而其他人恰巧有使用它的需求，那么共享经济思维就诞生了。新媒体时代，共享经济思维更显示出迷人的魅力。

实际上，共享经济思维在远古时期就已经出现了。那时，人们把自己家闲置的东西拿到集市上，与别人的东西交换，经济学家称之为“以物易物”，特别是在货币的概念还没有完全出现之前。

后来，即使出现了货币，交易越来越规范，仍然有所谓的“跳蚤市场”存在。即一些人将自己家闲置的东西临时拿到这个市场来卖，另一些人则从这个市场买来自己没有的东西。西方国家热衷的“庭院大甩卖”也是其中的一种形式。

到了新媒体时代，共享经济则变得更容易实现。例如，某购物平台旗下的二手交易平台就被人称为网上的跳蚤市场。当然，该平台中有些人逐步从闲置物品销售中不断获利，干脆演化成了专门的卖家。图 5-9 所示为共享经济思维示意图。

图 5-9　共享经济思维示意图

对新媒体时代的共享经济而言，更加提倡寻找那些未被发现的领域，发展既实用又有创意的手法，开拓更多新型的共享市场。

共享经济思维的基本逻辑是，一些人闲置的资源对其他人可能会很有用。这等于盘活了社会上原本冗余的资源，又方便了相关市场的用户。

实际上，滴滴打车、快的打车（二者后来合并）就模仿了国外共享经济思维应用的典型——优步。包括后来演变出来的专车、代驾、拼车或顺风车等业务都有这种思维的痕迹。只不过，被共享经济发掘出的新市场可能会冲击或颠覆相应的传统市场，从而引发传统行业及其主管部门的担心甚至反对。

不过，相信时代滚滚向前，世界总是向前发展的，新事物总会层出不穷，甚至逐步取代旧事物。历史上，汽车、飞机刚出现时，也都出现过各种怀疑或否定，然而最终任何人都无法阻止新事物发展的脚步。

在运用共享经济思维时，可以采用以下 4 条策略。

1）闲置资源发掘

提倡的是充分发挥闲置资源的作用，这里的闲置资源既可以是人力资源，也可以是物。关键就看你能否有足够的眼光，发现并发掘这些资源，并加以利用。这实际上也是一种“蓝海”的发掘。

2）实用便利服务

在各种服务层出不穷的时代，新的服务要想赢得用户，就必须保证实用便利，切实能为用户带来益处及良好的体验，进而在用户间产生良好的口碑，发展出进一步的口碑传播，从而不断扩大市场。这也是在提醒我们，所谓的服务切忌花里胡哨、有名无实。

3）安全规范约束

由于其中的许多服务发生在服务提供方与用户之间，需要制定相应的规则，保证双方的人身安全，并避免不必要的经济损失和人身伤害；否则，即使偶尔几次、低概率的服务提供方或用户的不幸遭遇，也会让你的品牌信誉严重受损，甚至折戟。

4）相互评价体系

为了让服务提供方与用户双方都能相对公平、公正地获得相应的评价，最好的办法之一就是让每个服务提供方和用户都可以在每次服务结束时进行双向评价。长期积累，这些评价就可以相对公正地反映每个参与者的信用。

在运用共享经济思维时，可以遵循以下 4 点建议开展。

（1）要有敏锐的发现眼光。闲置资源无处不在，就看能否发现。这就需要创新者有超强的发现力及敏锐的观察力，能将日常生活中被多数人忽略的事物观察得更仔细，发现其中可利用的机会——闲置的人力资源或物。

（2）要让服务变成良性口碑被传播。如果使用共享经济思维开发了新产品或新服务，不仅要让这个新产品或这项新服务持续地被更多人知晓并习惯，还得要让先使用的人有深刻的印象及良好的体验，从而形成良好的口碑。然后，原生用户就会将这种口碑在微博、微信等社会化媒体上传播。

（3）要避免与现有法规政策出现明显的冲突。由于利用闲置资源开发的新产品或服务往往会影响传统市场，这就需要有足够的思想准备：既要认真研究现有的行业政策，避免有直接的冲突，还要与该行业的主管部门进行充分有效地沟通，尽量取得他们的理解，并让他们认识到你的产品或服务对提高其行业的工作效率所带来的益处。

（4）要让用户对服务的安全性有足够的认可程度。新产品或服务的安全性往往对新兴服务类别普及起到至关重要的作用。一个产品或服务可以很时尚、很有趣或很实惠，但如果安全有问题，不论优点如何吸引人，也往往会让人望而却步，而且也会受到监管部门的限制。

5.2.4 大数据营销思维

麦肯锡对大数据的定义是：“大数据是指其大小超出了典型数据库软件的采集、存储、管理和分析等能力的数据集合。”美国 IT 咨询公司高德纳（Gartner）对大数据的定义是：“大数据是指需要新处理模式处理后才能具有更强的决策力、洞察发现力和流程优化能力的海量、高增长率和多样化的信息资产。”

需要注意上述说法中“信息资产”的提法。信息资产将大数据提升到一个高度，意味着大数据是一座“宝藏”。鉴于大数据应用的巨大潜力，目前已经出现了“数据科学”这一研究分支。

大数据的基本特点可归纳为 4V——Volume（规模大）、Variety（类型多）、Value（价值密度低）、Velocity（速度快），具体内容如表 5-4 所示。

表 5-4　大数据的基本特点

大数据特点	内　容
规模大	大数据通常数据体量巨大，一般达到 PB 级（1PB=1024TB），这有利于进行数据的全量分析，而不用像过去那样进行抽样分析
类型多	指数据的种类繁多，有结构化（如数据库中姓名、性别及年龄等），有非结构化（如图片中的信息），也有半结构化
价值密度低	经常被多数人错误理解。Value 指的不是大数据价值高，而是大数据中有价值的信息比例（即密度）并不高
速度快	指数据处理过程中，既能实时获取、即时处理，还能快速反馈，并在业务运行当中反映出动态

在利用运用大数据营销思维时，可以采用以下 11 条策略进行指导。

1）大数据分析用户行为

只要积累到足够多的用户日常行为数据，就能很容易地分析出用户的喜好与购买习惯，甚至做到“比用户自己更了解用户”。明白了这一前提，就能真正理解许多大数据营销策略的前提与出发点。无论如何，那些过去将“一切以客户为中心”作为口号的企业，都不能真正及时全面地了解客户的需求与想法，做到“想客户之所想”。或许只有身处大数据时代，这个复杂问题的答案才会真正浮出水面。

2）精准营销信息推送

不论过去多少年，精准营销总在被许多公司提及，作为营销策划的终极目标。但是真正做到精准营销信息推送的少之又少，反而造成了垃圾信息泛滥的现象。究其原因，主要就是过去名义上的精准营销实质上并不能称得上精准，因为其缺少大量的用户特征数据作为支撑及详细准确的分析。相对而言，现在的实时竞价广告等应用则向我们展示了比以前更好的精准性，而其背后所依靠的原理即是大数据支撑。

3）投用户之所好活动

如果能够做到在产品生产过程开始之前就了解了潜在用户的主要特征，以及他们对产品功能特性的期待，那么企业的产品生产即可有针对性的投其所好，从一开始就占据营销制高点。例如，《小时代》播放预告片之后，大数据显示该电影的主要观众群体为“90 后”的女性观众，因此后续的营销活动将主要针对这一类人群的特点展开。

4）利用大数据监测竞争对手

同行业内直接竞争对手的营销动向是每一个企业都想了解和掌握的，但是对方肯定不会直接明确地告诉你，但你却可以通过大数据监测分析得知，在市场竞争中抢夺先机。

5）大数据促进品牌的传播

品牌传播的有效性也可以通过内容特征分析、大数据分析找准方向。例如，可以进行传播趋势分析、内容特征分析、互动用户分析、正负情绪分类、口碑的品类分析、产品属性分析等，通过这些监测手段掌握竞争对手的传播态势，还可以参考行业内标杆用户的策划，根据用户声音来策划内容，甚至可以以此评估微博矩阵的运营效果。

6）大数据品牌危机监测

新媒体时代，越来越容易出现的品牌危机使许多企业谈虎色变。现在，大数据可以帮助企业对品牌危机提前有所洞悉，及时选择规避策略，在危机爆发时做出快速应对。大数据可以采集负面的内容，及时启动预案进行跟踪和报警，并按照人群的社会属性分类，聚合分析事件过程中呈现出的观点及传播路径，进而可以保护企业、产品的声誉，抓住源头和关键节点，快速有效地处理危机，尽可能把损失降到最低。

7）企业重点客户筛选

企业可以从用户访问的各种网站可判断其最近有购买欲望的商品是否与企业相关；从用户在社会化媒体上发布的各类内容及与他人互动的内容中，可以找出千丝万缕的信息，利用某种规则或算法关联及综合起来，就可以帮助企业筛选出重点的潜在目标用户。进一步延伸，大数据还可以支持对客户的分析管理。

8）大数据改善用户体验

要改善用户体验，关键在于真正了解用户及其所使用的产品的状况，做最适时和恰当的提醒。例如，在大数据时代，或许你正驾驶的汽车可能会提前保护你的安全。只要通过遍布全车的传感器收集车辆运行信息，通过网络基站发送并进行汇总，在用户的汽车关键部件发生问题之前，就会提前向用户或4S店预警，这绝不仅仅是节省金钱和时间的问题，更是对生命的大有裨益的保护。

9）发现新市场与新趋势

基于大数据算法的分析与预测，为帮助企业家洞察新市场与把握经济走向做出了极大的贡献。

10）市场预测与决策支持

对于数据对市场预测及决策分析的支持，早在数据分析与数据挖掘盛行的年代就被提出过。更全面、速度更及时的大数据分析必然会对市场预测及决策分析进一步上台阶提供更有效的支撑。似是而非或错误的、过时的数据对决策者而言简直就是灾难。

11）数据即资产

长期积累的大数据不仅有了支持上述几种策略成功实施的前提，而且还可以作为资产的交换条件与其他合作伙伴交换或出售给其他组织。

在运用大数据营销策略时，可以采取以下4点建议作为参考。

（1）使用大数据营销需要开阔思路。在企业寻找大数据营销切入点时，思路必须开阔，不必拘泥于既有应用，这就需要营销人员与技术人员进行思想碰撞，而找到与众不同的突破点。

（2）小数据量也可用大数据思想管理。按照大数据的理念，你同样可以从相对小一些的数据量中发掘出高价值信息。例如通过分析了解竞争者，明确自己在市场竞争中的正确地位；了解现有用户或发现潜在用户，进行深层发现、趋势预判、引导产品设计、营销创新、支持决策、跟踪效果。只有在数据支撑下，决策才能相对科学，才能使收益最大化，而其核心正在于对数据的理解。

（3）大数据正在改造效果越来越差的广告投放行业。在当今世界，直白的硬广告已经越来越被用户厌烦，精准广告和更加符合个人趣味的广告则相对更能获得用户的关注。然而，只有在大数据时代来临之后，精准广告才会变得越来越精准，这无疑得益于更丰富的数据量及更高水平的数据分析挖掘能力。

（4）大数据营销需要营销团队与技术团队进行深入全面的交流。由于大数据营销需要技术支撑，营销团队必须向技术团队了解技术的局限性或提出营销需求，询问技术团队能否实现。技术团队也应主动了解营销团队的诉求，做力所能及的事情，从而节省精力。

5.2.5　创意至上思维

谈到“创意”，大家往往都感到很玄妙，或者不着边际，或者捉摸不定，或者云里雾里，总感觉看不见、摸不着，不能具象化描述，所以显得较为神秘，常常被人误解，有时感觉可能被忽悠了。

有趣的是，不同行业的人有时会认同一些不同的结论。“苹果”“谷歌”一类的公司都说“技术至上”，因为这些企业有许多领先的技术和专利，这让他们获益颇丰。各大电视台与纸媒则说“内容至上”，因为这是传统媒体基本的口号之一，没有良好的内容则意味着失去了一切。一些广告公司、营销公司及分销商则说“营销至上”或“渠道至上”，并说只要有他们的营销或销售渠道，什么东西都能以不菲的价格销售出去。

开始听到这些不同的理论时，可能会有些迷茫，但是大家应该领会到，所有的说法都没有错，只是角度不同而已。同时应该意识到，不能将技术层面、内容层面与营销层面的创意分隔开来。应综合考虑，形成三驾马车。图 5-10 所示为技术、内容和营销的“三驾马车”。

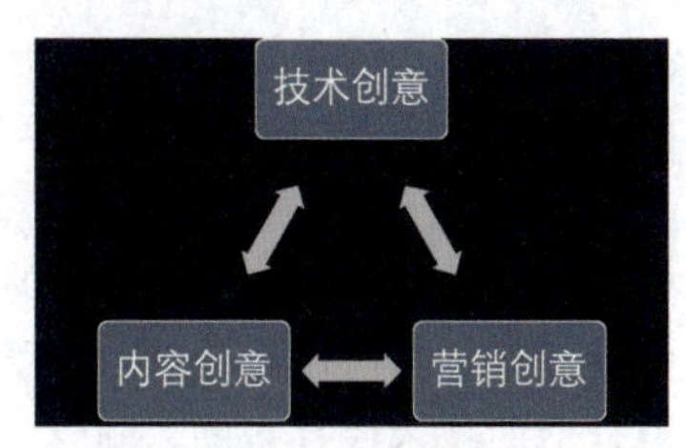

图 5-10　技术、内容和营销的“三驾马车”

因为三个层面都需要创意，所以就有人提出了“创意为众王之王”的观点。从全面的视角来看，技术、内容与营销三个层面都有创意，且相互影响、相互融合、相互支撑，即“技术创意创造基础，内容创意创造生机，营销创意创造持续”。

技术为所有的营销内容奠定了基础，利用技术的合理搭配产生创意，是营销组织者考虑的一个重要方面，否则许多内容与营销并不能呈现出最佳的效果。当然，内容创意仍然是创意中的重中之重，只是除了内容的叙事创意之外，内容的表现还要选取最合理的技术创意，并兼顾营销创意的诉求。另外，还要让内容能够达到一定的传播影响力，最大程度地放大营销效果。营销创意不能平铺直叙或自卖自夸，而要用更新颖、更有趣的方式进行创意，并充分利用最合适的技术组合，把营销诉求以悄无声息的方式平滑地融入内容中去。

在运用创意至上的思维时，可以采用以下两条策略。

1）两两组合

在技术、内容与营销中进行任意的两两组合。有时，一些新媒体营销策略应用对技术、内容或营销中的某一个方面不做要求，可以只考虑其中两个方面的组合。

2）三方组合

对技术、内容与营销三方面统筹考虑。多数情况下，完整的新媒体相关商业项目，总体上要兼顾技术、内容与营销层面，结合多方面的创意优势，以求达到最佳的效果。这里的效果包括用户的体验、内容的冲击力及商业收益等。

总体上，营销策划不能只在一个层面做文章，而完全忽略了另外两个方面。可以说，如果这三个方面中任何一个方面相对属于短板，都会使整个的营销传播效果受到影响，严重时甚至会影响整个项目的推进，所以对这五个方面要给予同等的重视。

以新媒体时代的电影行业为例，内容（即剧本及表演）是相当重要的，这也是传统电影行业最为重视的一个层面。发展到后来，营销传播也越来越受到重视，因为它在更大程度上直接影响到电影的票房。

在新媒体时代，在电影上映前，将预告片或片花投放在视频网站或电视媒体上，再通过微博、微信等社会化媒体传播，甚至通过片花的传播互动情况分析受众的类型与喜好。 同时在电影上映期间，营销传播也应该在各类社会化媒体上普遍展开，营造各类与此电影相关的话题，引起大家的进一步关注与深入广泛的讨论，并激发大家的观看热情。

技术应用更是要深入到产品的各个方面，既包括刚才所说的片花在社会化媒体的传播互动情况分析，也包括各类新技术用于特效制作，还包括电影拍摄之前利用大数据选择最合适的导演与演员。

在运用创意至上的思维时，有以下 4 点建议可以作为参考。

（1）要了解前沿技术发展的趋势与特点。即使不能尽快明白技术的原理，也要理解某些新技术可以做什么，不能做什么，可以做到什么程度。这对于营销组织者选择最合适的技术很有帮助。同时，可以进行多种技术的组合创意，利用“混搭思维”提高效果。

（2）要让内容呈现出最佳的效果。这当然是在预算合理的前提下选择性价比、表现力最好的技术。同时，要将营销诉求巧妙地融入内容，让内容显得不那么生涩突兀，让用户能在假装不经意的情况下获得相应的商业信息，对用户接受内容没有较为明显的影响或干扰。

（3）要让营销诉求更有创意。既要懂得选择合理的技术，还要让营销诉求不那么直接，不那么商业化，不那么干巴巴、赤裸裸，不那么让人觉得生硬。营销创意者要与内容创意者多沟通协调，商议内容的表现是否恰当，是否有利于扩大传播，是否有过于唐突或商业过度的情况。

（4）将技术、内容与营销进行综合考虑。项目负责人必须有足够的高度，能认识到三者的创意缺一不可，能将三者的创意进行协调、融合、平衡，弥补单方面的明显不足，最终以合适的技术创意与营销创意融入内容创意中。

5.3　用户营销思维

在新媒体平台上发布的内容不一定都由平台方或某个组织来撰写，也可以由多人共同协作进行撰写。这不仅扩大了信息的来源范围，也可以减轻平台方单独的工作量。

5.3.1　用户协作思维

用户协作思维是为了调动全体网民的积极性，挖掘集体的智慧，共同将某些信息进行完善与补充，而并非由一个平台或一个机构来包揽。实际上，单独包揽既浪费人力，还导致信息来源单一，还可能导致信息的不完整或不全面。

在新媒体时代，用户协作的工具或平台越来越丰富。在合作创作类新媒体中，前面谈到的百度和维基百科（含悬赏类与问答类）就是专门的用户协作平台。

例如，维基百科给了所有网民参与撰写所有可能内容的机会，任何网民都可以随时修改他人之前的内容（大多数需要编辑审核同意才能修改），所以原则上讲，通过众人的不断完善与修改，相关内容才会变得更合理、更有可读性。图 5-11 所示为维基百科的徽标。

对百度和维基百科以外的其他新媒体平台，仍然有用户协作的可能性。比如在微博、微信或 BBS 上进行的相关内容接龙，或通过添加“关键词”发布微博，或是在问答平台（例如“知乎”）上发布问题等待解答。这样，就可以发动用户参与某个话题的内容讨论，再通过一些激励措施，能够使更多网民的力量集体释放。图 5-12 所示为微博热门话题。

WIKIPEDIA
The Free Encyclopedia

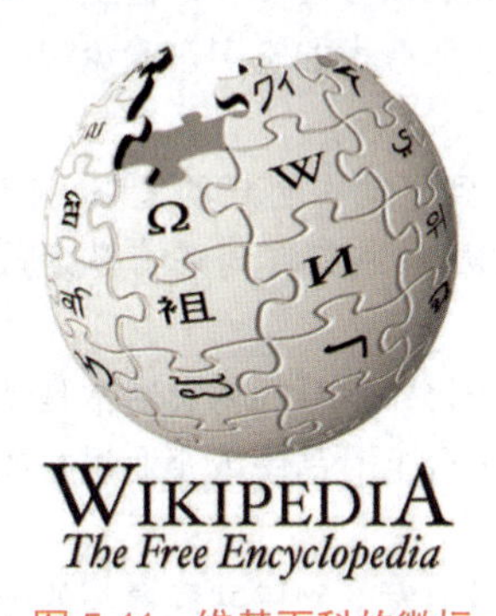

图 5-11　维基百科的徽标

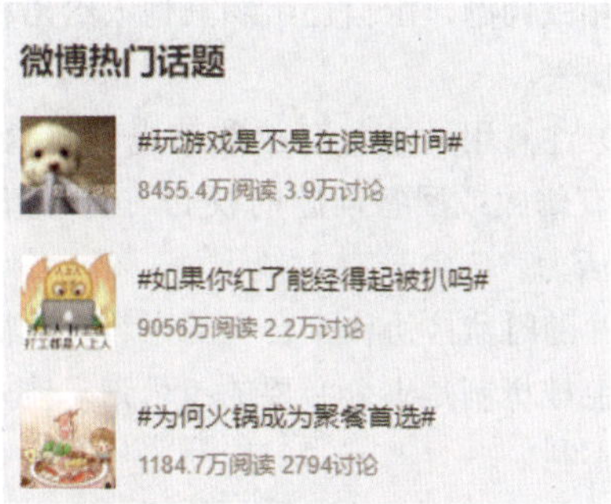

微博热门话题
#玩游戏是不是在浪费时间#
8455.4万阅读 3.9万讨论
#如果你红了能经得起被扒吗#
9056万阅读 2.2万讨论
#为何火锅成为聚餐首选#
1184.7万阅读 2794讨论

图 5-12　微博热门话题

在运用用户协作思维时，我们可以采用以下 5 条策略。

1）版本控制

通常在维基百科中，由于每个用户都可修改他人撰写过的内容，这样维基百科就使用“历史版本”的方法记载所有用户的所有修改。这么做一是可以追溯修改的过程，二是为了防止用户协作类的应用内容出现混乱。

2）公平审核

前文提到过，在维客中可能会要求修改者提供相对权威的支持观点的网页链接作为支持，通过后台编辑确认是否正确后决定是否更新上传。问答式维客（如百度百科）

中，则由提问者自己选定自认为最佳的答案。一切都要在公平、公正的前提下确定选择结果。

3）蓝海词条

对一个组织或个人而言，运用“蓝海战略”寻找发现协作平台上还未设立或是不完整的词条或问题，成为词条或问题的先期参与者，也许会成为某些词条或问题的创始人或最大贡献者。

4）长尾词条

有些词条或问题可能看的人并不多，但从全世界范围看，总有一定规模的人需要，如果能建立并完善这些词条或问题的答案，那么从长期看，总有一定量的用户会搜索并浏览这些内容，达到营销目的。

5）动态更新

由于用户协作类平台的内容通常是动态而非固定的，任何人都可以做出修改。因此，一方面要注意监测，防止某些与营销的相关的信息被修改得面目全非；另一方面，要注意将营销活动的新动态及时在协作内容类平台上加以更新。

在运用用户协作思维时，可以通过以下 7 点建议指导营销活动。

（1）在百科平台里建立与企业或产品相关的词条。在影响力大的平台（如维基百科或百度百科等）中建立与品牌、产品或服务相关的词条。这些通常是免费的，能达到一定的宣传营销效果，不失为最佳选择。

（2）让品牌或产品 / 服务进入问答平台。在问答平台中，如果有人提到与品牌相关的问题，对应企业或产品负责人应该理所应当地知道并加以合理回答，甚至可以由企业本身提出相关问题，由自己组织其他人给出相对规范而非夸大的答案，避免因为信息错误而造成损失。

（3）注意用动态与开放的眼光看问题。前面提到了动态更新的策略，同时还要理解他人有修改或回答问题的权利。通常情况下，要尽量避免将词条的答案固化，要保持动态活力。

（4）随时监控协作平台上的内容变化情况。由于协作平台的内容通常是动态的，建立一套监控机制是十分必要的；否则，他人在这些平台上对品牌或企业误解或误导，则会造成不利。

（5）关键词标注共同参与的活动内容。在利用微博发动网民共同参与的活动时，可以要求参与者添加活动相关的“关键词”，以便于活动内容的汇总与查询。

（6）拒绝鼓吹权威的传统思路。对于公共协作类平台上的词条或问题，要放弃鼓吹权威的想法，应该允许发表不同的观点，形成“百家争鸣、百花齐放”的良好氛围。

（7）内容不突破红线。由于协作类平台由多人共同参与创作，有可能会出现水平参差不齐、鱼龙混杂的状况或出现不恰当的内容，需要平台管理方加以监管。

5.3.2 粉丝草根思维

在新媒体时代，受众 / 客户与组织 / 企业的关系变得更加亲近，由单纯的买卖关系变成了组织 / 企业的粉丝与好友，而他们中多数是草根。组织 / 企业就需要多从粉丝草根的角度考虑受众/客户的感受，并且充分发挥他们的力量。这应该是新媒体时代“粉丝经济”背后的基本逻辑。

“粉丝”一词过去就有，但常常用于形容追随明星的固定群体。然而，在新媒体时代，几乎任何人与组织都可以有粉丝，只是数量与组成不同。因此，微博中就使用“粉丝”一词表示关注你账号的人。图 5-13 所示为账号粉丝示意图。

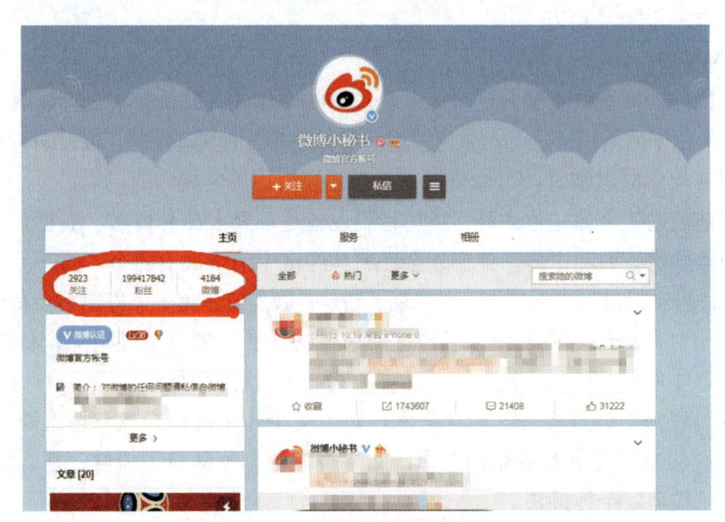

图 5-13　账号粉丝示意图

广大网民中的大多数是普普通通的所谓“草根”，没有什么深厚的背景，没有惊人的业绩，没有雄厚的财力，但这不妨碍他们成为某个个体的关注者。只是，如果想拥有更多的粉丝，并期待长期关注（不取消对你的关注或拉黑你），那么你就要多考虑他们的感受。

粉丝草根思维提倡的是，要充分理解并摸清多数粉丝的喜好，学会培养忠实粉丝的方法，通过合适的内容与互动不断壮大粉丝规模。同时，还需要营造专属于你的粉丝文化，构建话语体系，甚至在必要的时候要放低身段讨好粉丝，并让互动保持积极及轻松的氛围，以增加你的影响力与亲和力。

在运用粉丝草根思维时，可以采用以下 5 条策略来优化。

1）放低姿态

与粉丝交流就要考虑以草根为主体的粉丝的感受，所以放低身段或姿态是相当必要的，因为这样才能让粉丝觉得与你在同一高度。新媒体时代，倨傲孤僻的态度只会让你与粉丝拉远距离，并让人觉得你高高在上、无法拉近距离。

2）共生共存

没有粉丝，账号主体拥有者可能什么都不是。所以被追随个体和粉丝之间是共生共存的关系。当被追随个体把产品、服务做好时，粉丝不仅会增多，而且忠实粉丝比例也会扩大。当被追随个体的粉丝不断扩大、忠实粉丝越来越多时，被追随个体也会发展得更好。这是良性循环及可持续发展模式之一。

3）圈子经济

被追随个体的众多粉丝和被追随个体形成最大的圈子，不同的粉丝还可以建立或划归出不同的小圈子，每个圈子可能都有类似的背景或文化，如此一来就接近“分众”了。同时，被追随个体就会在各类活动中针对不同的圈子相对精准地推送最合适的内容，达到最佳的营销效果，推动被追随个体的圈子经济活动的发展。

4）亲粉互动

与粉丝拉近距离的一个重要策略就是进行更多地互动，被追随个体要积极与粉丝拉近距离，要有一定的亲和力。

5）发掘粉智

高手在民间，群众的智慧是无穷的，粉丝中的个体各有所长，甚至可能藏龙卧虎。被追随个体在纠结于如何设计产品、如何改进服务，或者在遇到麻烦时，可以向粉丝们求助。

在运用粉丝草根思维时，可以将以下 5 点建议应用于实践。

（1）别把被追随个体定位太高，换句话说也就是不要太孤芳自赏，不要太清高傲慢。因为只有粉丝欣赏被追随个体，他们才会在粉丝经济中消费被追随个体的产品或服务。如果被追随个体只觉得自己多么能干，而忽视了粉丝，那么被追随个体肯定不会有长久发展。

（2）真心对待粉丝。粉丝促成了被追随个体的成长，维持了被追随个体的发展，造就了被追随个体未来的潜力，被追随个体需要真心地对待粉丝。

（3）水可载舟，亦可覆舟。粉丝是水，被追随个体是舟，粉丝将被追随个体托出水面乘风破浪，从众多竞争者中脱颖而出。如果被追随个体辜负了粉丝，那么粉丝们可以轻而易举地让被追随个体倾覆。

（4）利用大数据了解粉丝们的喜好。利用大数据可以分析出粉丝们的各类信息，被追随个体有可能据此得到粉丝们更详细、更精准的需求。

（5）掌握粉丝的喜好。只有掌握了粉丝们的喜好才能在新媒体时代做好精准营销，才能让被追随个体的信息不被拒绝，而被视为有价值的信息。

5.4 平台营销思维

5.4.1 统合营销思维

统合营销（Unified Marketing）在前文中粗略地提到过，它由湿营销与整合营销等思路综合发展而来，是新媒体时代所有营销策略中几乎最高的境界，值得认真研究。

统合营销思维与全程营销思维较接近，前者较早见于《奥美的数字营销观点：新媒体与数字营销指南》一书。沃泰姆与芬威克认为，统合营销的重点在三个方面：第一，营销人员需要具备更丰富且更有深度的手法来连接实体接触点和数字接触点；第二，要将注意力由整个品牌形象转移至统合消费者的体验；第三，要充分利用每位消费者的数据，能使营销人员与顾客进行持续的对话。

虽然整合营销传播（Integrated Marketing Communication，IMC）曾经发挥了重要的作用，但是整合营销通常只发生在表面，本质上仍然以单向营销思维为主，且专注于追求广告信息的一致性。统合营销则更关注消费者体验的连续性。

实际上，消费者并不关心品牌形象的整合，他们更在意自己的个人信息、喜好与需求是否被营销人员察觉，特别是那些忠实的客户；他们更在意自己的体验是否足够好，是否愿意在社会化媒体上分享自己的良好体验，形成良性的口碑传播。总体上看，正确的统合营销思维通常先整合媒体渠道，再统合用户体验来开展营销活动。

新媒体时代，企业可以借助技术更好地实施统合营销战略，使用更精细的方法来连接数字与实体（如各种方式的 O2O），使营销组织更容易为消费者提供全过程的个性化体验（从售前、售中到售后，各类新媒体渠道、大数据都可以提供更多的与每个消费者更相关、更精准的信息），使营销人员和客户之间产生持续的对话（通过社会化媒体、CRM[①]、呼叫系统及统一客服等之间的衔接配合）。

如果在统合营销中，充分发挥不同渠道的特色，充分利用积累下来的客户信息，那么就可以更加了解客户，更容易为用户创造出一段个性化的参与过程。

进一步看，如果统合营销能连接好线上与线下的各个接触点，营销人员能与客户持续对话，能为客户提供全程的良好体验，那么就会在首先购买你的产品或服务的客户中形成良好的口碑。然后，他们将自己的良好体验分享到社会化媒体上，形成好友或粉丝间的口碑传播生态，促使好友或粉丝中的一部分人也去购买你的产品或服务，形成第二批用户。接下来，第二批用户再分享良好体验，再促使第三批用户诞生……以此类推，形成良性循环，形成可持续的品牌口碑，实现可持续的销售业绩。

在运用统合营销思维时，可以采用以下 4 条策略。

1）触点整合

这一策略需要列出所有营销与客服的可能线上接触点（如官方网站、网店、搜索、微博、微信、BBS、视频、百科及在线问答等）及线下接触点（如呼叫中心、活动、CRM、广告、包装及促销等），然后找出线上、线下之间可能的连接通路，确定如何连接，总体比较接近 O2O 的各类连接方式。同时，要注意发挥各种渠道的特点，并注意各种渠道间的协作。

2）内容整合

既要考虑线上渠道与线下渠道的内容整合，也要考虑官方内容与用户内容的整合，使内容能够顺畅地流动与扩散，还要记录用户的基本信息、互动信息与交易信息等。另外，要关注内容是否有利于品牌声誉，能否便于搜索，内容是公开的还是私密的。

3）数据整合

在企业中，由于开发时间或开发部门的不同，往往会存在多个异构的、运行在不同平台上的信息系统同时运行，加上线下与线上多个接触点产生的信息，这些数据源彼此独立、相互封闭，使得数据难以在系统之间交流、共享和融合，形成了“信息孤岛”，降低了效率。数据整合的目的就是要将这些信息孤岛打通，这需要有相应的数据标准，还需要对不同数据源的数据进行收集、整理及转换，然后加载到一个新的数据源，为数据消费者提供统一的数据视图。

4）全程体验

只有用户在全过程（既可以理解为售前、售中与售后，也可以理解为 AISAS 模型中

① GRM：客户关系管理是指企业为提高核心竞争力，利用相应的信息技术以及互联网技术协调企业与顾客间在销售、营销和服务上的交互，从而提升其管理方式，向客户提供创新式的个性化客户交互和服务的过程。

的关注、兴趣、搜索、行动和分享五个环节）中都有良好的体验，才能在总体上对品牌产生良好的印象。如果这些环节中的任何一个环节令用户不满意，那么就有可能影响用户的整体体验。所以，统合营销的关键是统合用户全过程的体验。

在运用统合营销思维时，有以下 5 点建议可以作为参考。

（1）线上渠道或线下渠道的连接是纵横交叉的。不仅线上渠道与线下渠道间可能有多重的 O2O 连接，而且多个线上渠道之间可能有连接，多个线下渠道之间也可能有连接，此时在进行触点整合时，需要有较全面的考虑及规划。

（2）内容整合过程中要注意向企业的网站或网店引流。内容整合的目的是希望各渠道各触点之间的内容能顺畅地流动与扩散，然而在多数情况下，用户的访问路径最后要导向企业的官方网站或网店，因为它最终影响着你的销售业绩。

（3）要仔细整理需要整合的内容。与企业相关的内容其实很多，而且会越来越多，那么就需要有所取舍，但是取舍要保证数据的完整性及可靠性，无关的冗余数据会影响效率，不完整或不可靠的数据则会影响数据分析、数据挖掘及相应的个性化信息匹配或精准信息推送的效果。

（4）要理解历史数据的重要性。历史数据的积累往往会形成数据仓库，它们会记录数据的变化过程。例如，多数情况下，个体的家庭住址或工作单位不会一辈子一成不变，数据仓库能记录其中的每一次变化。

（5）要综合多种思维来统合用户体验。实际上，口碑营销、体验营销、社会化媒体营销及湿营销等思维，都在围绕着用户的体验做文章，可以集合它们各自的优势，为用户提供全过程的良好体验。不一定孤立地使用各种思维方式，最高的营销境界实际上是统合营销所提倡的全过程的良好体验，各种思维方式都可以围绕这个目标展开思维。

5.4.2 云计算思维

云计算（Cloud Computing）已经被许多人提及，也被许多领域应用。在新媒体时代，云计算本来就是基本的支撑技术之一，云计算技术在产品创新方面发挥着重要的作用。云计算是基于互联网的相关服务的增加、使用和交付，它是通过互联网提供的动态易扩展且经常是虚拟化的资源。2006 年 8 月 9 日，谷歌首席执行官埃里克 • 施密特（Evic Emerson Schmidt）在“搜索引擎大会”上首次提出了“云计算”的概念。

云计算主要包括基础设施、平台和软件三个层次的服务。

从用户的体验角度看，基于云计算思维的产品设计，能为用户带来更多的便利，如多个设备间的信息共享，用户本地不用安装客户端等。

当然，由于云计算技术发展的时间不长，也必然存在相关的问题，如数据隐私问题、数据安全性问题、用户的使用习惯问题、网络传输带宽问题、缺乏统一的技术标准问题等。不过，随着云计算技术的不断成熟，这些问题正在逐步得到解决。

其实，云计算对传统信息化建设最大的颠覆在于共享性，如软件、平台或基础设施等都不需要直接采购并安置于自己的组织之中，需要时租用这些服务即可。例如，某大学采购了一台精密仪器，如果其能提供云计算服务，在闲置的时候，其他大学的研究人员就可以使用这台仪器，实现仪器使用价值的最大化。

谷歌在若干年前就推出了一套在线办公软件（Google Docs），提供可以在线使用的类似Word、Excel及PowerPoint的功能。后来，微软公司也意识到云计算的重要性，在2013年推出了“Office 365”，提供了各取所需、按需投入的软件购买和使用的新方式。

在运用云计算思维时，可以采用以下5条策略作为指导。

1）云存储空间

在产品设计时，可以为用户提供一定的云存储空间，供他们在存储相应的内容时使用。原则上讲，在不侵犯用户隐私的前提下，可以利用存储的数据分析所有用户在这些空间的存储内容，获取用户的各自喜好。

2）云共享信息

在设计新的产品时，只要用户登录相应的账号就可以为用户提供在多个设备间共享信息的服务。例如在一个设备上阅读图书时，对某处所加的标签与评论，在另一个设备上也能够看到。又比如在一个设备上安排的日程，在另一个设备上也同时能看到其更新的情况，这样使用体验就会大幅提升。

3）云端软件

把一些功能相对简单的软件放在云端，用户不需要在本地的设备上安装相应的软件或客户端程序，只要联网就可以使用这些放在云端的软件。

4）按需服务

对于功能较为复杂的软件，允许用户根据需要定制云端软件的部分功能（而非全部）。对于硬件或网络带宽经常变化的情况，可以帮助用户随时调整硬件或网络资源的分配，既保证了高峰期的响应速度，也避免了非高峰期大量网络资源的闲置。

5）分段付费

既可以按定制的云端软件功能的多少支付服务年费，也可以按网络资源的弹性使用情况支付服务费，还可以将部分基本服务设为免费，将扩展服务、高要求服务或增值服务设为收费项目。

在运用云计算思维时，有以下6点建议可供参考。

（1）使用云计算的目的是方便用户，改善产品体验。不论是云存储空间，还是云共享信息，或是云端软件，都是为了让用户使用系统更方便，体验更佳。

（2）按需服务可以让用户避免开不必要的功能。应该说，多数的硬件平时大都用不到，许多软件的功能你也几乎没用过，这些功能在某种意义上都是浪费。为了避免浪费，基于云计算的按需服务思维，可以减少或杜绝提供不必要的功能，也降低了企业的成本。

（3）将购买产品转换为购买服务。过去，许多组织在硬件、宽带或软件购买上花费不少，但平时多数时间硬件设备闲置，网络带宽未满负荷使用（如非工作时间），部分软件功能很少或从未使用。如果转变成购买服务，则可以最大限度地提升硬件、宽带或软件的投资效率，甚至省去了大部分管理的成本。

（4）云计算比想象得更安全。对于那些技术力量不够强大的企业，如果利用储存在云端的产品其实更安全、更方便。例如非专业企业的机房环境很可能远远不如大的云计算服务提供商的机房环境好。

（5）在云技术应用中，不可避免地会出现隐私暴露的问题。大量用户的参与，使商家有可能搜集到大量的用户数据，这会引发用户对自身数据安全的担心。也正因为如此，很多厂商在加入云计划时，都承诺避免搜集用户隐私，即使搜集到数据也不会泄露或使用。但是，泄露用户隐私的事件确实出现过若干起。例如2014年5月，电商网站eBay要求近1.28亿活跃用户全部重新设置个人账号密码，这是因为黑客从eBay获取了用户密码、电话号码、地址及其他个人数据的缘故。

（6）云计算服务还分为公有云、私有云及混合云等，需要加以区分。公有云平台提供商通过互联网将存储、计算、应用等资源作为服务提供给大众市场；私有云是每家企业或者组织独立运作的云基础设施；混合云就是私有云和公有云的组合。

5.4.3 跨界思维

为什么企业需要有跨界思维呢？因为如果不跨界，很可能就会坐以待毙，很容易被其他企业跨界。纵观手机制造领域、电器制造领域、汽车制造领域及新出现的可穿戴设备领域的变迁史，你会发现其中经常出现跨界与被跨界的情况。

被跨界与跨界是一对同时出现的事物。一些企业先跨界，另一些企业就可能被跨界，尽管前者与后者原先可能并非属于同一行业。

在人类历史上，跨界与被跨界从未停止过。当带有高精度摄像头的手机出现后，一些中低档次的数码相机也就被跨界了。人类的许多领域就是在相关行业的跨界与被跨界中，发生着融入，发生着交叉，发生着变迁，进而取得进步，形成新的生活习惯。

让企业家忐忑不安的是，新媒体时代的跨界事件发生的概率更高。所有的企业家可能都在担心，明天是否会突然冒出来哪个新企业，抢夺了原本属于本公司的业务。所以需要不断提醒的是，与其被他人跨界，不如自己先跨界。

在运用跨界思维时，可以采用以下5条策略。

1）主动跨界

前文中提到，任何企业如果无视被别人跨界，等反应过来可能为时已晚。企业领导者要有多行业从业经验的洞察力与行业关联能力，提前看清形势，提前做好战略规划，提前主动出击。

2）合作跨界

有些跨界可以在不同的行业进行，这可能需要两个不同行业的企业或机构进行合作，发挥各自的优势，达到合作共赢的目的。

3）有机生态

跨界不是简单的战略，跨界的实现需要其他业务的配套，形成相应的生态圈，使得生态圈中的业务能够相互支撑。生态圈中的某些业务可能会采取免费、低价或亏损的方式铺垫市场规模，而其他一些业务则可以赚取利润，看重的是整个生态圈的盈利能力。

4）跨界混搭

找到两个不同行业的相同点，进行跨界产品衔接，进而创造出从未有过的新产品。

5）跨界关联

跨界往往发生在不同行业之间，这就需要有跨界思维的一方能够仔细研究不同行业的关联性。例如，目前的智能家居领域就有许多家电可以与互联网联系起来，有许多跨界的机会。

在运用跨界思维时，有以下5点建议可以作为参考。

(1) 有意识地培养媒体从业者的专业跨界能力。平时除了注意观察本专业领域的发展动态外，还需要有意识地多了解其他领域的发展形势。只有同时了解了两个及以上领域的人，才能够更多地发现行业交叉点，才可能更多地发现跨界的机会。

(2) 有意识地培养自己的关联能力。关联是不同行业跨界的一个基本前提，但人们往往在固化思维的框架之中，忽略了不同行业的关联。万物相通，极少有孤立的行业，平时要有意识地培养关联创新能力，有意识地思考看似不相关的事物之间可能的关联，以及这种关联能带来的效益。

(3) 多与不同行业的人士交流。每个行业的人士都有对自己行业的认识或观点，同一行业的人觉得无所谓的信息、认识或观点，对另一行业的人的启发可能犹如醍醐灌顶。不同行业的信息、认识或观点可以发生碰撞，更有可能产生跨界的火花。

(4) 跨界时不要被观念落后者干扰。由于跨界涉及两个以上的行业，一些单一行业的人可能会不理解，甚至提出反对意见。如果你坚信自己的跨界方向是正确的，就应该不受这种干扰的影响，坚定地开展工作。

(5) 企业家要居安思危，时刻防止被跨界。由于跨界者往往是来自其他行业，因此任何组织都需要居安思危，时时有危机感，密切注意相关行业的动态，第一时间发觉潜在的跨界可能，提升自我产品的体验。各思维模式总结如表5-5所示。

表5-5 各思维模式总结

维 度	分 类	实施策略
内容思维	悬念思维	引而不发、鼓动猜想、类比叙事、触景生情、超越常识
	病毒式思维	亮点发掘、爆点预埋、争议制造、屏蔽删帖、广播火种
	共享经济思维	闲置资源发掘、实用便利服务、安全规范约束、相互评价体系
	大数据营销思维	大数据分析用户行为、精准营销信息推送、投用户所好活动、大数据监测竞争对手、大数据品牌危机监测、企业重点客户筛选、大数据改善用户体验、发现新市场与新趋势、市场预测与决策支持、数据即资产
	创意至上思维	技术、内容、营销，两两组合或三方兼顾
用户营销思维	用户协作思维	版本控制、公平审核、蓝海词条、长尾词条、动态更新
	粉丝草根思维	放低姿态、共生共存、圈子经济、亲粉互动、发掘粉智
平台营销思维	统合营销思维	触点整合、内容整合、数据整合、全程体验
	云计算思维	云存储空间、云共享信息、云端软件、按需服务、分段付费
	跨界思维	主动跨界、合作跨界、有机生态、跨界混搭、跨界关联

5.5 新媒体社会化思维模式案例分析

学习了社会化思维的相关知识后，接下来通过分析一家科技公司的营销案例，帮助大家理解社会化思维的应用。

5.5.1 某科技公司的悬念思维案例

某科技公司在 2015 年的某款产品发布会上发布了带有悬念的营销内容，如图 5-14 所示。其中，该科技公司将其产品描述成“这是一款只有火柴盒大小的神秘新品”，并鼓励网民“说出你对新品的疯狂猜想”。

图 5-14　某科技公司为其产品制造悬念

过了三天，该科技公司就发现了这个悬念引发了网友极大的关注与热议，并发微博称其“轻量级新品”已经要被网友们“玩”坏啦！网民对新品的猜想五花八门，包括智能麻将、智能玩具车，甚至还有智能肥皂等。那么神秘新品究竟是什么呢？此时，该科技公司不仅配上了一些网民的猜想示意图，同时再一次放大悬念。到最后，该科技公司才宣布那是他们的一款运动相机。图 5-15 所示为该科技公司通过微博进一步放大悬念。

图 5-15　进一步放大悬念

总之，悬念制造思维就是要让你在新媒体上发布的内容避免平常、平淡与平庸，就是要让你的内容激起人们的好奇心，就是要让营销内容脱颖而出。

5.5.2　病毒式思维案例

2014 年春节晚会过后的第二天，有个网友发布的微博引发了热议。原来，这条微博中包含了许多人想到的和没想到的一些爆点。图 5-16 所示的对春节晚会主持人造型引发的议论。

图 5-16　春节晚会主持人的造型引发的议论

最初，许多网民责怪春节晚会导演的水平不高，把那些本来很有创意的春节晚会主持人的造型给否决了；随后一些网民称“你们误解了”，不用这些造型是因为主持人来不及更换造型。接着，网民们开始逐个讨论每位主持人的造型。有的说某女主持人那么瘦怎么能做“福”的造型？有的说“寿”造型的脑袋太大。后来，不少网民建议“这么好的造型不用可惜，何不用在元宵晚会上呢？”

果不其然，在 2014 年的元宵晚会上，果然采用了那些造型。这个案例表明那条微博在促进后来的结果上发挥了一定的作用。这个案例告诉我们，新媒体应用中“爆点预埋”显得多么重要。

5.5.3　共享经济思维案例

优步公司在其官网上声称，他们是“不断推进世界的移动方式”，并说明他们的应用程序“让乘客与司机紧密连接，使城市变得更方便发达，并为司机提供更多的业务、为乘客提供更多的搭乘选择方式。自 2009 年创立至今，优步已经覆盖了 70 多个城市，并继续在全球迅速扩展业务，以缩短人们和城市的距离”。

1. 优步的共享思维

优步体现的正是典型的共享经济思维。优步的价值在于：采取信息化手段，利用经济学最简单的供求原理，让资源分配得更合理，并在一定程度上大大改善了“打车难、打车贵、服务质量参差不齐”的问题。图 5-17 所示为优步的手机 App。

优步的服务车型分为优先轿车（UberX）、高级轿车（UberBlack）及高级商务车（UberXL）

三个档次。虽然优步公司自己并不拥有任何车辆或驾驶员，但它却擅长整合各类资源——出租车公司、汽车租赁公司甚至私人签署合同。优步公司同他们签定合同，让车主通过优步接收叫车信息，让普通消费者感觉叫车、乘车都方便了许多，可谓一举多得。

2015 年上半年，相关报道称优步公司最新估值高达 500 亿美元，公司营业收入每 6 个月增加 1 倍。优步公司向潜在投资者展示的文件显示，2015 年优步全球订单额预计增长近 3 倍，达 108.4 亿美元，2016 年预计达 261.2 亿美元。

2014 年 7 月 14 日，优步公司正式宣布进军北京，8 月 4 日，优步公司正式宣布在北京市场引入一项新的服务"人民优步"，并逐步向中国其他中心城市推广。

2014 年 12 月 17 日，百度与优步公司签署了战略合作及投资协议，未来双方将在技术创新、开拓国际化市场、拓展中国 O2O 服务三个方面展开合作。

2015 年 2 月 3 日，优步公司宣布与卡内基梅隆大学合作在匹兹堡建立优步高级技术中心，该中心的项目包括无人驾驶汽车的研发与设计，以及各种汽车安全技术。

2. 爱彼迎（Airbnb）的共享思维

爱彼迎（Airbnb）成立于 2008 年 8 月，总部位于加利福尼亚州旧金山市。爱彼迎是一个网络社区，人们可以通过其网站、手机或平板电脑，发布、发掘和预订世界各地的独特房源。图 5-18 所示为爱彼迎的客户端操作界面。

图 5-17 优步的手机 App

图 5-18 爱彼迎的客户端操作界面

爱彼迎在其网站上声称："无论您想在公寓里住一个晚上，或在城堡里待一个星期，抑或在别墅里住上一个月，您都能以任何价位享受到 Airbnb 在全球 190 个国家的 34000 多个城市为您带来的独一无二的住宿体验"，并称："Airbnb 为人们提供了一个最简单有效的途径，让他们可以利用闲置空间赚钱，并将它们展示给成千上万的受众"，最后这句话，表明了爱彼迎的共享经济思维。

其实，爱彼迎让闲置的房屋发挥了作用。你举家出去旅行时，你家是闲置的，也许可以出租给别人用；你旅行到外地时，也可以租用当地居民闲置的房屋。这样，全世界的闲置房屋被激活了，全世界旅行的人们也有了更实惠的住宿的地方。

在爱彼迎上发布房源是完全免费的，只有当房屋出租方确认一笔预订后，才需要支付 3% 的服务费。房屋出租方可以为自己的房源设置出租价格、忙闲状态，并为房客设定预订条件，还可以设置自定义价格，在旅游旺季多赚点钱，并可以查看房客的个人资料和对他们的评价。

在 2015 年 8 月的报道中，爱彼迎的估值已经达到了 255 亿美元。爱彼迎的 CEO 兼共同创始人布莱恩·切斯基（Brian Chesky）希望把爱彼迎打造成一个全球化的平台，他并不希望人们把爱彼迎仅仅定义为一家美国企业和品牌。未来爱彼迎的中国拓展路径是：在中国成立一家新公司，组建一支本土化的运营团队，并致力于与国内众多战略伙伴建立资源合作。

5.5.4　大数据营销思维案例

如果数据能帮助人类进行有关事物的预测，那么它的用途自然就不用多说。值得称道的是，大数据在某些事物预测上却是让人称道的，比如预测奥斯卡各种奖项。

成功进行该预测的是微软研究院的一支团队。其实，在 2012 年美国总统竞选中，微软研究院的经济学家大卫·罗斯柴尔德（David Rothschild））就曾使用过大数据模型，准确预测了美国 51 个选区中 50 个选区的选举结果，准确率高达 98%。

后来，罗斯柴尔德开始将大数据分析用于奥斯卡奖项的预测。2013 年，罗斯柴尔德利用大数据成功预测了 24 个奥斯卡奖项中的 19 个奖项，成为了人们津津乐道的话题。

2014 年，罗斯柴尔德再接再厉，成功预测了第 86 届奥斯卡金像奖 24 个奖项中的 21 个奖项，继续向人们展示现代科技的神奇魔力。图 5-19 所示为 2014 年奥斯卡金像奖海报。

罗斯柴尔德采用了赌博市场的数据、好莱坞证券交易所的数据及相关用户自动生成的数据。虽然他没有直接指出每个奖项的得主，而是用百分比来表示不同电影获得该奖项的可能性，但是他给出了每个奖项获奖概率最高的人，其实就等于预测了中奖人。

图 5-19　2014 年奥斯卡金像奖海报

5.5.5　用户协作思维案例

1. 某安全公司邀请网民共同创作

某安全公司开发了一款智能产品——儿童卫士。为了推广这款产品，该产品开发团队的官方微博发起了邀请网民一起拍儿童卫士广告画面的有奖活动。图 5-20 所示为该安全公司的微博。

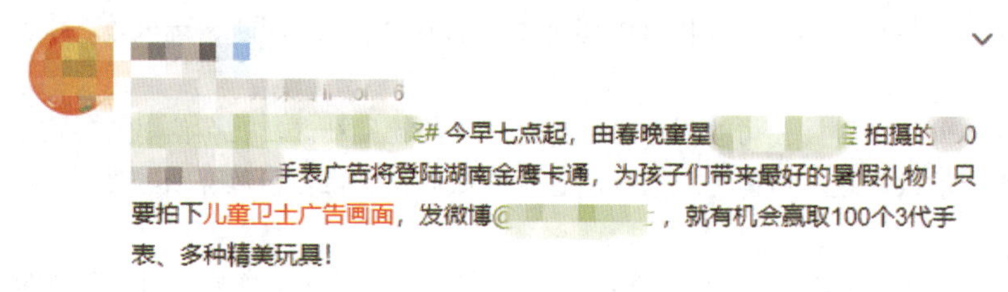

图 5-20　该安全公司的微博

在此活动中，活动组织方要求，只要拍下电视上该公司儿童卫士的广告画面，在微博上发帖并 @ 该公司微博账号，就有机会赢取奖品。实际上，这也可以算是一种用户协作思维的应用，因为它实际上是通过活动将网民发动起来，帮助该公司来扩大广告的影响力。

2. 某化妆品品牌的协作营销

从以往的认知来看，电影创作都是由固定的导演、编剧与演员等完成的。然而在新媒体时代，这种创作方式有了新变化，某化妆品品牌的“全民电影”活动就采用了协作创作的方式。

该项目主要由电影接龙、电视节目、线下活动及大制作的电影四部分组成，通过网络、电视媒体、自媒体的全媒体平台进行联动。其中电影接龙是“全民电影”活动的主体部分，也体现了新媒体时代的用户协作思维。

第一段官方剧本在该化妆品品牌官网公布后，正式激发了全民拍摄的热情。电影主角之后的命运将随着分段剧本的发布和电影的拍摄和制作，集合大家的力量生成民间版的电影来揭示。导师团将综合优秀作品和制作者的成果，集结生成导师版电影。

在“全民电影”活动的节目中，网站上的导师会和公众一起互动、选拔、交流，带动大众一起参与到接龙活动中来。在五段电影接龙结束后，“全民电影”活动导师团还会继续完成拍摄导师版电影，最终生成一部完整的导师版电影，在全国院线上映，民间版将会同步公映。图 5-21 所示为某化妆品品牌的营销活动海报。

图 5-21　某化妆品品牌的营销活动海报

5.5.6　粉丝草根思维案例

1. 某科技公司的交流社区

某科技公司在自己的网站、微博、微信等平台上都有与粉丝交流的渠道，其中网站上有专门的“该科技公司社区”页面。如图 5-22 所示。

在“该科技公司社区”里，除了有常见的资讯、学院、商城外，还有论坛与同城会，甚至还有随手拍、“爆米花”（该科技公司活动平台）、“米兔”（该科技公司玩偶交流区）、校园俱乐部等栏目。其中学院栏目中还有“60 秒该科技公司秀”、玩机技巧大汇集与刷机心得等子栏目。

除此之外，该科技公司的所有平台都是广义的粉丝社区，在微信里有专门的客服人员帮助用户解决问题，微博里官微及高管个人微博也常常与粉丝互动，形成了一个大社区的概念。

不得不承认，对企业的粉丝而言，除了苹果的“果粉”外，就属该科技公司的“米粉”叫得最响了，这无疑是该科技公司重视粉丝草根思维的结果。

图 5-22　该科技公司的社区

2. “罗辑思维”的冰桶挑战

在“罗辑思维”准备参与“冰桶挑战”活动时，当时有部分网民质疑“冰桶挑战”活动太浪费水。此时，“罗辑思维”创始人想到了一个绝招，向全体粉丝征集水，每人 1 杯。结果，参与的粉丝众多，该创始人一下筹集到了 7398 杯冰水。然后某天在北京某街道上让几十个粉丝从二楼浇水下来，该创始人从正面跑过去挨浇。这一新颖的玩法被拍摄成视频，放到新媒体上传播，其受关注的效果可想而知。图 5-23 所示为“逻辑思维”创始人“冰桶挑战”活动的视频截图。

图 5-23　“冰桶挑战”的视频截图

同时，“逻辑思维”创始人还将这 7398 杯冰水，按每杯 10 元人民币的价格认捐，从而筹集到 73980 元人民币的善款，另加上“罗辑思维”自己捐赠的 5000 美元，一并捐给了渐冻人症（ALS）基金会。这次活动既捐了钱，彰显了社会责任，还放大了品牌效应，其中粉丝的功劳是巨大的。

5.5.7　云计算思维案例

1. iCloud对苹果生态的影响

2011 年 6 月 7 日，苹果公司在旧金山“Moscone West”会展中心召开全球开发者大会上正式发布了 iCloud 云服务，该服务可以让现有的苹果设备实现无缝对接。图 5-24 所示为云计算服务 iCloud。

iCloud 是苹果公司为苹果用户提供的一个私有云空间，方便苹果用户在不同设备间共享个人数据。利用 iCloud，可以让下载过的 App、音乐与书籍在更换设备或更新安装时随时完成，可以允许照片在多个苹果设备间共享，可以查找丢失的设备，可以对文件内容与进度自动在各处同时保存，可以允许日程安排及通信录在苹果多设备间共享，还可以方便地进行备份与恢复文件。

当然，iCloud 也有其商业模式。iCloud 与每个苹果账号相对应，每个账号都可以免费获得 5GB 的 iCloud 存储空间。如果这一空间用完（其中 iTunes 音乐不占用空间），用户还需要更大的空间，则需要付费购买（如 20GB 需一个月 6 美元，200GB 需一个月 25 美元等）。

2. 某知名代驾公司与云计算

某知名代驾公司，其结合移动互联网提供相应的代驾服务。该代驾公司系统将调度、官网、运营、统计、测试和备份等模块全面部署在阿里云上面。图 5-25 所示为代驾服务宣传海报。

图 5-24 云计算服务 iCloud

图 5-25 代驾服务宣传海报

代驾服务有周期性，每天晚上 19:00 ～ 24:00 时是代驾业务的高峰时段。阿里云的弹性计算（主要指可弹性伸缩的计算服务）可以满足该代驾公司的要求，随时开通和释放云服务器，同时云监控短信可以实时提醒代驾服务商。

在设计上，该代驾公司通过 RDS（一种云数据库）和 CacheServer（缓存服务器）提高了系统性能，也使用了 SLB（一种对多台云服务器进行流量分发的负载均衡服务）和 OSS（一种开放的云存储服务），并在软件上做了冗余和容错设计。在故障演练中，甚至能够做到 2 分钟内完成服务恢复，而在这个时间内，终端用户不会感知到。

同时，阿里云的 BGP（边界网关协议，主要用于控制路由的传播和选择最好的路由）多线网络能提供南北互通，用户在任何城市使用都比较流畅。

该代驾公司负责人说，“我们公司成立 3 年多，在基础设施方面仅投入几十万元，每年节省了数十万的 IT（信息技术）成本，让我们一起拥抱云计算！”

5.5.8　创意至上思维案例

1. 某购物平台的“造词”营销

“造词”营销的创意使品牌概念具象化，能拉近商家与消费者的距离，能够加深品牌宣传口号的认知和记忆。

基于当代青年面对理想生活时的“干想”状态，某购物平台将之定义为“光想青年”。同时，该购物平台在微博上发起“光想青年选拔赛”，寻找一位“光想青年”，由平台联合各品牌为他实现理想生活的愿望。该购物平台还为“光想青年”拍了一则广告片，呼吁当代广大的消费者“理想生活别光想”，如图 5-26 所示。

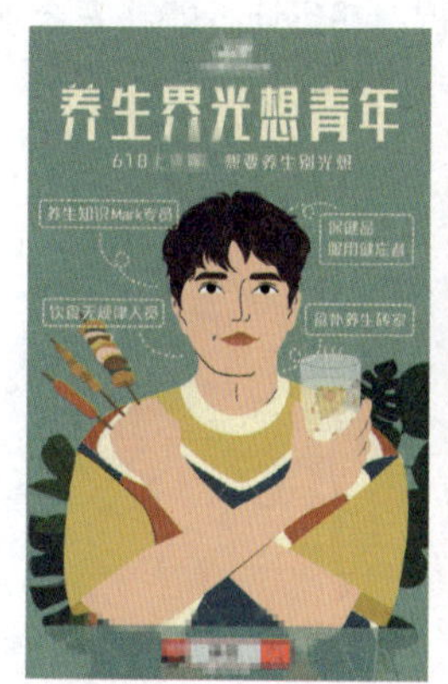

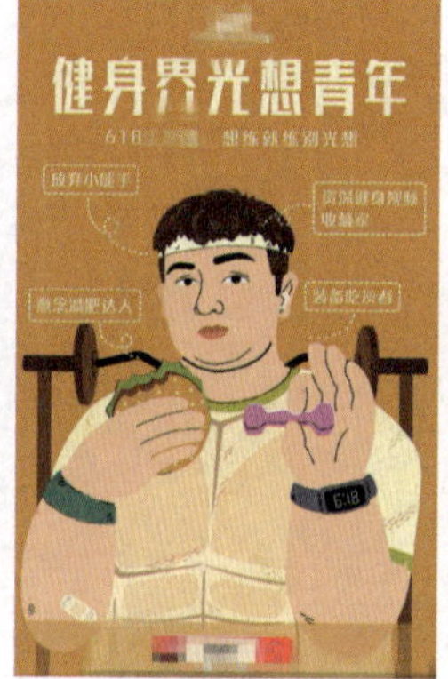

图 5-26　“光想青年海报”

该购物平台通过此次营销，将模糊不清的“理想生活”概念具象化，使消费者能够感受到品牌宣传语表达的主张，拉近了品牌与消费者的距离，也能让消费者在此次活动中加深了对品牌宣传语的认知与记忆。这种“造词”营销，也让该购物平台大获成功。

如今，消费者越来越精明，商家被动接受和做出相应改变成了常态。想要改变这种局面，就必须精准地把握消费者的心理、深度洞察人心，提出最有创意的营销话题。

2. 某饮用水品牌的口号

1998 年，众多的饮用水品牌大战已硝烟四起，在娃哈哈和乐百氏等品牌面前，刚刚问世的某饮用水品牌显得势单力薄。而且，该饮用水品牌只从千岛湖取水，运输成本高昂。

该饮用水品牌在这个时候切入市场，并在短短几年内抵抗住了众多国内、外品牌的冲击，稳居行业前三甲，成功要素之一就在于其差异化的营销之策。而差异化的直接表现来自“有点甜”的概念创意——“该饮用水品牌有点甜”。

“该饮用水品牌”真的有点甜吗？非也，营销传播概念而已。该饮用水品牌的水来自于千岛湖，是从很多大山中汇集而来的泉水，经过千岛湖的净化，完全可以说是甜美的泉水。但怎样才能让消费者直观形象地认识到该饮用水品牌的“出身”，形成美好的“甘泉”印象呢？这就需要设计一个简单而形象的营销传播概念。

“该饮用水品牌有点甜”并不要求水一定得有点甜，甜水是好水的代名词，正如咖啡味道本来很苦，但雀巢咖啡却用“味道好极了”这句话说明雀巢咖啡是好咖啡一样。中文有“甘泉”一词，解释就是甜美的水。“甜”不仅传递了良好的产品品质信息，还直接让人联想到了甘甜爽口的泉水，喝起来自然感觉“有点甜”。

5.6 本章小结

本章主要介绍了新媒体社会化营销在不同的前提下能够采用的不同营销思维。首先介绍了传统的营销思维，其次讲述了在新媒体营销时代传统媒体营销理论的发展与继承，并提出了新时代营销的指导理论。需要注意的是传统营销理论在某些特定场合仍然适用。

不同的营销思维能够指导不同营销环境、不同营销目的下的营销活动，并使营销效果最大化。本章列举了针对用户、平台的案例并加以分析，期望读者能够完全理解并在营销活动中加以利用。

第6章 社会化营销与社交平台

随着传播的碎片化、媒介的粉尘化，越来越多的品牌方企图通过社会化营销提高品牌和产品在大众面前的曝光率与认知度，并将社会化营销视为品牌实现营销“破圈”的重要方式之一。

社会化营销最典型的表现就是企业营销方式从最初的上央视、登报广告、立展示牌，到造话题、做爆文、投KOL的转变，营销的渠道也从早先的官网、搜索引擎、邮件到“双微一抖”，再到偏垂直的“豆瓣”“小红书”“知乎”等平台。不同平台扮演的营销角色并不相同，要想实现企业的营销目的，就需要根据平台的特点进行选择或者组合应用。

6.1 社会化营销与社交平台概述

随着移动互联网的发展，我国的社交网络开始呈现多元化、复杂化的特点，在不到5年的时间内，除了微博、微信之外，又相继诞生了陌陌、知乎、秒拍、映客直播等社交属性的应用，它们共同构成了移动互联网时代社交媒体的新生态。社交媒体的不断发展使得社会化营销逐渐走向全社交平台营销。

6.1.1 社会化营销

互联网时代催生出了很多行业和营销模式，社会化营销就是其中之一。对大众来说微信营销和微博营销是最为常见的两大社会化营销模式，随着商业化需求的增加，社会化营销被越来越多的人所提起。社会化营销可以实现以较小的投入获取巨大的宣传效应的效果，这对企业来说是一个很好的营销方式。那么说了半天，什么是社会化营销呢？社会化营销，全称为社会化媒体营销或社交媒体营销，是利用社会网络、在线社区、博客、百科或其他互联网协作平台媒体来进行的营销。

6.1.2 社交平台的含义

社交平台是人们在互联网时代相互分享各自的意见、见解、经验和观点的工具和平台。现阶段的社交平台主要包括社交网络、微博、微信、博客、论坛等。随着移动通信技术的进步，社交平台在互联网的沃土上蓬勃发展，爆发出令人眩目的色彩，其承载的信息已成为人们上网浏览的重要内容。

图 6-1 所示为国内社交平台的 App（部分），其中包括了 QQ、微信、微博、贴吧、陌陌、知乎和豆瓣等，针对用户的不同需求，各有发展的侧重方向，各有特点。

图 6-1　国内社交平台 App（部分）

6.2　社交平台的分类与特点

要想更好地了解并使用社交平台，先要了解一下社交平台的分类和特点。

6.2.1　社交平台的分类

当下的社交平台数不胜数，但大致可以分为以下几类。

1. 通信型社交平台

通信型社交平台的主要代表有微信、QQ、钉钉等，其主要功能在于可以即时通信。因为通信信息推送及时且量少，有助于快速回复；且空间在好友间双向开放，能使已经熟悉的朋友彼此间更加了解；信息类型（图片、语音）十分丰富，使日常交流十分便利。通讯型社交平台的群组功能能在一定程度上带来好友资源，但在不借助其他平台的情况下，自身还能很好地扩展好友的数量；如果好友过多，信息处理也非常麻烦；如果没有“粉丝”的存在，基本也不会有“内容”的产出。

2. 论坛型社交平台

论坛型社交平台的主要代表有各大论坛、贴吧等。其主要功能由板块、主题帖、回帖三部分构成。其板块划分细致，专业化程度高。因为所有帖子都按时间顺序平等地排列在首页，如果用户基数大的话可以使创作者获得快速的反馈。但内容创作类型匮乏，基本上以文字为主，图片为辅。

3. 博客型社交平台

博客型社交平台的代表主要有微博、推特（Twitter）等，其主要功能包括用户关注与博主发帖。开放性极强，让人有一种链接全世界的感觉。

4. 内容产出型社交平台

内容产出型社交平台的主要代表有哔哩哔哩（bilibili）、Youtube[①]、抖音、小红书等。其主要结构由作品展示、评论与弹幕构成。这类平台内容充实、丰富，有个性化的推荐，体验极佳，能给创作者带来精神激励。

图 6-2 所示为当下流行的社交平台。

图 6-2　当下流行的社交平台

① Youtube：Youtube 是一个视频网站，由美国华裔陈士骏等人在 2005 年 2 月创立，供用户下载、观看及分享影片或短片。

6.2.2 社交平台的特点

社交平台的出现改变了人们之间传统的沟通、交流、思维和行动的方式。主流的社交平台以脸书（Face book）、推特（Twitter）、领英（LinkedIn）、微信等公司旗下的产品为代表。其发展用户的模式及平台内的营销模式具有以下四个特点，值得各类平台借鉴。

1. 以经营人际关系为核心

与传统的社交平台不同，依托互联网支持的社交平台具有强大的连接功能，能够以极快的速度把其传播触角伸到世界各地的任意用户中去。基于这个特性，社交平台更加重视打造以人际关系网络为核心的传播路径。尤其是微博、推特等平台，更加善于利用现实世界中的人际关系来同步建立虚拟关系网络。例如微博平台设置的好友添加、好友照片身份识别等功能，其机制就是不断地鼓励用户建立自己的朋友圈子，并且把这些实际的联系转移到虚拟世界中来进行管理，以此来绑定更多的用户。

同时，基于网络用户间的一种十分普遍的分享文化，社交平台还设计出了许多五花八门的小应用，来增强朋友之间的互动性，维系感情。例如微博平台上的点赞功能和活动发起功能，通过这些集成在平台内部的小应用的推动，产生更多的关注度，培养用户的互动习惯，并将线上活动与线下活动紧密相连。由此，虚拟的社交圈在某种意义上来说就变成了维持现实社交关系的重要一环。图 6-3 所示为点赞图标。

图 6-3　点赞图标

2. 用户是内容生产者、消费者，也是传播者

在传统意义上，用户仅仅是作为内容消费者存在的，但是社交平台的出现打破了生产、消费和传播的界限。用户既可以作为消费者，在某种意义上又可以成为内容的生产者（如在微博上发布自己的所见、所闻、所想，对某个产品的功能进行点评等），同时也在积极地扮演初始信息传播者的角色（如转发某篇文章）。

社交平台的特性弱化了其本身的内容生产功能，大多数平台都让用户深度参与内容的制作，并利用用户自身的人际关系进一步传播。这些平台一般更多地将关注点放在如何吸引用户加入，如何提升用户的活跃度和黏着性等指标上。图 6-4 所示为转发图标。

图 6-4　转发图标

3. 大数据会说话

大多数成功的、被人们在日常生活中所使用的社交平台背后都有强大的数据挖掘技术的支持。社交平台伴随着用户的活动，每天都能产生海量的数据。进一步处理数据的技术与这些能大量吸纳用户的资料和行为数据的社交平台紧密结合，能够给企业带来更精准的用户分析和预测。

因此，许多社交平台尤其关注数据库的开发与运用，将其视为重中之重，并建立数学模型分析用户的喜好和习惯，计算并预测出用户的消费行为，进行精准营销。

课堂讨论：你是否有过“读完一篇文章后受作者影响而购买一本书/一件衣服/一套课程”的经历？请找到这篇文章并与同学们分享。

6.3 社交平台的发展趋势

在本节中，编者将从不同类型媒体的发展脉络与发展趋势来展开讲述。

6.3.1 从邮箱到邮件营销（EDM）

1987年9月20日，有“中国互联网第一人”之称的钱天白教授从北京经意大利向联邦德国卡尔斯鲁厄大学发出了中国的第一封电子邮件。

这封邮件的内容是“穿越长城，走向世界”。这是中国人在互联网上的第一步，从此“伊妹儿”（E-mail的谐音）开始进入第一代中国网民的视野，拥有一个个人电子邮箱成为了网民的标配。

1. 第一代沟通工具：电子邮件

电子邮件，指由寄件人将信件发送给一个人或多个人，一般会通过互联网或其他电子通信系统进行书写、发送和接收。通过电子邮件系统，用户可以以非常快速的方式（通常情况下几秒之内可以发送到世界上任何指定的目的地）与世界上任何一个角落的网络用户联络。电子邮件的内容可以是文字、图像、声音等各种多媒体信息，这是传统的信件方式难以比拟的。

正是由于电子邮件使用简易、投递迅速、收费低廉、易于保存、全球畅通无阻的特点，使得电子邮件从发展之初就广泛地被应用，它使人们的交流方式得到了极大地改变和提升。第一代网民几乎每个人都要申请一个个人电子邮箱。电子邮箱就类似于用户的信箱地址，或者更准确地说，相当于用户在互联网网站上租用了一个信箱。传统的信件是由邮递员送到用户的家门口的，而电子邮件则只需要用户自己在线查看信箱，不用跨出家门一步。早期的电子邮件采用扩大容量的方式来存储更多的信件、支持更大附件的发送、采用严格的垃圾邮件删除的方式吸引大家使用付费邮箱，在一段时间内被看作互联网企业的盈利之道。但很快，越来越多的互联网网站把大容量电子邮箱作为免费服务项目推出，到今天几乎人人都拥有自己的电子邮箱，电子邮箱成为了人们必不可少的办公工具。用户可以通过电子邮件的收发来开展讨论和进行项目管理及决策，还可以通过网络与他们的客户、竞争伙伴乃至世界上的任何人进行通信和交流。即使在即时通信技术如此发达的今天，许多组织和部门仍旧使用电子邮件作为信息交流的正式工具。

2. 电子邮件营销

随着电子邮箱的普及，电子邮件以文字、图像、声音等各种方式向用户提供信息和服务，这无疑属于新媒体的范畴。人们进一步利用电子邮件的新媒体传播特性，从中挖掘出了一种新的营销手段——邮件营销（E-mail Direct Marketing，EDM）。越来越多的机构推出了可以免费或付费订阅的新闻邮件、专题邮件，加上邮件信息搜索功能，这些成为最早的互联网广告形式的载体。企业商户开始挖掘邮件中的商机，邮件营销开始慢慢兴起。例如用户在 QQ 邮箱中可以选择订阅自己喜欢的企业邮件，在这些推送的邮件中可以搭载企业的营销信息。

图 6-5 所示为商家的营销邮件。

图 6-5　为商家的营销邮件

与在邮箱里经常收到不受欢迎的垃圾邮件（Spam）不同，邮件营销必须是在用户事先许可的前提下才可进行，通过电子邮件的方式向目标用户传递有价值的信息的一种网络营销手段。

许可邮件营销和垃圾邮件的区别如表 6-1 所示。

表 6-1　许可邮件营销和垃圾邮件的区别

类　型	异　同	
	许可邮件营销	垃圾邮件
事先许可	是	否
发送对象	潜在目标用户	广泛群发
发送内容	有价值的信息	广告甚至是诈骗信息
交互方式	允许退订	文件名诱导下载，图片诱导跳转

3. 邮件营销策划

邮件营销必须在订阅用户事先许可的前提下开展，是通过电子邮件的方式向目标用户传递有价值的信息的一种网络营销手段。这里需要注意几个关键词："用户事先许可""目标用户"和"有价值信息"。从邮件发送方发出邮件、邮件接收方打开邮件阅读到用户反馈或产生购买行为，这就是一次成功的邮件营销的主要过程。

邮件营销有以下三个好处。

（1）推广周期短，营销见效快。

（2）用户查看不受时空限制，转发传播快。

（3）发送给事先经过许可的有需求的目标用户，针对性强。这就为各个行业的商家通过电子邮件进行节假日营销、事件营销提供了有利的条件。

同时，邮件营销也有一定的局限性，具体介绍如下。

（1）若无节制地群发会变成垃圾邮件，也易导致企业的邮箱服务器被电子邮件运营商封杀。

（2）发送没有经过精心设计的邮件，致使邮件的可信度不高；而且，在受众不精准的情况下，易引起用户的反感，从而影响品牌的美誉度，降低邮件营销的效果。

课堂讨论： 打开你的电子邮箱，看看有没有收到营销邮件。识别一下，哪些是垃圾邮件，哪些是邮件营销邮件。

如果你收到的是邮件营销邮件，你认为采用以下哪些手段会提升邮件营销的效果？

（1）设计一个吸引人的活动主题。

（2）一封邮件只推送一个主题，而不是堆积大量的信息。

（3）邮件正文少用文字，多用有冲击力的图片。

6.3.2 从淘宝到微店

1. 电子商务平台：淘宝网

其实，最早的电子商务平台是企业间的电子商务（Business-to-Business，即 B2B）平台，也就是企业和企业在网站上寻求业务合作的平台，如中国的阿里巴巴就是这样的交易平台。后来互联网企业发现互联网可以直接打通企业和消费者之间的直接联系，于是就开始尝试做企业对消费者（Business to Customer，即 B2C）的电子商务平台。2003 年，美国电子商务巨头 eBay 网络交易平台投资 1.8 亿美元，接管了创立于 1999 年的“易趣”网络购物网站，开始进军中国市场，开启了 B2C 交易模式。

在 2003 年之前，除了“易趣”，中国几乎没有什么强有力的电子商务网站，直到阿里巴巴旗下的“淘宝”的出现，网络购物才逐渐迅猛发展。2003 年 4 月，马云秘密组织了一支 9 个人组成的小团队，入驻杭州湖畔花园小区的一幢小楼里，大家签了保密协议，夜以继日地研究设计，花费了一个月的时间，终于在 2003 年 5 月 10 日，淘宝网研究设计成功，正式上线运营。初期的淘宝网页上挂出的 200 多件“商品”基本上全是几个技术人员从自家拿来的闲置物品，虽然略显简陋，但是发展迅速，20 天后，淘宝就有了第 1 万名注册用户。淘宝网首页如图 6-6 所示。

图 6-6　淘宝网首页

课堂讨论： 分享一下你最近一次在淘宝上购买的商品，并描述你购买这件商品的体验。

建立以后，淘宝仅用三年时间就击败了 eBay，改变了中国电子商务的格局。从 2003 年建立至今，淘宝搭建的电子商务生态圈成为中国第一大网络购物平台。一开始淘宝是阿里巴巴旗下 C2C 业务（C2C 电子商务模式是一种个人对个人的网上交易行为）的一个交易平台。2008 年 4 月 10 日，阿里巴巴建立了淘宝商城，开始发展 B2C 业务，2012 年 1 月 11 日上午，淘宝商城正式宣布更名为“天猫”。天猫商城由知名品牌的直营旗舰店和授权专卖店组成，提供 100% 品质保证的商品，支持 7 天无理由退货的售后服务，以及购物积分返现等优质服务。现在淘宝电商，淘宝同学、海淘等各种业务都在持续发展和更新。

十多年里，淘宝完成了从一种产品、一种服务到一个生态与平台的进化，在淘宝上如何开店和推广商品已经成为很多高校电子商务专业的必修课。

淘宝成为国内电子商务业务最大的平台后，也因为“刷单冲信誉”和“商家卖假货”等问题一直存在争议。从某种意义上说，淘宝推出“天猫商城”也是对售卖假货行为的一种回应。对商家来说，在淘宝上获取有效流量的成本越来越高，有的商家开始考虑是否要开辟新的流量渠道。在这种情况下，定位 3C（中国强制性产品认证，英文名称 China Compulsory Certificate，英文缩写 CCC）电子商务的京东商城、定位尾货打折的唯品会、定位正品团购的聚美优品、定位母婴商品的贝贝网等电子商务平台也获得了一定的生存空间。

2. 微信电商平台：微店

随着互联网环境下电子商务业务的飞速发展，在淘宝开店所需要的成本越来越高，店铺之间的相互竞争越来越激烈，商家的盈利空间日益收窄；而基于 B2C 模式的天猫商城则有更高的门槛，需要更高的投入，并且垄断情形已经基本普遍形成。因而，普通人作为个体进入电子商务领域进行创业的机会越来越少。

微店具有开通成本低、只需利用碎片时间和个人社交圈就可进行营销推广的优势，是被很多人看好的新兴移动电子商务平台，如图 6-7 所示。

图 6-7　两款微店 App：微店和有赞

移动电子商务呈现出社交化口碑传播的趋势，基于微信朋友圈扩散的微店就适应了这个传播通道。每个用户都可以通过移动设备订阅自己喜欢的品牌和商品信息，列出自己多个不同需求的购物清单。这些被用户订阅的品牌，可以根据粉丝的订阅、点赞和购物清单，进行“一对一”的推荐，真正实现“一对一”的精准营销。

微店的自身优势在于能够发动每个用户，建立单独属于他们自己的购物社交，从根本上让零售企业直接与每个用户建立起长期的亲密关系，而微店的出现也必将在某种程度上重新定义实体零售行业在全渠道时代的意义。

淘宝和微店的区别如表 6-2 所示。

表 6-2　淘宝与微店的区别

维　度	类　型	
	淘　宝	微　店
模式	一个传统中心化的电商模式	一种去中心化的商业模式
流量特点	依靠平台方进行流量分发，无法进入微信传播	通过微博、微信、QQ、论坛等社交平台进行引流
成本	淘宝开店前期需要押金、店铺装修、店铺推广等成本	相对淘宝店前期无须自己投入资金、装修成本较低
用户关系	弱关系	强关系
捆绑资源	微博	微信

6.3.3 从 App 到小程序

1. App

App（Application）一般指手机软件。为了弥补手机原始系统的不足，使手机应用更具个性化，用户往往会在手机里安装十几个甚至几十个 App。特别是随着智能手机的发展，以往需要用计算机才能完成的网络购物、金融理财、浏览资讯等操作，都可以通过手机 App 完成。据统计，每个移动用户手机中平均装有 40 个 App。

课堂讨论：你的手机里是否安装了以下类别的 App？请将 App 名称填入表 6-3 中。

表 6-3 个人手机 App 盘点

类　别	App 名称
聊天	
购物	
理财	
新闻	
娱乐	
学习	
办公	

不过，现阶段手机 App 的发展遇到了两个较大的瓶颈。

第一，好用的 App 往往占用极大的存储空间。当太多 App 占满用户的手机内存时，用户手机就容易出现运行速度变慢的情况，部分用户甚至需要卸载不常用的 App 才能有空间安装其他 App。

第二，好用的 App 意味着更大的开发成本。企业需要聘用专业的软件工程师、界面（UI）设计师才能完成 App 的持续优化工作，因此 App 高额的开发及维护成本令企业不堪重负。

2. 微信小程序

2017 年 1 月 9 日，微信小程序正式在微信客户端上线。微信创始人张小龙的描述是："小程序是一种不需要下载、安装即可使用的应用，它实现了触手可及的梦想，用户扫一扫或者搜一下就能打开应用，也实现了用完即走的理念，用户不用安装太多的应用，应用随处可用，但又无须安装卸载。"

例如，当用户需要寄收快递的时候，无须下载任何软件，在微信搜索"中通快递"并进入小程序，即享受相关的服务，如图 6-8 所示。

图 6-8 微信小程序"中通快递"

微信小程序与传统的 App 在运行环境、使用体验等方面有很大的不同，如表 6-4 所示。

表 6-4　微信小程序与传统 App 的比较

比较、项目	产品形态	
	微信小程序	传统 App
运行环境	微信内部	操作系统内
主要功能	为用户提供服务	为用户提供服务
使用体验	接近原生 App，但局限于微信开发的入口及释放能力	App 可以实现完整的功能
开发成本	低	高
推广入口	线下小程序码、微信“发现”、附近小程序、公众号关联等	应用商店、手机厂商、浏览器等
获客成本	可通过小程序码、微信文章等多个入口传播，借助微信流量，推广成本低	需要引导用户下载注册，推广难度大，获取用户成本太高
留　　存	可添加到桌面，标注为星标程序	用户使用频繁与内存的斗争

由表 6-4 不难发现，微信小程序大大缓解了 App 遇到的瓶颈。一方面，用户无须安装多余的软件，有需求时直接打开对应的小程序即可，省时省力；另一方面，微信小程序的固定成本（主要包括认证、域名、服务器等）低、开发团队人数可控、开发周期短且更新步骤简单，因此受到大量企业的青睐。

微信小程序通常不会作为一种独立的营销方式出现，多是辅助其他新媒体的营销方式，提高用户体验或转化效率。

1）提高文章的转化效果

在微信小程序诞生之前，如果打算通过微信公众号文章引导读者下单，需要在文章里添加一个二维码，或将下单链接置于“阅读原文”处。不过，微信公众号文章的整体转化效果会因二维码略显突兀，“阅读原文”不太明显而受到影响。而微信小程序可以通过图片或卡片等方式嵌入文章。一方面整体设计较美观，保证了阅读体验；另一方面读者点击即可直接购买，文章转化效果大大提高，如图 6-9 所示。

2）提升社群用户的体验

社群营销必须重视日常的运营工作，否则社群会失去活力，逐渐变为“死群”。而做日常运营，就要求社群运营人员按照既定的社群规划，组织群员参与每日打卡、定期分享等活动。微信小程序可以作为社群的运营工具之一，辅助社群运营人员完成日常的运营工作。例如，传统的社群打卡需要由群友将图片或文字发至群内，随后由社群运营人员进行手动统计；而借助微信小程序“小打卡”，用户可以直接点击进入小程序完成打卡，且系统自动完成打卡统计，大大提高了社群运营效率，如图 6-10 所示。

3）降低内容设计的门槛

新媒体营销工作离不开图片，但并不是每个新媒体营销从业人员都具有设计功底。微信小程序的出现，降低了图片设计的难度，营销从业人员可以直接在小程序内搜索“海报”“九宫格”“长图”等关键词，快速进入小程序并完成设计工作。例如，营销从业人员进入小程序“海报设计神器”，可以直接选择合适的模板，随后双击更换海报文字或图片，最后直接将设计好的海报下载到手机，如图 6-11 所示。

图 6-9　微信文章内嵌入小程序

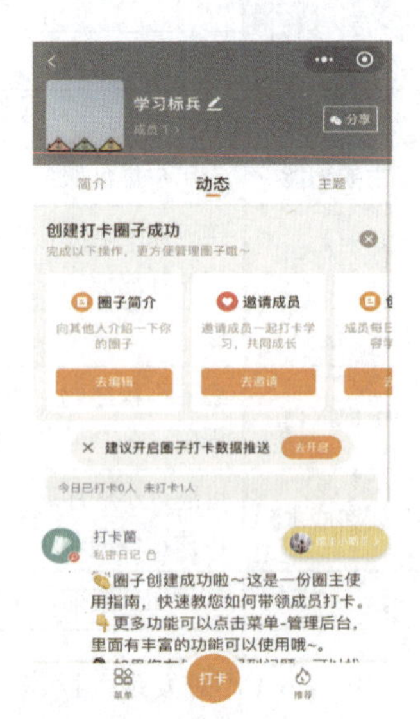

图 6-10　微信小程序“小打卡”

图 6-11　微信小程序“海报设计神器”

6.3.4　从自媒体到社群

1. 自媒体

自媒体发展到今天已经不再是昙花一现的流星，而是成为了互联网产业中不可或缺的内容生产者之一。关于自媒体的概念，很早就有了定义。

美国新闻学会媒体中心于 2003 年 7 月出版了由谢因・波曼（Shayne Bowman）与克

里斯 • 威理斯（Chris Willis）两人联合提出的“We Media（自媒体）”研究报告，里面对“We Media”下了一个十分严谨的定义：“We Media 是普通大众经由数字科技强化与全球知识体系相连之后，一种开始理解普通大众如何提供与分享他们本身的事实、他们本身新闻的途径。”

自新媒体出现后，媒体逐渐从一个高门槛的专业机构变成了普通用户自己可以发布信息、传播信息的工具。从论坛、社区到博客，再到现在的微博、微信公众平台，以及现在很火的短视频和直播，媒体正在变得越来越个性化、个人化，每个人发言的自由空间也越来越大。只要是个人利用博客、微博、微信、视频、直播、社区等互联网平台，向不特定的大多数群体或特定个体传递关于自己的信息或想要表达的信息的新媒体方式，都可能被人看作是自媒体。自媒体的发展历程如表 6-5 所示。

表 6-5　自媒体的发展历程表

维　度	时　期			
	第一阶段：史前期	第二阶段：萌芽期	第三阶段：起飞期	第四阶段：繁荣期
阶段时间	2000~2010 年	2011~2014 年	2014~2015 年	2015 年至今
代表平台	博客	微博、微信等社交媒体	社交媒体、新闻客户端	社交媒体、新闻客户端、视频、直播平台
最主要特征	专业的作者在博客上发表原创性内容，内容以科技、文化、社会评论为主，但商业化尚不普遍	微博、微信等社交媒体的出现为新闻信息的传播提供了载体，自媒体逐渐成为信息传播的主要途径	微信、微博、新闻门户，官方主动扶持、引导自媒体自主原创内容发展，成熟自媒体依靠流量获取盈利	主流媒体平台陆续推出自媒体扶持战略，同时，成熟的自媒体获得了投资
代表人物	月光、洪波	五岳散人	同道大叔、回忆专用小马甲	罗辑思维、papi 酱
关键信息数量	截至 2009 年 6 月底，博客用户已经达到 1.81 亿个，博客空间用户超过 3 亿个	微信公众号总数已超过 1000 万个，57% 的人表示微信是获取新闻的社交平台	微信开始传递再小的个体都有自己的品牌的概念，并不断开通原创、赞赏等功能，为自媒体开路	“papi”获得“罗辑思维”的 1200 万元投资

课堂讨论：你关注过哪些自媒体？这些自媒体有哪些吸引你的地方？说说你对自媒体的理解。

2. 社群

早在 1987 年，就有社会学者提出社群的定义：可被解释为地区性的社区，用来表示一个有相互关系的网络，是一种特殊的社会关系，包含社群精神或社群情感。然而，这个定义并不适合我们现在所讲的互联网“社群”。

课堂讨论： 你认为以下哪些是社群？在你认为是社群的选项后打钩，如表6-6所示。

表6-6 社群概念练习表

一个班级微信群	
一批社团QQ群	
一个家庭微信群	
一群喜欢玩篮球的兄弟群	

1）社群构成的五个要素

（1）同好。同好决定了社群的成立基础。“同好”是指对某种事物的共同认可的行为现象，这种共同认可和喜爱可以基于某一种产品，如苹果手机、锤子手机、小米手机等。

（2）结构。结构决定了社群的存活时间。这需要组织者对社群的结构进行有效且合理的规划，结构包括组成成员、交流平台、加入原则、管理规范等。

（3）输出。它决定了社群的价值。社群有了同好和结构也不一定能保持社群的生命，还需要不断输出优质内容。优质内容的产生可能来源于社群主，也可能来源于群成员。社群需要为群员提供稳定的服务输出，群员只有获得输出价值，才愿意长期留在社群里。

（4）运营。它决定了社群的寿命。这需要通过运营建设“四感”，即仪式感、参与感、组织感和归属感。

（5）复制。它决定了社群的规模。在复制多个平行社群前，经营者需要构建好组织，组建好核心群，形成社群的亚文化。

2）社群热兴起的缘由

2015年以来，随着各大社交媒体及网络平台的崛起，自媒体也得到了繁荣发展的空间。然而经过近一两年的爆发式增长后，自媒体的发展却陷入了瓶颈，这表现在粉丝越来越多，但文章阅读量却在下滑。

因此一些寻找未来出路的自媒体开始尝试通过各种手段把粉丝吸引到微信群，然后希望通过持续社群运营带来商业回报。

一个经营得好的社群会给所有的群成员带来正效益。不仅是自媒体，任何尝试成功运营社群的企业，都可以通过社群变现。

（1）依靠专业的优质内容输出形成社群圈层，并建立中心化的信任关系，依靠专业度建立信任感。

（2）依靠社交平台沉淀社群关系，确保与积极群员高频互动。

（3）通过提供与受众人群属性匹配程度高的商品和服务，进而实现流量变现，提供的商品和服务要和受众的兴趣、关注点及人群属性有较高的匹配度，让社群中的个体有较高的满意度。

现在，社群和社群经济已得到学界的广泛认可，而自带粉丝光环的自媒体天生就具有内容用户社群化的优势。因此，自媒体人更应该主动抓住机遇，将自媒体升级为社群媒体，以此获得持续的内容生产和变现能力。

课堂讨论：利用课余时间了解一个社群，并试着写出这个社群的五大要素相对应的内容，如表 6-7 所示。

表 6-7　社群的五大要素对应的内容

五大要素	对应内容
同好	
结构	
输出	
运营	
复制	

6.3.5　从传统广告到小红书“种草”

1. 传统广告

传统广告媒介是与新媒体相对而言的，是传统的广告发布与传播的媒介，主要包括报纸、杂志、广播、电视、户外媒体等。

1）传统广告的优点

（1）传播规模大，读者众多且相对安稳。通常情况下，传统广告的发行量都比较大，尤其是全国发行的综合性传统广告。并且这些广告受众是相对稳定的。

（2）受众目标挑选性强。许多传统广告都具有自己特定的受众群。

（3）可信度高，印象深。通常来说，传统广告在受众的心目中享有较高的可信度，它所发布的广告具有一定的可信度，传统可信度广告能赢得受众更大的信赖。

（4）灵活性。这往往是传统广告能吸引用户的另一重要原因。传统广告不需要复杂的制作程序，同时广告版面的巨细、色彩和有关细节可灵活把握，广告用户可根据本身的具体情况及商场对商品、广告的反响随时对广告内容进行修改。

（5）易保留、可重复。传统广告尤其是极低、杂志广告能以“白纸黑字”的书面语言把广告信息精确地传播给受众，便于消费者收集有关材料，过后可进行保留、查阅。

（6）传播速度较快，信息传递及时。特别是对于大多数综合性日报或晚报类纸媒来说，出刊周期短，信息传递较为及时。

（7）信息量大，说明性强。传统广告尤其是纸媒广告作为综合性内容的前言，以文字符号为主，图像为辅来传递信息，其容量较大。因为以文字为主，因而说明性很强，能够详尽地描绘。对一些关注度较高的商品来说，传统的说明性可以具体告知消费者有关商品的特色。

（8）阅览主动性强。传统广告尤其是纸媒广告把许多信息同时呈现在读者眼前，增加了读者的认知主动性，使读者能够自由地进行阅览。

2）传统广告的缺点

（1）生命周期短，尤其是纸媒广告。大家阅读时倾向于迅速阅览，并且是一次性的报纸。一份日报的平均生命周期只有短短的 24 小时。

（2）干扰度高。许多传统广告尤其是纸媒广告因为刊登广告而使版面显得杂乱不堪，过量的信息削弱了单个广告的效果。即使是增刊广告，也因为刊物太厚而显得愈加混乱。除非广告信息与读者有密切的联系，不然读者是不会单单为阅览广告而花费太多精力的。

（3）产品类型约束。一些商品不能使用传统广告尤其是纸媒广告，例如需要演示的商品。

（4）打印质量欠佳。打印质量欠佳是各种传统尤其是纸媒广告普遍存在的问题，特别是广告消息以图像方式显现时更为严重。传统广告尤其是纸媒广告通常打印不够精巧，难以形成强烈的视觉美感。但这些年，随着传统广告尤其是纸媒广告彩印化趋势的加强，传统广告的美感也正在加强。

（5）阅览完好率低。因为现在网络媒体的兴起和手机媒体的高速发展，读者对传统纸媒广告的阅览时间越来越短，许多人都是在上班路上翻阅一下，或在打发无聊时光时翻阅一下。

（6）发行量低。传统广告尤其是纸媒广告通常经过报刊亭、便利店、超市等渠道发行，或在人口密集的地方人工派发，如在闹市区、地铁站、火车站等地发行数量不高。

（7）留意度不高。在一份传统广告尤其是纸媒广告中，有许多栏目，也有许多广告，它们竞相招引读者的注意力。只有当你的广告分外夺目时，才会招致大家的注意，不然读者也许视若无睹。

（8）垃圾传统广告影响品牌形象。

图 6-12 所示为楼道电梯中的小广告。

图 6-12　楼道电梯中的小广告

2. 小红书“种草”

小红书，创建于 2013 年 6 月 6 日，最开始是以社区内容分享为主，从分享美妆、个性化护理开始，到后来又涉及运动、家居、旅行、酒店、餐饮等内容的分享，并引导用户交易。在整合营销时代，自媒体作为个性化资讯的分发平台，使用户本身就在“主动读内容”，这样的模式更适合用户对信息的接收。小红书不仅改变了用户的消费习惯，也逐渐影响了用户的消费心理，更是改变了传统的品牌营销方法。图 6-13 为小红书的徽标。

1）小红书“种草”

推广，俗称“种草”，即利用关键意见领袖生产原创内容来吸引用户，达到场景沉浸的效果，引发用户主动搜索的行为，提升产品的曝光度，帮助广告发布方实现小红书的推广效果的转化。小红书推广一般通过熟人口碑、关键意见领袖、网络社群三个渠道传播来实现“种草”。

小红书是靠社区起家的，所以“发布笔记”这一模块一直都是小红书“种草”的一大利器，大大提高了其活跃度。小红书的用户以女性为主，女生天生喜欢记录、分享生活，“发布笔记”这一模块恰好满足了她们爱分享的心理，让她们把小红书当成另外一个朋友圈，在这里记录、分享生活中的点点滴滴。

“种草”其实与传统广告有所区别，这里的广告主体不再是商家，而是来自他人有意或无意的观点影响或经验分享，这本质上是一种基于人际互动的信息传播模式。

在小红书上之所以容易被“种草”，要归功于社交媒体的发展。作为人与人之间传播关系的一种，“种草”靠的是口碑与相互信任，社交媒体不断打破用户间的交往屏障，把人与人之间的“关系”拉近了。

通过 UGC（User Generated Content，UGC）种草的方式来留住用户，让用户知道小红书不仅仅只是一个卖东西的平台，而且还是一个社交的平台，让人每天都能在这看到很多好玩、有趣的内容。

图 6-14 为小红书口红“种草”推荐。

图 6-13　小红书的徽标

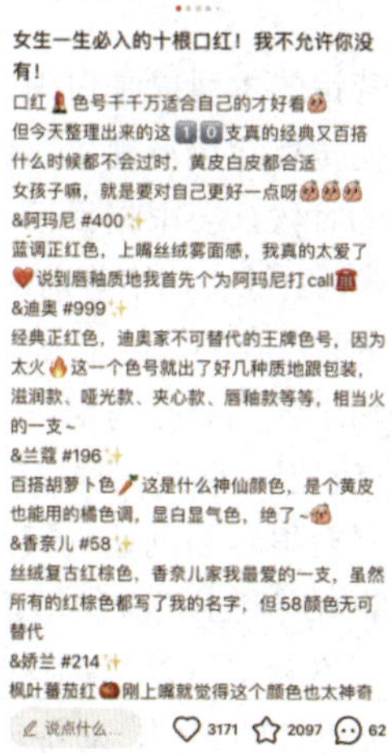

女生一生必入的十根口红！我不允许你没有！
口红色号千千万适合自己的才好看
但今天整理出来的这10支真的经典又百搭
什么时候都不会过时，黄皮白皮都合适
女孩子嘛，就是要对自己更好一点呀
&阿玛尼 #400
蓝调正红色，上嘴丝绒雾面感，我真的太爱了
说到唇釉质地我首先个为阿玛尼打call
&迪奥 #999
经典正红色，迪奥家不可替代的王牌色号，因为太火这一个色号就出了好几种质地跟包装，滋润款、哑光款、夹心款、唇釉款等等，相当火的一支~
&兰蔻 #196
百搭胡萝卜色这是什么神仙颜色，是个黄皮也能用的橘色调，显白显气色，绝了~
&香奈儿 #58
丝绒复古红棕色，香奈儿家我最爱的一支，虽然所有的红棕色都写了我的名字，但58颜色无可替代
&娇兰 #214
枫叶蕃茄红刚上嘴就觉得这个颜色也太神奇
说点什么...　3171　2097　62

图 6-14　小红书口红“种草”推荐

2）小红书推广“种草”的方式

（1）网红联动霸屏。

一项研究表明，81% 的消费者会因为高频出现的内容而影响他们的购买决策。通过大数据分析、目标人群画像及同行竞品词数据构思话题，从一个网红到几十个网红一起推荐，吸引各路 KOL 形成独特的 UGC 氛围，并同步推出粉丝互动活动，借助粉丝力量产生病毒式裂变。

（2）明星 KOL 爆款推荐。

用户在对 KOL 们的长期关注和投入中获得了一种“认同感”和“代入感”，从而产生了价值与情感上的共鸣，使这份认同感让用户心甘情愿买单。通过明星 KOL 爆款推荐策略，不仅能帮助品牌获得海量的曝光、高效流量和良好的口碑，还能收获实实在在的销量转化。例如明星林允、虞书欣等都在小红书开设了个人账号，“种草”个人爱好物品，非常受用户的喜爱。

（3）“红人”种草测评。

在移动互联网时代，人们的兴趣越来越细分化，越来越多的人热衷于“红人”引导式消费，共享消费偏好与消费信任。人们通过“红人”发布的产品测评内容，在兴趣社区中相互交流，建立起一种网状的社交关系，进而触发了广泛的网红经济——它依靠用户对网红的归属感和认同感而建立。在完全由用户产出内容的小红书平台，超强的传播效应与社群本身极低的边际成本使得网红非常容易向外拓展，使得“种草”更加容易。

通过网红联动霸屏、明星 KOL 爆款推荐、红人种草测评这三种小红书推广策略，小红书为品牌营造了良好的口碑，并通过多渠道、全方位的曝光提升品牌的知名度，树立了品牌的独特形象，再通过垂直论坛等渠道进行精准投放，结合社群进行传播，使商家获得更加精准的用户和流量，实现更高的转化，这就是小红书推广“种草”的方式。

6.4 社交平台营销的特点

社交网络营销的本质就是口碑营销，它只是把传统口口相传的营销方式放到了移动互联网上面，使传播途径可视化，目标用户依旧是周围熟悉的朋友。因此，企业在开展社交网络营销的时候，要根据目标受众的地域、收入、喜好等方面的不同进行筛选，进行有针对性的营销。社交网络营销说到底就是关系的营销，社交的重点就是巩固老关系、建立新关系。下面，我们总结了社交平台营销的四大特点。

（1）社交网络营销直接与消费者面对面交流，目标人群比较集中，宣传比较直接，可信度高，更有利于口碑的宣传推广。

（2）社交平台很容易创造气氛，而氛围是促成销售的直接原因，这种投入少、见效快的营销方式非常有利于资金的迅速回笼。

（3）社交网络营销可以对所有的用户进行宣传，既可以作为普遍的宣传手段使用，也可以进行有针对性的宣传，对特定用户进行重点宣传。

（4）社交网络营销可以及时掌握消费者的反馈信息，有利于企业针对消费者的普遍需求做出一定的调整。

6.5 社交平台的变现模式

在互联网行业有这样一个广为流传的公式：用户 = 流量 = 金钱，社交产品，与这个公式极为契合。用户既然等于流量又等于金钱，那么如何将用户转化成金钱呢？本节从三个角度就社交类产品的盈利模式进行了讨论分析，与大家分享。

如果以社交类App上线时间作为分界线，根据七麦数据（ASO100，一款国内专业的移动数据分析平台）显示，2008—2015年，社交类App在这8年时间里总共上线153款产品，平均一年上线19款App。

而令人惊讶的是在2018年这一整年中，社交类产品上架情况处于井喷式的状态。仅这一年就上架了159款社交类App，2019年第一季度就上架了59款产品，这里还不包括社交类的小程序和H5产品，而超越2018年的上架数量将是毋庸置疑的事实了。

我们都清楚，任何一款社交产品都逃脱不掉最终商业化的道路，即使大如微信也是如此，也不能忽略其盈利模式，因为只有有了盈利一个公司才能更好地茁壮成长。

而盈利模式本身简单理解就是一个赚钱的方法，但是我们不能以一个简单的思路去理解和寻找一个社交类产品的盈利模式，因为任何一个盈利模式都是由多个变现方式组合而成的，单单依靠一种变现方式去让整个商业模型运作起来是不现实的。

以下从三个不同的方向来讨论社交类产品的变现模式。

1. 广告收益

2019中国移动广告市场规模达到4158.7亿元，广告这一强有力的变现形式正在持续发挥它的潜力。社交产品中的广告可分为硬植入广告、短视频广告、信息流广告等，大多数以硬植入广告和原生广告为主。由于社交产品的用户群体不同，所投放的广告也迥然不同。硬植入广告和原生广告的收益尤为明显，不过如果投放不准确对用户的伤害也是最大的。

相对来说，通过自身的用户资源吸引品牌商的广告投放实现盈利是最为简单直接的，而这一点恰巧与市场需求不谋而合。2019年，有46.5%的用户花费15秒以上的时间浏览信息流广告，微信在这一点上占据了先机。微信覆盖了中国90%以上的用户，作为社交领域最大的流量入口，微信对于广告投放者来说是极为重要的投放平台。

腾讯发布的数据也证实了这点。根据腾讯发布的财报数据，腾讯网络广告营收由2015年的174.68亿元增长到2017年的404.39亿元，其中社交广告收入由2015年的87亿元上升至2017年的256.1亿元，占腾讯网络广告营收的比重由49.8%提升至63.3%。

腾讯社交广告包括：微信朋友圈广告、微信公众号广告、QQ空间广告、QQ客户端广告等。图6-15所示为微信朋友圈广告投放。

图6-15　微信朋友圈广告投放

社交广告在鹅厂（广大网友对腾讯公司的昵称）也属于重要收入来源，所创造的收入之大是显而易见的。

对于其他社交产品来说，如何通过广告这个维度来创收盈利呢？例如陌陌这类产品，会选择多管齐下（如开屏动画、信息流广告、移动联盟广告）多个维度进行广告投放。我们对广告的形式不发表任何看法，因为这是互联网时代的产物，也是商业化的必经之路，但是广告形式的多样化、内容的独特化在一定程度上可以提高广告对用户的精准转化率。

2. 增值服务

对社交产品来说，会员制是大部分社交产品极具吸引力的一个盈利方式。对社交产品来说，会员制几乎无处不在。会员制可以连接核心用户，可以在变现盈利方面有所提升，这对于建立用户黏性、鼓励用户消费来说，是非常重要的手段。

3. 电商变现

依据相关统计数据显示，仅2008—2015年，社交类移动应用共计上线153款。在2018年时达到井喷式的状况，仅一年就上架了159款社交类移动应用。互联网从业者普遍认为用户就是流量，流量就是金钱，因此各方都想在社交类移动应用领域内分得一杯羹，那么如何将用户转化成金钱是大家必须思考并解决的问题。由此，社交类移动应用内的电商变现活动正式拉开序幕。

当电商变现这种盈利形式出现时，我们首先要思考一个问题：这种电商模式是否可以实现在给公司带来商业价值的同时，也给用户带来好处？答案是不确定的，因为电商的需求和社交的需求存在一定的偏差。从精细化运营的电商领域出发，例如在婚恋社交移动应用中兜售相关领域的产品，用户的宽容度相对来说会有所提升。

不过硬生生地在应用内植入自营的商城，把社交的需求强行转化成电商的需求，从执行层面和用户表现力层面来说，可行性比较低。为什么许多社交平台开始做电商的行当？理由很简单，是为了赚钱。通过电商平台可以简单粗暴地盈利，还可以选择品牌方进行导流获取一定的分成。这类社交平台可以和社交结合在一起，也需要定向社交口碑传播，两者是需要结合的。为什么那么多人选择在微信上做电商呢？因为微信本身自带流量，超过11亿用户在使用微信。在目前获取用户成本那么高的情况下，选择社交电商是最划算的。

社交电商的核心在于“电商”两个字，社交为辅，电商为主。而“社交＋电商”更多的是以社交产品为核心，电商辅助盈利。在社交电商中，社交是基本功，如果社交没做好，又何谈电商呢？

以上是从三个角度对社交产品的盈利方式做出的分析，当然，社交产品的盈利方式是不局限于这三个角度的。不管是商务合作、游戏盈利，还是直播打赏、线下服务，都是可以突破的盈利方式。

课堂讨论： 除了本节提到的三种社交平台变现方式，你还知道哪些社交平台变现方式？

6.6 社交平台营销案例分析

6.6.1 站内外联动促销案例分享：奥克斯的“奥粉”节

自2017年开始，奥克斯空调厂商都在3月13日举办奥克斯空调“粉丝”节，称为“313奥粉节”，并以这种方式进行营销。下面我们就分享他们的营销策略和过程。

1. 传播规划

在营销活动之初、营销方制订了完备的传播规划。

（1）“奥粉节”造势。

以 LPL① 事件营销方式导流站内店铺，引爆“奥粉节”的序幕。资源导入的方式包括 JDG② 战队场馆、斗鱼直播、H5 刚开始，营销方传播、微博百咖资源包③ 传播等。

（2）品牌 IP 孵化。

营销方以“海报 + 视频”演绎奥克斯 IP，树立品牌形象。用社交渠道覆盖的方式，使奥克斯年轻的品牌形象深入人心。

（3）大促直播带货。

营销方以站内直播 7 天 87 小时的方式，培养粉丝的习惯。直播利用的资源配比包括京东直播频道资源、首页入口资源、发现好货、排行榜等资源。

（4）明星强力加持。

以明星助力，来增强明星与品牌的关联性，借助明星本身的效应提升品牌的知名度。

2. 营销策略

在营销策略的选择上、营销方采取在奥克斯、JDG 官网同步进行官宣、40 位百万级 KOL 同步转发的方式，为“3 • 13 奥粉节”的开启造势。加上外围社会持续炒作，以“惊喜嘉宾口播 ID+ 林更新 H5 同步传播”的方式，同步引流店铺。店铺进行氛围改造并设置钻石、铂金、黄金等不同优惠等级的秒杀单品，来承接流量转化。最后微博全部引流京东店铺，完成流量闭环，图 6-16 所示为参与活动的 KOL。下面对其具体营销方法加以介绍。

图 6-16　参与活动的 KOL

1）LPL 挑战赛预热招募——“趣味海报 + 长图”

营销方在微博中展示了三张创意海报，海报中结合生活中空调的实际使用场景，将空调的“快速制热”“智能远程控制”“制冷性能好”等特点体现到海报中，同时融入游戏的趣味性。海报以手绘的形式表现出来进行奥粉的“招募”，也在一定程度上吸引了一部分“奥粉”。

图 6-17 所示为活动的趣味海报。

营销方还采用了“奥粉小剧场”的方式绘制了系列趣味长图，图画展示了一个个小故事，故事中的人物在使用奥克斯空调的过程中，利用其“强制冷、自清洁、省电、风力强劲”等特点，“创造”出了各种“空调花式用法”。这种营销方式与奥克斯空调主打面向年轻人营销的特性十分契合。

① LPL：一般指英雄联盟职业联赛。

② JDG：一般指 JDG 电子竞技俱乐部。

③ 微博百咖资源包：微博 100 个知名博主的资料。

图 6-17 活动的趣味海报

2）游戏英雄联盟职业比赛（LPL）挑战赛对决——“斗鱼”和“京东”双平台直播，著名主播“小苍”任“奥粉队”领队

本次项目与 JDG 电子竞技俱乐部的官方女子队合作。由“奥粉”中的“男粉”组成奥粉队，与合作方的女子队进行游戏对战，以制造“清新萌妹”对抗“纯爷们儿”的看点。这些比赛由知名女游戏解说“小苍”进行解说，并且她还作为“奥粉”队的队长，带领“奥粉”队一起对战 JDG 女子队，使这场游戏更具观赏性。此外，本次比赛在京东和虎牙双平台上进行直播，京东 JDG 小卖部、奥克斯官方旗舰店、IMS 官方账号，虎牙小苍直播间也同步进行直播。图 6-18 所示为活动现场和活动选手。

图 6-18 活动现场和活动选手

3）站内玩法：店铺活动

营销方推出的站内玩法分为粉丝福利、弹幕互动抽奖、店铺气氛改造和口播引导秒杀四个部分，具体内容如图 6-19 所示。

4）站内图文策略——全渠道种草

奥克斯的奥粉节以京东平台为基础，实现平台内的全渠道种草，包括图文等多种形式的内容，打造声势。

（1）京东快报以推文为主，其内容主要介绍奥克斯的相关产品，重点强调了奥克斯空调的过硬品质。

（2）京东直播以直播作为主体展示形式，是京东平台内容生态组成的重要部分，奥克斯集团投入了一定的人力物力，以直播展示的方式向观众进行种草。

（3）“发现好货”板块要求买家上传实拍图并进行创作，奥克斯也依据该板块投放规则，鼓励买家自行上传内容进行种草。

（4）排行榜和会买清单一起融入了“搜索 + 商品详情”的展现方式，作为搜索导购的重要板块且具备一定的公关属性，因此奥克斯集团也就排行榜和会买清单的展现方式，投入了一定的图文内容，完成种草行为。

3. 传播效果

1）阅读量

本次项目整体阅读量超过 2.5 亿次，其中站外投放阅读总量约为 2.54 亿次，站内直播阅读总量约为 0.04 亿次。

2）互动量

本次项目整体互动量为 638.43 万次，其中站外投放互动总量约为 65.55 万次，站内直播阅读总量约为 572.88 万次。

图 6-20 所示为传播效果数据图。

图 6-19　站内玩法：店铺活动

渠道	阅读量合计	互动量合计
百咖资源包	147,594,700	399,309
微博话题	81,240,000	213,000
微博直发	24,863,000	41,859
微信直发	174,000	1,376
站外合计	253,871,700	655,544
直播渠道	阅读量合计	互动量合计
JDG小卖部	1,103,000	2,204,000
奥克斯官方旗舰店	1,649,500	3,304,000
IMS官方账号	110,500	220,800
虎牙直播	1,372,147	/
直播合计	4,235,147	5,728,800
整体合计	258,106,847	6,384,344

图 6-20　传播效果数据图

6.6.2　某知名饮料品牌推出“昵称瓶”与“歌词瓶”

2011 年，某知名饮料品牌开始在澳大利亚推出了名为“Share a Coke”的宣传活动。营销方在饮料瓶上加印上了名字、名称等个性化的元素以勾起人们购买的欲望，效果很好。紧接着，他们又在中国推出了“昵称瓶”活动，在每个饮料瓶子上都写着“分享这瓶饮料，与你的 ××××（×××× 为昵称）”。“昵称瓶”迎合了中国的网络文化，他们以新媒体为主平台，开启了个性化的昵称瓶定制活动。经过这样的营销活动，品牌销量较上年同期增长 20%，并超出预期销量的 10% 的增长目标。下面一起分享一下营销过程。

1. “昵称瓶”社交平台营销

（1）第一波：借助明星，以及微博、微信及其他媒体中的关键意见领袖进行新媒体内容的传播。

5 月 28 日，悬念海报预热开启，营销方向合作的媒体、意见领袖、忠实粉丝发出一系列悬念图片。在 5 月 29 日之前，品牌方陆续给一部分有影响力的明星、“草根”微博大咖赠送了印有他们名字的“昵称瓶”。为达到给对方产生惊喜的效果，营销方没有事先通知对方。在收到“昵称瓶”后，那些明星和“草根”微博大咖们纷纷在微信、微博等新媒体社交平台上晒出了自己独一无二的某知名饮料品牌定制昵称瓶。

（2）第二波：围绕代言人持续在线下和线上新媒体平台炒热话题，使话题升温。

6月9日，营销方邀请中国台湾摇滚乐团“五月天”在深圳举办名为“爽动红PA”的演唱会，正式公布“快乐昵称瓶”夏季活动全面展开。在“五月天”摇滚乐团的“爽动红PA”演唱会现场，营销方利用手机应用软件“啪啪”同步录音发布演唱会实况，并通过微博、微信等新媒体预告线下活动行程。同时，营销方在活动现场摆放了定制昵称瓶的机器，现场打印昵称瓶标签，消费者可以在昵称瓶上印上自己的名字、昵称等，实现了线上线下的营销整合，把消费者从线上导流到线下，粉丝线下拿到瓶子后再到线上晒照片，进行二轮传播，这样就形成了一个线上到线下再到线上的闭环。

（3）第三波：从衣食住行等方面的跨界合作带动在线声量，实现全包围式传播。

一是某知名饮料品牌与新浪“微钱包”合作，在活动的7天内，每天接受一定数量的定制瓶，邮费20元。第一天放出300个瓶子，一个小时被订光；第二天放出500个瓶子，半个小时被订完；第三天放出900个瓶子，只用了5分钟就被订完了；第四天放出的300个瓶子在1分内被抢光；后来的几天都是几秒就被抢光。

二是某知名饮料品牌与“快书包”（专注于畅销书新零售的公司）合作，凑齐24瓶一起卖，以满足那些有收藏爱好的人；

三是与“小肥羊”（餐饮企业品牌）合作，给当日过生日的消费者赠送定制瓶；

四是与“1号店”（全球超市）建立合作关系，消费者购买一定数量的某知名饮料品牌就可以在1号店免费定制属于自己或朋友的“昵称瓶”。

除了“昵称瓶”，该品牌还策划了“歌词瓶”的营销活动，下面我们一起来分享下。

2.“歌词瓶”社交平台营销

由于“昵称瓶”获得了良好的口碑与销量的巨大增加。次年夏季，某知名饮料品牌又推出了“歌词瓶”，将流行歌曲的歌词印在瓶身和易拉罐上，如图6-21所示。在“歌词瓶”的助推下，其中国区域业务增长达到了9%，仅在一个月内，歌词瓶即在上一年同期双位数增长的基础上，又为某知名饮料品牌带来了10%的增幅。

图6-21　“歌词瓶”包装

“歌词瓶”的营销过程是这样的。

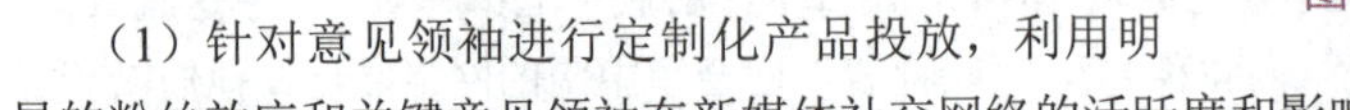

（1）针对意见领袖进行定制化产品投放，利用明星的粉丝效应和关键意见领袖在新媒体社交网络的活跃度和影响力，制造信息传播高点。

（2）通过社交媒体引发活跃粉丝的跟进，进而利用新媒体的扩散作用影响更多普通消费者的微博端，消费者转发微博加上“#某知名饮料品牌歌词瓶#”标签并“@”小伙伴，就有机会获得一个专属定制瓶。同时，粉丝们也围绕话题“最打动你的歌词”，自发地分享最喜爱的歌词给自己带来的美好回忆。

（3）在微信端，用户通过扫描某知名品牌饮料瓶子上的专属二维码进入微信界面，在听歌的同时还能看到一段根据歌词创作的Flash动画，动画虽然只有短短数秒却充满新奇，能激起消费者购买第二瓶的欲望。

案例　从“昵称瓶”到“歌词瓶”带给我们的营销启示

（1）营销理念和品牌定位一脉相承。从“昵称瓶”到“歌词瓶”再到“台词瓶”，是某知名饮料品牌“流动性传播和策略性连接”营销理念的传承，把瓶身社交化做得越来越细、越来越深，同时始终秉持其“快乐和分享”的品牌定位，塑造了个性化的统一品牌形象。

（2）以新媒体为主要传播阵地，让用户主动参与，实现从消费者印象到消费者表达，充分挖掘目标消费者的想法、感受，将品牌理念与消费者建立连接，制造了更多的空间供消费者讨论，维持话题热度。在讨论过程中，营销方引导讨论但不生硬地主导舆论，而是让用户创造内容，自主参与，帮助品牌扩大影响力，增强深度关系。

（3）利用名人效应和粉丝效应，发动自媒体参与新媒体平台传播，充分发挥关键意见领袖的影响力，形成口碑传播。在社交媒体上，每个人都是自媒体，关键意见领袖本身具有很大的影响力。除了有影响力的关键意见领袖和明星外，该饮料品牌也非常重视与忠实粉丝的互动。

（4）跨界合作，线上线下整合，形成线上到线下（O2O）的营销闭环。消费者在微博上定制一瓶属于自己的品牌饮料，从“线上”微博定制瓶子到“线下”收到定制的瓶子，继而又拍照分享，回到“线上”，O2O模式让社交推广活动形成了一种长尾效应。

（5）遍地撒网，全媒体覆盖，结合热点有节奏地维持话题热度。通过全网全覆盖的方式，该品牌陆续推进各项活动，使其面对的每个消费者都成为了品牌传播的一分子。新媒体有话题破碎、易逝的特点，消费者不再是单纯的受众，而是已经完全参与到品牌的传播与塑造中，成为了品牌的推广者。在话题热度下降时，该品牌又持续推出了新的活动方案，有节奏地维持话题热度。

（6）定制背后的逻辑是“与我相关”。“昵称瓶”可以定制自己的昵称，“歌词瓶”可以定制自己喜欢的歌词，所有定制设计和“疯抢”背后的支撑都是“与我相关”。包装定制是定制化的开始，人们往往会分享“与我相关”的事或物，引起又一轮传播。

课堂讨论：假如你是这个知名饮料品牌中国区的市场负责人，现在要策划一个以2021“牛年”为主题的营销方案，目的是提高品牌在中国的知名度并彰显品牌年轻、有活力的精神，可以以瓶、罐的包装印制为切入点构思一个创意，并想一想该项目应如何执行及传播。

6.7　本章小结

所谓社交平台营销就是企业通过社交平台渠道所开展的营销活动。具体来讲，社交平台营销指的是信息化、网络化、电子化环境下展开的一种营销活动。社交平台营销属于营销的一种，是企业开展网络营销活动的方式，也是一种基于现代营销理论、利用新技术的企业经营手段，能够最大限度地满足企业及客户的需要，为企业带来最大的利益。

在时间碎片化的今天，品牌方需要面对社交媒体的新形势作出改变，一方面要从传统运营的局限中走出来，另一方面要探索并紧跟社会化营销的新趋势，充分利用社交平台高曝光、更便捷、更丰富的优点，促进交易的达成。

第7章　不同社交平台的营销方法

互联网的最初目的就是实现“全球互联”，达到拉近全世界人民的人际交往距离的目的。随着移动通信技术的不断发展和各大社交平台的不断完善，互联网的功能在某种程度上已经达到了巅峰。

各大社交平台的主要功能，是使消费者或使用者之间，或是使消费者或使用者与企业之间分享文字、图片、视频、音频信息变得简单便捷。利用社交平台的这一特性，营销人员就可以以尽可能低的成本在互联网上发布营销产品的信息，同时获得关注，达到最高的效益和最广泛的传播。

由于社交平台的类别不同，不同平台上的流动性强弱不同，因此能够满足营销信息传播要求的平台种类也不尽相同。所以在营销活动的策划过程中，应该首先对营销产品本身有足够的认知，对想达到的营销目的做出规划，同时要了解不同社交平台的特点，以及在商业营销方面能够达到的效果，相互对比后再进行下一步的工作。

本章主要介绍不同类型平台的定义及特点，介绍在对应平台上进行营销活动的方法，并辅以案例说明，为新媒体从业者日后进行类似工作打下基础。

7.1　问答类平台的营销

当你对某个新兴领域的热门词语感到陌生时，是否总是习惯于打开搜索引擎去查找该词语的相关解释呢？面对搜索引擎中纷杂各异的推送内容，你是否又总是习惯于相信某一款最为靠谱的百科平台呢？

事实上，我们每天都要在网络大潮中接触各式各样的百科平台。这些平台除了以便捷的形式给我们带来新鲜的认知外，同样也在方便生活的同时影响了我们的生活，甚至是用“洗礼”的方式改变了我们的头脑。那么，如何知道这个平台是否可以利用到营销领域呢？如果可以，该如何利用这个平台来开展营销活动呢？

7.1.1　百度百科的营销

“百度百科”是百度公司推出的一部内容开放、自由的，涵盖各领域知识的中文信息收集网络百科全书平台。该平台强调用户的参与和奉献精神，充分调动互联网用户的力量，汇聚上亿用户的智慧来积极交流和分享。从测试版上线至今，百度百科已经收录了超过1520万个词条，参与词条编辑的网友超过644万人，几乎涵盖了所有已知的知识领域。与此同时，百度百科还实现了与“百度搜索”“百度知道”的有效链接，从不同的层次满足用户对信息的需求。图 7-1 所示为百度百科的徽标。

图 7-1　百度百科的徽标

1. 百度百科的功能简介

1）基础功能

（1）词页。

该功能主要由百科名片、正文内容和一些辅助信息组成。百科名片包括概述和基本信息栏，其中概述为整个词条的简介，并对全篇内容进行概括性的介绍；基本信息栏主要以表单的形式列出关键的信息点。词条正文内容按照一定的结构对词条展开介绍。在正文中，除了文字以外，还可以添加图片、视频等媒体内容。词条正文底部为参考资料及开放的分类信息，正文右侧的辅助信息包括词条统计、词条贡献榜、百科消息等，这些都属于辅助信息。图 7-2 所示为百度百科词条界面。

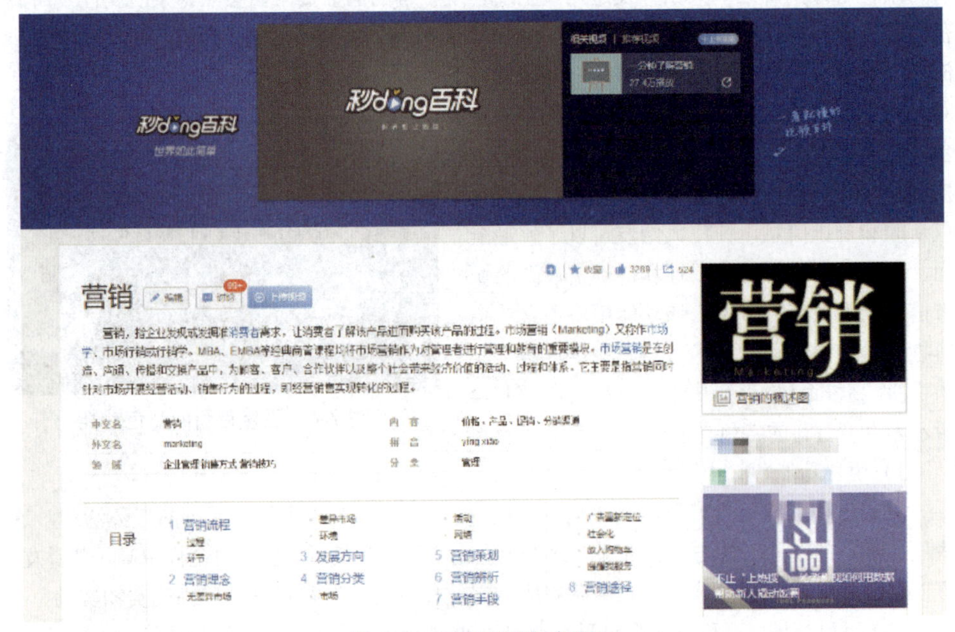

图 7-2　百度百科词条界面

（2）编辑页。

在词条页词条名右侧有一个“编辑”按钮，进入编辑页面可以对内容进行增加、删除、修改等操作，如修改标题，添加图片、表格、参考资料等；也可以添加一些模块，如代码模块、公式模块等特殊模块；还可以对一些内容添加内部链接，以链接到相关的词条上进行展开阅读。但是，并非所有的词条都可以进行直接编辑，百度百科将词条划分为锁定类、保护类和普通类三类。锁定类词条一般为争议或医疗类词条，禁止编辑； 保护类词条内容较为丰富，等级大于或等于 4 级（有的需要大于等于 6 级），且通过率大于或等于 85% 的百度账号可编辑它们；普通类词条则任何百度账号都可对其进行编辑。图 7-3 所示为百度百科中的“编辑”按钮。

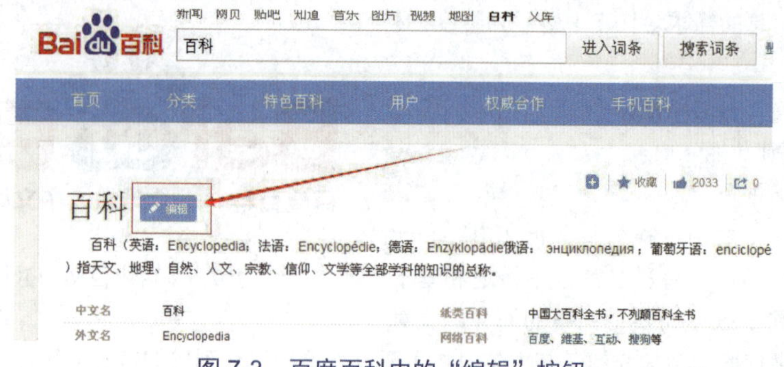

图 7-3 百度百科中的“编辑”按钮

2）特色功能

百度百科根据用户的需求，在其页面内开发了特色功能区板块。该板块一般由百度公司与某一个或多个组织共同开发建立，主要在统一目的的前提下，按照词条的属性及所属范围，对某一类词条进行聚集划分，集中到统一的板块，按照不同的主题进行具体的解释。例如，城市百科就是百度与地方政府共建的，对我国各城市的历史、文化、旅游、人物、美食、建设等多方面的内容进行百科普及的一个板块。相关城市还可以通过该平台发布城市热点新闻和资讯信息，使广大网友可以了解最全面、最及时，而且是权威性和准确度极高的城市信息。除城市百科外，该功能模块还有数字博物馆、秒懂百科、艺术百科、科学百科、非遗百科、高校百科、百科史记等特色内容。图 7-4 所示为百度百科的特色功能。

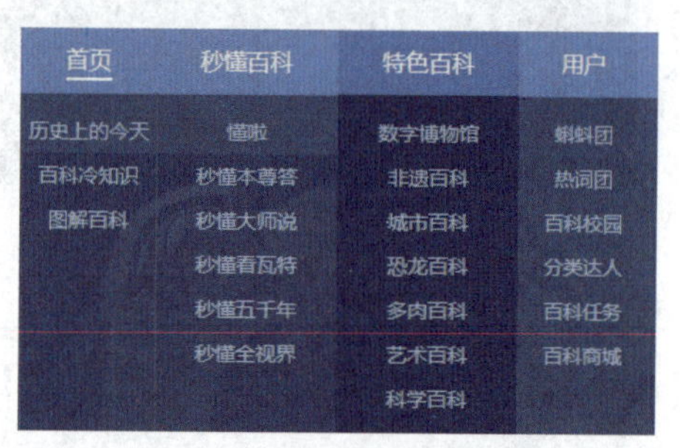

图 7-4 百度百科的特色功能

3）用户功能

（1）任务系统。百度百科为“科友”（百度百科用户）设置了一系列的任务活动，这些任务活动的发起、参与编辑、词条评审等全由“科友”负责，任务自主性更高。“科友”可以根据任务难易程度选择是否组队完成，完成任务还可获得财富值奖励及实物奖励。

（2）百科商城。百科商城是百科用户可以通过消费财富值，兑换编辑特权、精彩形象、精美实物礼品的系统。图 7-5 所示为百度百科的商城界面。

其用户功能同样能构建起独特的“社群”，增强了编辑百科词条时用户的反馈功能，使用户间的关系更加紧密。

2. 百度百科的用户体系

1）积分体系

百度用户在百度百科上参与编辑即可获得奖励积分。积分分为经验值和财富值两部分。财富值可用于在商城兑换虚拟特权、徽章和实物礼品。经验值与等级头衔相关。

（1）经验值。经验值是用户在创建、修改、完善百科词条中获得的一种积分，影响用户在百度百科上的等级。用户的经验值增加到一定值时，可以晋级并获得更高的头衔，从而获得额外的编辑权限。

图 7-5　百度百科的商城界面

（2）财富值。财富值是根据用户在百科中的优质贡献来获得的，可以在百科商城专区兑换虚拟特权、实物礼品。

（3）百科头衔。每个用户都会有一套属于自己的积分、等级和头衔。可以通过创建词条等操作不断增加积分，同时等级和头衔也会随积分不断晋升。

2）用户团队

（1）蝌蚪团。蝌蚪团是由百度百科的热心“科友”所组成的团队，成员对词条有较高程度的认知和了解，具有较强的词条编辑、评审及判断能力，是百科“科友”团体的中坚力量。

（2）百科任务评审团。百科任务评审团是百科任务系统词条评审的“科友”，主要由百科蝌蚪团成员组成，其主要职责是评审任务系统的词条，同时发现并培养新“科友”。

（3）分类小组。根据百科用户的兴趣爱好及擅长的编辑类别进行团队的组建，如地理小组、高校小组等。其核心成员主要为蝌蚪团成员，并带领其他小组成员编辑百科高质量的词条。

（4）导师团。导师团是指通过导师计划，负责培养新人，引导其编辑高质量的百科词条并加入蝌蚪团的精英评审团成员组成的团队。此外，还有针对培养校园“科友”而成立的百科校园蝌蚪导师团。

（5）百科热词团队。百科热词团队主要负责热点词条挖掘、更新、完善及添加热点新闻模块等，他们每天分享最新热点知识。图 7-6 所示为百度百科用户示意图。

课堂讨论： 你所知晓的百科平台都有哪些？这些平台之间有哪些异同？说说你的看法。

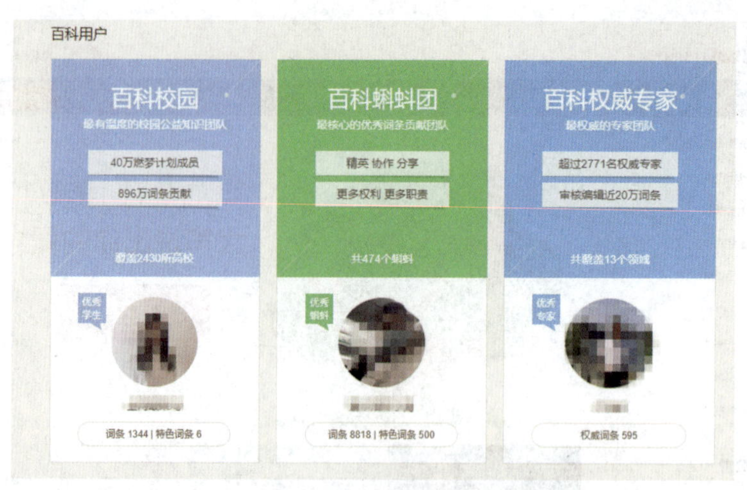

图 7-6　百度百科用户示意图

3. 百度百科营销的基本模式

1）行业百科

任何行业、任何产品都可以视作是一个细分的知识库。企业可以以行业领军者的姿态对其所处行业的专业领域在百度百科平台进行行业百科建设的工作，在为关心该领域的消费者答疑解惑的同时实现产品的营销。例如，准备装修的用户通常会搜索家具，某家具品牌就可以利用行业百科平台，针对该用户想要知晓的内容对某些家具产品的适用风格、原材料等相关内容进行综合的描述，同时全面推广自身的品牌和产品，进行一次成功的营销。

2）企业百科

百科媒体一般都具有相对权威的定义权，特别是百度百科，因而，企业的品牌可以在百度百科平台上通过百科知识的形式进行权威表述。例如，君山银针作为岳阳洞庭湖的特产被消费者熟知，但大多数人可能并不是很清楚其具体的功效，这时就可以借助百度百科平台来对其进行说明。在这方面，可口可乐、奔驰等企业相对于其他品牌就显得非常成功。

3）特色百科

百度百科设置的独特的功能区，很好地弥补了除行业百科和企业百科以外的，渴望被百科平台吸纳的各领域知识。如地方政府通过参与地方百科的建设，以实现地方知名度的提升；学校利用学校百科平台的推广，可以推动招生工作的开展；企业家或行业名人会关注或者直接编辑自己的姓名词条，在实现个人知名度提升的同时，也实现了旗下产品的推广与营销。

4）词媒体营销

“词”从古至今都是信息传播中最浓缩的因子，如今更是百科媒体的最大特色。词媒体是将词作为传递信息的载体媒体，可以最大限度地加快传播和记忆的速度，将特定时间、地点、人物、事件进行适当的浓缩，以便于实现口口相传。这种方式当前已成为百科平台重要的营销利器。传统企业很重视广告语，但新兴企业更重视“词媒体”。例如知名的科技公司苹果公司，大众并不记得它的广告宣传语是什么，但是它的产品创造了“iPod”“iPhone”和“iPad”等词，具有极强的营销穿透力。图 7-7 所示为词媒体的互动对象。

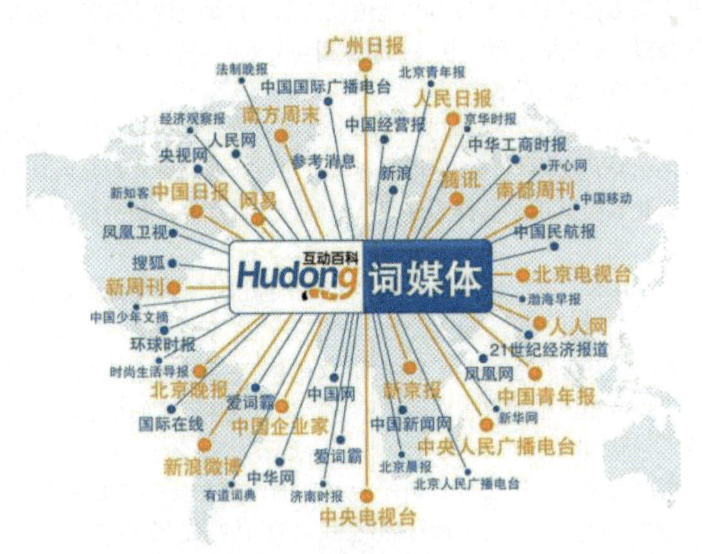

图 7-7　词媒体的互动对象

4. 百度百科在营销实践中的应用

百度百科是百度旗下权重极高的百科全书式的平台，从发布之日起，就已经成为了各大品牌、群体、名人的营销推广渠道之一。利用百度百科开展的营销实践活动主要有文字描述和图片展示两种。

1）文字描述

百度百科的页面内容主要由文字构成，因而要充分利用百度百科中的文字描述进行品牌或产品营销。但由于该平台是以百科形式存在的，并非广告营销的主要阵地，并且百度百科对正文内容的审核也非常严格，所以在进行文字描述的过程中，万不可贸然地植入明显突兀的广告，或者在图片中很明确地加入品牌名称。在百科文字描述过程中，更多的是利用软文的形式巧妙地进行品牌植入。在百科类的平台做营销要做到有别于直白的广告，可以将品牌词汇隐藏在某些非品牌词汇当中，当用户看到此条百度百科时，就有可能记住这个品牌名称，如果用户转而再到百度搜索该品牌的名称，也就形成了一次有效的营销推送。与此同时，也可以利用百度百科的引用功能植入网站链接，把其他平台或网站上的一些比较具有推广价值的内容直接引用过来，从而实现产品的推广营销。

2）图片展示

在百度百科中，同样可以利用产品自身的特殊性进行图片宣传。尽管按照规定在百度百科中上传的图片不能直接加入公司的徽标或品牌名称，但如果可以巧妙地将公司的品牌名称或徽标植入图片之中（如放置在图片背景中），一般来说是不会影响审核通过的。

百度百科作为一个强大的百科知识平台，在营销方面的优势也同样明显。一方面，在百度上拥有自己的专属词条意味着权威性和真实性，对营销推广极具价值；另一方面，由于百度的搜索机制决定了被搜索词条基本上可以显示在搜索结果的前三位之中，加上词条创建后永久有效的特性，是许多其他途径的推广方式无法企及的。因此，只要能够对该平台进行合理、恰当的运用，往往都能获得明显的营销效果。

5. 百度百科营销的推广价值

利用百度百科平台开展营销活动，事实上是借助百科知识的传播，将企业所拥有的对用户有价值的信息传递给用户，使用户逐渐形成对企业品牌和产品的认知，是一种将潜在用户最终转化为实际用户的行为过程。这种行为过程的营销价值主要表现在以下三个方面。

（1）提升品牌形象。在互联网平台上，百科平台相较于其他知识获取之处，在网民心中普遍具有较高的权威性，相对于论坛、博客及微博等平台来说更具有公信力，特别是百度百科，被很多人认为是互联网上的“定义媒体”。可以说，当某品牌拥有了百度百科的权威词条，也就相当于拥有了向用户展示较高的品牌形象的渠道，这对于营销来说是十分重要的。

（2）实现精准营销。利用百度百科平台开展的营销主要是以知识内容的方式向用户进行产品信息与品牌价值的宣传，通过潜移默化的沉淀来改变用户对企业品牌或产品、服务的认知，虽然短时间内的营销效果并不像其他营销手段那么明显，但这种营销可以精准地针对切实关注企业和产品、服务的人群，足以成为一种精准化的营销模式。

（3）传递网站权重。网站权重是指搜索引擎为网站赋予的一定权威值。百度百科往往拥有大量的流量和较高的网站权重，因此利用百度百科平台开展的营销活动不仅可以提升品牌的形象，实现精准营销，还可以传递网站权重，提高企业网站在搜索引擎中的排名位置，实现品牌影响力的变相提升。

案例 第一个上线的城市百科——成都

为展现成都的现代化、国际化形象，构建可永久保存的成都网上知识库，成都联手全球最大的中文百科全书“百度百科”，历时近两年的研发，共同建立了“成都百科”这一创新型知识平台。2013 年 2 月，“成都百科”正式上线运行，用户只需打开计算机，在百度搜索“城市百科——成都站”，即可进入“成都百科”，了解权威、全面、准确、翔实的成都百科知识。成都也成为全国第一座上线城市百科的城市。图 7-8 所示为成都的城市百科首页界面。

在成都百科平台上，用户可以全面了解成都、感受成都、读懂成都。“成都百科”通过编选成都有关的特色词条，为公众展现了最为准确、翔实、全面的成都市情。其中设有“财富成都”“成都地理”“成都历史”“成都文化”“成都旅游”“成都人物”“成都生活”七大特色栏目，集中了“天府新区”“武侯祠”“春熙路”等数千个特色词条，从各个方面展现了成都“财富之城、成功之都”的城市形象和宜居、宜业、宜商的良好环境，还有丰富多彩的旅游文化资源，为让更多的人认识、了解成都奠定了坚实的基础。

图 7-8　成都的城市百科首页界面

7.1.2　知乎平台的营销

“知乎”是一个真实的网络问答社区，是目前最大的中文互联网知识社交平台。知乎以其口号“知识连接一切”为使命，聚集了一批全国互联网上科技、商业、文化等领域里颇具创造力的人群，将高质量的内容通过人的节点来生成规模的生产和分享，构建高价值的人际关系网络。用户通过问答等交流方式建立信任和连接，在彼此之间分享专业知识、经验和见解的同时，实现个人品牌价值的全面提升。图 7-9 所示为知乎的徽标。

知乎
发现更大的世界

图 7-9　问答社区“知乎”的徽标

1. 知乎平台的基本操作

知乎的功能模块分布在不同的页面，大致包含首页、话题页、通知页、个人项和问题页，各页面主要具有以下功能。

（1）首页。

知乎首页中包含最新动态、行为管理信息和用户话题推荐等几个模块。通过这些模块，用户可以设置相关的参数，及时了解所关注的人的最新提问及回答的信息，并根据知乎平台对用户关注话题的信息汇总和用户网络行为数据的记录统计进行话题推送。

（2）话题页。

知乎话题页主要分“话题动态”和“常去话题”两个板块。在“话题动态”板块中，用户可以查看所关注话题下的问题，也可以对所关注的话题进行“固定”和“取消关注”操作。在“常去话题”板块中，用户可以了解到所关注话题中如子话题、关注人数和动态等具体的信息。

（3）通知页。

知乎通知页主要提供了用户关注的问题、用户行为数据汇总、邀请好友加入知乎、话题及话题推荐版面等，和首页部分功能相同。

（4）个人项。

知乎个人主页主要提供了个人资料编辑、个人回答和个人主页设置、搜索用户问题和答案、关注人和被关注信息、关注话题等功能。这些功能能够更好地实现用户的个性化设置，并提高个人的被关注度。

（5）问题页。

知乎问题页是知乎最主要的页面。在这里，用户可以了解、编辑、回答具体问题和信息。这一板块按照功能大致可以分为问题回答、关注功能、邀请功能、相关问题链接、分享功能和问题状态六个部分。图 7-10 所示为知乎登录界面。

图 7-10　知乎登录界面

2. 知乎平台运营技巧

1）做好“形象工程”

平台运营，必要的“形象工程”建设不能忽视。这里的“形象工程”建设主要指的是平台资料的完整程度。如背景图、头像、教育经历、个人简介、一句话介绍等，其中头像及一句话介绍往往容易被忽视。在头像设置上，作为企业运营号，毫无疑问就应该是产品商标或公司徽标，设置一定要正式，以建立被信任感和权威感；一句话介绍是跟在昵称后面的最能凸显自己特点的内容，一定要充满营销的味道。很多企业在设置时会放上自己的官方网站链接或引导用户关注其微信公众号，以凸显行业特性或实现其他平台的引流，实现跨平台的营销效果。

2）做好内容定位

无论是出于产品推广的目的，还是个人账号维护的目的，首要的是先给自己的内容定个格调，以凸显本账号的认知标签。进行了合理的内容定位之后，在回答问题时一定要注意不要与企业的专业偏离太远，以防对有关话题的回答太过业余，而破坏形象。另外，所涉及的话题可以逐步扩大，但一定要建立在已经拥有一批可靠的粉丝且知识储备充足的情况下，才可以去接触新的话题，以便在扩大回答知识领域的同时收获更多粉丝的关注，实现营销范围的扩展。

3）掌握必要的回答技巧

（1）回答的时间。

选取问题进行回答时，如果所涉及的行业发生了一些比较重要的新闻，就要好好借势抢在其他同行业“大咖”陆续关注这个话题并做出回答之前进行抢答，以获取更多的关注和曝光量。

（2）回答的频率。

回答的问题并非越多越好，建议一天不要超过两个。知乎采用的是推荐算法机制，如果在短时间回答较多的问题，系统就会默认为你有频繁刷题的作弊行为，所以回答的频率要适当控制一下，秉承“要质不要量”的回答原则。

（3）回答的字数。

回答时可以一句话直击重点，也可以从资源枚举、理论、故事这几大类来进行回答，字数不宜太多，不要超过 4000 字。一般这个数字的答案往往会得到比较高的认可，点赞数也会很高；如果因为客观原因回答超出最佳范围，则需要进行合理的排版，将重点突出出来，为用户节省阅读时间。

（4）适当加强互动。

对知乎的运营并非一味地回答问题就完成任务了，还需要与其他用户特别是跟同行业的“大咖”进行互动。在回答完问题后，如果有用户在评论区里求助或提问，千万不要为了维持形象而吝啬自己的答案和方法，该用户完全可以通过口碑传播把你传播出去。另外，在浏览一些行业相关干货资讯的时候，也可以适当地跟同行业“大咖”进行互动，争取多露脸。当你下次在某个问题下回复了比较好的答案，而刚好跟你互动过的这位“大咖”恰好经过，说不定他就会给你点个赞，帮助你获得较高的经验值和适当引流。图 7-11 所示为好友的点赞内容会出现在关注者的推荐中。

u 赞同了回答 · 1 小时前

苏伊士运河堵船事故有什么营救措施可以最快和最大程度减少各方损失？

船目前与运河形成的夹角在四十度左右，那么船体吃水深度在15.7米，运河截面图 船舶基本信息，船长400米，宽60米，吃水15.7米。那么船舶搁浅的船长... 阅读全文 ∨

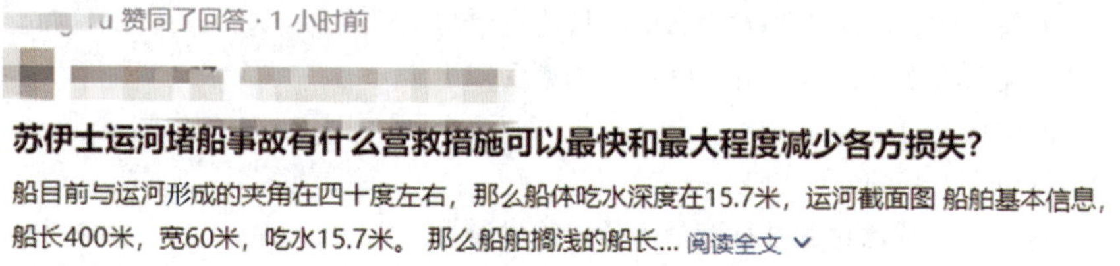

图 7-11　好友的点赞内容会出现在关注者的推荐中

4）知乎的运营实践

（1）回答问题。

知乎官方出台的《知乎官方指南》对回答问题进行了规范要求，主要包括以下几条。

① 不要灌水，不要把“评论”当作“答案”来发布，如果答案对其他用户毫无帮助，其他用户会单击“没有帮助”而将答案折叠起来，起不到实际效果；

② 提供支撑答案的原因，如果提出了一个观点，请说明提出观点的原因，以利于读者理解；

③ 提供有用的信息，在写答案时，要提供与问题相关的有价值的信息，应避免发表没有意义的文字、字符、图案或表情等，避免与问题本身无关或没有意义的回答；

④ 介绍链接指向的内容，如果提供了一个其他网页的链接，需要介绍一下这个链接指向的内容是什么，便于读者判断是否阅读此链接。

（2）赞同与反对。

知乎平台对每一次的提问和回答都给予了评价的机会。每个答案的左侧都有蓝色的上、下箭头，向上箭头表示赞同该答案，向下箭头表示反对该答案。每个答案下方都有“感谢”和“没有帮助”的文字链接按钮。用户可以根据实际情况对阅读的答案进行投票。平台会根据积分规则对答案进行评分，积分多少将决定答案的排序。只有赞同与反对会对排序产生影响，“感谢”和“没有帮助”无影响，但当“没有帮助”积累到一定数量时，该答案会被折叠，无法再被用户看到。图 7-12 所示为知乎的点赞、反对、评论等交互按钮界面。

图 7-12 知乎的点赞、反对、评论等交互按钮界面

（3）禁言处罚。

知乎官方规定：用户首次提交违规内容，内容将被删除，发布者将收到私信警告；再次提交违规内容，内容将被删除，账号将被禁言；多次提交违规内容，内容将被删除，账号将被停用；如遇尤其恶劣的情况，知乎保留直接永久停用账号的权利。在知乎，具有不友善的言论、恶意行为、违反国家相关法律法规的行为和内容的用户将被禁言。在知乎，被禁言的用户无法提问、回答、评论、编辑和发送私信，只能投票与浏览，禁言期后将恢复正常。图 7-13 所示为遭受知乎禁言处罚的用户界面。

图 7-13 遭受知乎禁言处罚的用户界面

（4）打造个人品牌。

知乎是垂直领域意见领袖打造个人品牌的优质平台，个人品牌的塑造必须通过提升阅读量和粉丝数来实现。增加阅读量和粉丝数可以从以下几个方面入手。

① 回答为主。

当粉丝数较少时，应以回答为主，不断积累粉丝量。回答问题时，首先要选择关注度高的问题；发布答案时，文字和图片要尽量多些，这样更容易吸引读者；提交答案时要谨慎，因为只有在首次回答高关注度的问题时，所有关注该问题的用户才会收到提醒，后期再进行修改，用户将无法收到提醒。

② 写文章和专栏。

发布高质量答案积累到基础粉丝后，就可以在垂直领域持续发表文章，不断积攒个人势能。作者发布的文章，可以投稿至同类别的热门专栏中，该专栏收录文章后，其关注用户均会收到提醒，利于作者扩散个人的影响力。

③ 合理提升个人知名度。

知乎作为高质量的问答社区，作者回答问题或发表文章时，应尽量避免对自我的吹捧或推销（如在文中放置微信二维码等行为），以免影响阅读者的阅读体验。可以将一些信息写在个人介绍里，如果确实拥有高质量的回答或高水平的文章，相关信息会被收录至知乎日报、知乎热门中，粉丝会通过个人简介了解作者信息，这样可以实现个人影响力的有效提升。

3. 知乎平台的营销价值

1）平台特点

（1）优质的垂直知识问答社区。

独有的以兴趣为主导的问答模式，使知乎在专业方面有着较深的用户知识积累，在问题、话题管理方面有系统的父话题和子话题体系。

（2）基于兴趣知识的社交平台。

问题的答案并非知乎的问题的结束，基于兴趣与知识的分享及点赞机制，更突出用户在优质答案方面的贡献，有利于促进用户之间的交流沟通。

（3）用户属性明显。

相关数据显示，知乎的核心用户主要分布在高新科技信息传媒、金融、制造加工三大行业。在知乎用户区域数量排名方面，北京、上海、广东包揽前三。因此在知乎平台开展营销活动，适合业务及消费者在一线城市的企业，活动在高新科技信息传媒、金融、制造加工三类行业中能够获得更高的用户参与度。

2）平台营销价值体现

知乎是一个教育程度高、收入高、消费水平高的“三高”人群集合地，这类人群的一大特征就是他们对知识内容的分享热情几近疯狂，近 85% 的页面浏览量来自站外的转发分享，而一次传播与二次传播的比例高达 1∶294。从近年的统计数据看，知乎的用户群和流量呈现爆炸性增长，同时平台具备用户活跃度高、用户具备深度阅读习惯、用户黏性强等多个特征，这些无不彰显出知乎平台强大的商业价值。

一般情况下，偏精英交流社区的平台属性意味着，若是“知友”愿意为企业的产品背书，那必然会形成很高的公信力，这点恰恰是其他问答平台无法实现、而大多品牌却渴望达到的。试想如果在产品上线之初，企业在知乎发起一个讨论帖，然后邀请知乎相关评测专家对该问题进行专业回答，产生深度内容，引起知乎用户围观，最后再通过其他渠道对该答案进行二次传播，将有极大可能引爆社交网络。而整个过程中，知乎作为舆论爆破点和背书阵地是整个传播链关键的一环。

利用知乎平台开展营销，要做到以下几点。

（1）切入点有趣，用户才能买账。

不同平台的受众喜好有所差异。品牌切入一个平台前，首先要做的是看看用户都在讨论什么，了解平台用户的心理是打开话题的敲门砖。只有当商业广告的切入话题正中用户下怀时，双方才能愉快地开始聊天。比如“知友”的一大显著特征是善于将生活中的普通行为知识化、系统化、技能化。腾讯旗下的互联网借贷产品微粒贷，瞄准高收入人士的敏感区，用争议性话题“朋友问你借钱，借还是不借”开启讨论，再以“如何优雅地拒绝别人借钱”的原生文章广告引爆话题，引出产品优势，成功完成网络借贷教育。微粒贷的这期原生广告，得到了超过 17% 的打开率，远高于移动端信息流广告 3% ～ 4% 的打开率。

（2）沟通坦诚认真，用户才认可。

资讯蓬勃发展的时代，用户眼球越来越难抓，品牌要努力把信息易读化、趣味化。但在知乎上，知识性、专业性的内容更容易得到大家的认可。以奥迪解决“为什么说奥迪是灯厂”问题为例，在没开通机构账号前，奥迪发现“为什么说奥迪是灯厂”问题下的回答，大多是调侃和歪曲之辞。入驻机构账号后，奥迪索性直面调侃，一边自嘲一边辟谣，以自黑的方式隐晦地炫耀车灯技术，并梳理出奥迪多款车型的迭代和发展路径。这篇首答的传播效果出乎意料，一次传播与二次传播的比例为 1∶300，而来自站外分享的流量占比为 84.6%。回答一周，奥迪就收获了 2330 个赞同，品牌形象越发生动，产品认可度得到了新的提升。图 7-14 所示为奥迪账号的知乎主页和高赞回答。

图 7-14　奥迪账号的知乎主页和高赞回答

（3）激励用户产出用户原创内容。

最大化传播效果好的知乎广告能激发优质的用户原创，好话题能吸引爱分享的活跃用户引爆传播。博朗（全球小家电巨头企业）的案例就证明了这一点。博朗 3 系产品的定位为年轻的职场人群，人群标签有自我要求高、追求完美细节控、追求不凡等。洞察这些后的博朗在知乎社区发布了一个召集声明：如何用 100 字讲出一个“不凡背后的故事”？为了调动用户创造的积极性，优秀作品将有幸刊登在“知乎日报”的“小事”栏目中。“知乎日报”是一款独立的资讯 App，每天推荐热门的知乎问答，“知友”们以上日报为荣。在这样的激励之下，博朗“不凡背后”共收到了 600 多篇故事，实现了传播效果的最大化。图 7-15 所示为知乎回答。

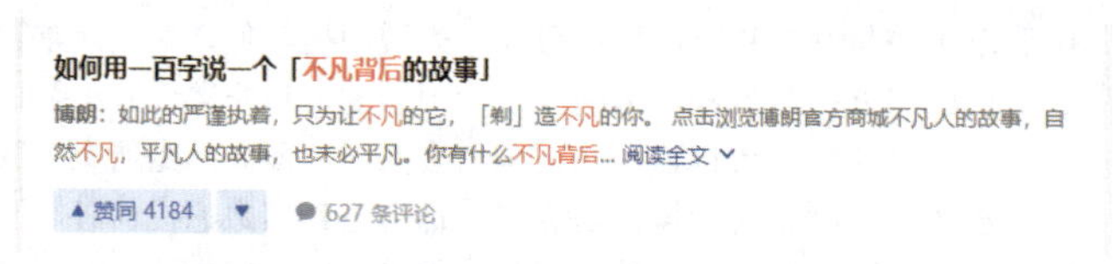

图 7-15　知乎回答

（4）不做单向曝光，沟通有来有往。

知乎是一个有问有答的交互社区，重要的是双向的交流和深度信息沟通，而不是一般的单向曝光和关键信息传递。

（5）不尝鲜，而是长线投入。

好的营销可能需要一份周密的计划、一丝冒险的精神，同时还需要一份长期的坚守计划，它不只是一次尝鲜，更是有计划、有节奏感的长线投入。亚马逊（一款国际网购平台）旗下的产品 Kindle（电子阅读器平台）就是非常好的案例。Kindle 是在知乎做广告的第一批广告主，也是投放次数最多的广告主。从 2014 年开始，从展示广告到原生广告，共投放 10 余波广告，很多用户通过知乎知道了 Kindle。关于 Kindle 的购买决策和如何使用的问答不断增多，关注人数增长了 14 倍，站内总问答数增加了 3 倍，总评论数提升了 5 倍，赞同数提升了 9 倍多。知乎不光强调曝光量，更强调传播效果，尊重内容本身。知乎官方也说，认真探讨的氛围，让营销价值更多地体现在中长期的品牌建设上，而非其他短期的营销目标上。图 7-16 所示为 Kindle 在知乎上的话题。

图 7-16　Kindle 在知乎上的话题

（6）知乎与其他问答平台的对比。知乎是一个信息获取、分享及传播的平台。目前，国内比较专业的知识问答平台除知乎外，主要还有百度百科（百度知道）、360问答、搜狗问问、悟空问答、新浪问答等。在这些平台中，网络推广度较高的主要是知乎和百度百科（百度知道），下面将从三个方面对以上两个问答平台进行对比。表7-1所示为知乎和百度百科（百度知道）的对比。

表7-1 知乎与百度百科（百度知道）的对比

对比角度	知　乎	百度百科（百度知道）
内容深度	知乎更加专业化的路线，深而精。知乎连接的是行业精英，达到分享专业知识和见解的目的，因而知乎比百度更专业，参考价值更大，但其内容产生速度相对较慢，内容多偏向纵向发展，是一个良性信息聚合的平台	百度百科（百度知道）走的是大众化路线，广而大。百度百科（百度知道）对回答者来说门槛较低，对生活常识类和非专业类内容的发布非常合适。另外，百度百科（百度知道）面向的是所有互联网用户，每天都有不计其数的提问者与回答者在该平台提供内容，但由于专业程度不够，难免会造成信息膨胀，产生一定量的互联网垃圾信息
信息流动	知乎由于具有关注及信息分析提供的更有针对性推送功能，在平台中推送至用户客户端的信息已经由用户主动获取变为根据用户的兴趣和习惯操作向用户主动推送	百度百科（百度知道）主要是以用户主动需求为导向
用户关系搭建	知乎则可以让用户之间通过经历、思想的碰撞，逐步产生“朋友”关系，知乎表面上看似是运作问答，却又不仅是问答，实质上却是用户之间互相运营的关系	百度百科（百度知道）属于浅层次的关系，提问者很少真正与回答者形成某种意义上的关联，所以百度百科（百度知道）的回答多用于参考和浅层认知

案例　某饮品品牌的配方奶粉在知乎开展的营销活动

品牌以知识为媒介不仅能够传递核心信息，更能够传递对消费者的人文关怀。

某饮品品牌旗下的某配方奶粉通过在知乎社区面向新生儿妈妈设定精准话题，并通过线下渠道打造体验式营销，在传递产品核心价值的同时，赋予了品牌全新的魅力。图7-17所示为某品牌奶粉的产品宣传图。

图7-17 某品牌奶粉的产品宣传图

该饮品品牌旗下的某配方奶粉聚焦初为父母的消费者缺乏育儿信心的圈层文化痛点，联手知乎“不知道诊所”项目，在线上开启知乎“Live特别现场”，传递新生儿养育经验，并在线下定制“小儿科”知识场景，实现消费者的现场体验。

该饮品品牌借助知乎“Live 特别现场”，携手母婴优秀回答者，实现线上、线下联动，扩大事件影响力。此外，该饮品品牌还辅以 H5 互动结合微博推广，释放出更大的传播势能，吸引更多意见领袖主动参与话题讨论，让更多圈层受众关注事件背后的知识干货与品牌价值。以“关心”初为父母的消费者为初衷进行品牌知识营销，让该饮品品牌旗下的某配方奶粉实现了深度影响用户及提升品牌美誉度的传播目标。

以上“用心、专心、关心”的品牌知识营销案例，一方面，凸显了人们在面临信息爆炸无所适从的今天，对“以知识为导向的纯净信息平台”的渴求；另一方面，反映出以“认真”作为驱动力的高质量内容，对当今消费者注意力分配乃至购买决策的影响日渐深入。对知乎来讲，一切有价值的内容都是知识，只要做到“走心”，即便是广告，也能收获用户的广泛认可甚至认同，这或许就是知乎平台商业价值的最好诠释。

7.2 图文类平台的营销

7.2.1 微博营销

1. 微博营销概述

在新媒体火爆发展的今天，微博不仅是一个流行的社交工具，还是一个重要的营销平台。在进行微博营销之前，应对微博营销的具体情况有一定的了解，以达到最好的营销效果。图 7-18 所示为新浪微博的徽标。

图 7-18　新浪微博的徽标

2. 微博营销

虽然微博的发展时间并不长，但它给企业或商家带来的营销力量却是惊人的。在互联网与移动互联网快速发展的时代，微博凭借其庞大的用户规模及操作的便利性，逐步发展成为了企业微营销的利器，为企业创造了巨大的收益。由于网络营销的迅速发展，微博营销作为网络微营销的“左手”，具有非常火爆的人气，成为了各大企业与商家营销推广的重要平台。简单来说，微博营销是指通过微博平台为企业、商家、个人等创造价值的一种营销方式，也是指企业、商家或个人通过微博平台发现并满足用户各类需求的商业行为方式。通过微博营销，企业、商家或个人可以满足自身的各种需求，进而获得商业利益。在微博平台，企业、商家或个人只需要用很短的文字就能反映自己的心情或发布信息，这样便捷、快速的信息分享方式让大多数企业与商家抢占了微博营销阵地，利用微博“微营销”开启网络营销的新天地。

3. 微博营销的特点和模式

1）微博营销的特点

在移动互联网迅速发展的今天，消费者的消费行为发生了巨大的变化。消费者由以往的被动选择者变成了现在的在网上主动搜索和分享的消费者。此外，消费者的消费决策还受到其他消费者评价的影响，这无疑给营销战略带来了新的挑战和机遇。微博是从一个单一化的社交和信息分享平台转化而来的新型营销平台。在网络营销时代，微博凭借其巨大的商业价值属性成为了企业重要的网络营销推广工具。微博营销的特点主要体现在如图7-19所示的几个方面。

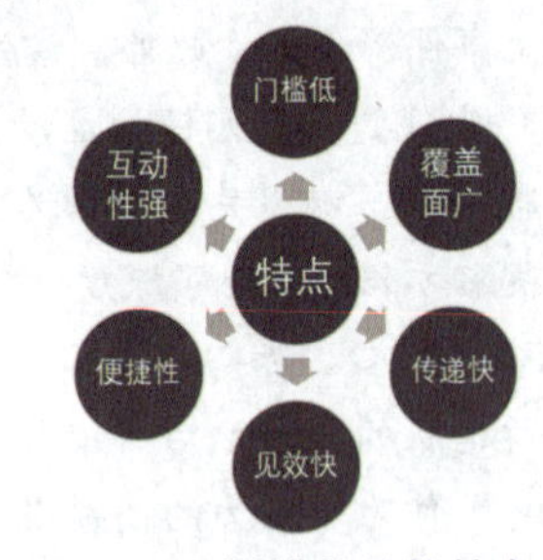

图 7-19　微博营销的特点

近年来，微营销成为营销创新的主要趋势，而微博就是其中一个性能优异的营销平台。由于具有使用方便快捷、进入门槛低、覆盖面广、互动性强等特点，微博聚集了巨大的人气，成为移动互联网社交网络的主流。

课堂讨论： 微博使人们在获取信息、传播信息、人际交往等方面产生了哪些变化？这些变化的优缺点有哪些？除以上几个方面外，微博还改变了什么？

2）微博营销的模式

微博营销有如下七种典型模式。模式不同，效果也不同。

（1）媒体模式。从传统媒体到新媒体来看，传统媒体的特征是单向传播，读者只能看不能发言，而新媒体的特征是互动，读者既可以看，也可以说，而且还有可能会因为读者的互动而扭转事件的发展方向。微博移动端发布新闻有更大的便利性，读者可以随时随地地获取和发布信息，形式也趋于多样，如文字、声音、图片视频、直播……网络媒体的优势远远超过了平面媒体，网络视频的弹幕功能也让很多媒体“脑洞”大开。很多传统媒体也开始把微博作为自己的主平台进行运营，效果比平面媒体更好。传统媒体电视台的微博账号如图7-20所示。

图 7-20　传统媒体电视台的微博账号

（2）明星模式。当红明星有超强的影响力。根据“新浪娱乐”发布的《2016微博明星白皮书》的数据显示，微博目前拥有娱乐明星账号的数量接近2.8万个，月活跃粉丝量是微博月活跃用户的51.5%。微博是明星使用最久的社交平台，截至2016年7月31日，使用微博长达6年以上的明星占70%。据统计，明星每天平均2次在微博上主动发博文或与他人互动，平均每位明星每月博文的阅读量高达2884.9万次。明星年话题总阅读量6898.1亿次，平均每天话题讨论量13.9亿条，相当于129次“新年快乐”，206次“双十一”的讨论量。今天，很多厂商都宁愿付出高额的费用请明星代言，就是看重明星的影响力。

（3）“网红”模式。“网红”即网络红人，目前泛指通过社交平台走红并聚焦大量粉丝的红人。网络流行语“我为自己带盐”是“我为自己代言”的谐音。2015年“双十一”当日，“网红”张大奕凭一己之力，销售额突破6000万元，迈进淘宝女装“TOP”

商家行列，开业仅一年店铺就达到了“四皇冠”级别。这个让人震惊的现象，使微博对电商的促进作用再也不容忽视，而“网红”经济也进入了大众视野。

（4）商界领袖模式。这种模式是折射人格魅力的标签。“格力”的董明珠和“小米”的雷军的“世纪赌局”引人注目后，董明珠也开设了个人微博“@董明珠自媒体”，开始直接与粉丝对话。无独有偶，“360”的周鸿祎和“小米”的雷军都把微博用到了极致，他们的一言一行都备受瞩目，给企业带来了非常好的曝光率和传播效果。

（5）自媒体模式。这种模式用个人品牌超越公司品牌。在微博巨大的向心力面前，几乎所有人都被卷入其中了，从论坛时代的意见领袖到娱乐明星，从企业、政府机关到商业领袖，几乎无一例外。微博也成为了巨大的“流量”和“用户”聚集地。一个成功的微博应该有灵魂、影响力与号召力，在这方面，企业微博不如个人微博鲜活、立体。所以，不少企业微博纷纷以虚拟人格出现，以拉近和粉丝之间的距离。

（6）专家模式。这种模式依靠付费阅读和打赏收入。微博上汇聚了各个领域的专家，这些专业人士在微博兴起后，成名路径、个人品牌的塑造与传播及变现模式等都发生了变化。作为拥有过硬技能的人，专家的变现相比“草根”有很大的优势。新浪微博的功能也在不断进化，打赏、付费阅读、广告收入等层出不穷。很显然，人们愿意为自己关注的内容付费，而这些内容通常和投资、情感、健康和娱乐等有关。

（7）微商模式。这种模式依靠社会化的电子商务。微博橱窗、淘宝直联、寻找商机、客户服务、品牌传播……微博和阿里巴巴联手后，社会化电子商务有了更多的可能性。虽然微信对电商会形成一定的冲击，但很多商家通常是多头开花。微博由于互动性和传播性好，仍然是很多电商新品和爆款推广的首选平台。转发抽奖的活动虽然老套，但是参与者仍然众多。大数据支持下的微博推荐，是根据用户的搜索习惯进行筛选的，精准度越来越高。

课堂讨论： 如果运营一家化妆品企业，你认为最适合的微博营销模式是哪几种？如果运营一家农产品企业，你认为最适合的微博营销模式是哪几种？如果运营一家西餐厅，你认为最适合的微博营销模式是哪几种？和大家分享自己的观点，请说出理由。

4. 微博营销的策略

微博营销因其成本低、传播快等特点，成为很多企业或商家的选择。虽然微博营销给企业或商家带来了很多方便，但是，如果运用不当，也会使企业或商家受损严重。因此，对企业或商家来说，微博营销的策略非常重要。

1）建立微博矩阵

微博矩阵是微博营销战略中不得不用的策略之一。表面上，它是根据产品、品牌、功能等不同定位需求建立的各个子微博；实质上，它更大的野心是通过不同账号精准有效地覆盖商家的各个用户群体。在战略上，它通过布点、连线、成面、引爆、监测来实现营销效果的最大化，在微博的世界里让用户各取所需，却又无处可逃。微博矩阵的建立并非随心所欲，而是要遵循一定的规律与技巧的。商家必须根据自身的需求，考虑好如何建立微博矩阵。表7-2所示为微博矩阵的建立形式。

表 7-2 微博矩阵的建立形式

分类方式	举 例
按品牌需求	淘宝的 @ 淘宝商城 @ 淘宝网 @ 淘宝聚划算
按地域需求	招商银行信用卡中心在北京、杭州、广州、深圳、天津等地均开设了地区微博
按功能定位	凡客家族的 @ 凡客诚品 @Vancl 粉丝团 @ 凡客客服中心

目前，企业建立微博矩阵比较常见的模式主要有三种。第一种是阿迪达斯的蒲公英式，适合于拥有多个子品牌的集团。第二种是放射式，由一个核心账号统领各分属账号，分属账号之间是平等的关系，信息由核心账号放射向分属账号，分属账号之间的信息并不进行交互，适合地方分公司比较多并且为当地服务的业务模式。第三种是双子星模式，公司领导人账号很有影响力，公司官方账号也很有影响力，彼此形成互动。

企业真正要建立的体系，除了官方账号、子账号外，还可以建设一批小号。所谓的小号，一种是与企业相关的匿名账号，比如调味品企业可以建立"@ 厨房达人""@ 私房菜"等账号，向粉丝分享制作美味饭菜的方法。另一种是自己注册的用于转发的账号，便于以第三方身份发布一些评论，带动传播。总之，小号既脱离于产品，又是企业的理念升华，以润物细无声的方式影响消费者。此外，企业还可以观察在微博矩阵中，什么样的话题适合用什么样的账号转发，谁的转发能带来大流量，如何接龙转发微博效果最好。把这些问题搞清楚，才能充分发挥微博矩阵的能量。

课堂讨论： 你见过哪些单位建设的微博矩阵？它们分别属于哪种模式的矩阵？请举例说明。

2）微博内容

微博作为社会化自媒体，与传统媒体的一个重要区别就在于可以借助社会化媒体能量传播覆盖更多人，因而做好微博内容策划是非常重要的。一个拥有好的主题和内容的博文，会让后期推广事半功倍。不管你是将微博定位为品牌传播还是产品销售，微博内容策划首先都要找到目标客户想要听的话，微博内容要做到对胃口、有营养、够创意。微博内容策划可遵循以下四大基本原则。

（1）相关性原则。制订的内容计划要与用户的兴趣相关、与企业的自媒体营销目标相关、与自身的专业知识相关，不要为了迎合大众关注而发布不相关的内容。

（2）实用性原则。实用性是价值的首要体现，因此在制订内容时要加以思考，该内容能够给粉丝带来什么样的收获。

（3）多元化原则。为避免内容的枯燥，在内容的形式上要表现出多样化的特点。现在微博的表现形式很多，如头条文章、视频、直播等，有的企业以形象的漫画形式表达，这都是非常棒的。所以微博内容要不拘泥于一种形式，多生产更具创意的内容，让内容更具多元化。

（4）有序性原则。今天发 2 条，明天发 30 条，这样肯定是做不好的。发布微博内容的时候一定要有计划、有规律，提前做好内容发布的计划表，除与热门话题相关的内容必须第一时间发布外，要严格按计划表执行。

3）微博活动

微博活动是微博营销必不可少的，初期为了增长粉丝做活动，后期粉丝稳定后要通过做活动引爆品牌传播或回馈粉丝，增强粉丝黏性。所以在微博营销中，活动是贯穿始终的。目前的微博活动可分为新浪平台活动和企业独立活动两种。新浪平台活动是基于新浪微博活动平台发起的活动，如大转盘、砸金蛋、晒单有礼等趣味性活动。新浪平台活动的活动形式多样，活动后的数据分析也很详尽，有转发、邀请、收藏、每日参与人数等详细数据，抽奖更加公正、公平，管理更加规范、方便。企业独立活动是指企业在自己的微博中发起的各种活动，如有奖转发、晒单有礼、盖楼、随手拍等各种形式的活动。企业独立活动可分为独立活动和联合活动，独立活动就是自己发起的，联合活动就是与其他微博一起开展的活动。企业独立活动的缺点是抽奖、数据统计比较烦琐，而且对主题活动要求较高。活动一般先基于内部粉丝相互传递发起，只有先有效调动内部粉丝的积极性，才能增加微博的活跃度。如果没有足够的粉丝数量，传播效果一般不会太大。图 7-21 所示为微博平台抽奖活动。

图 7-21　微博平台抽奖活动

5. 微博的定位策略

要优先考虑微博的定位，这对于个人或企业最终所能达到的营销效果是不可低估的。微博定位可分为两类：一类是个人微博，完全由自己控制，可以随心所欲地发布、转发任何自己感兴趣的博文；另一类是商业微博，要有目标、有主题地发布和转发博文。

1）微博的业务定位

微博的特点就在于一个“微”字上，属于微表达，因此它的定位不应该是广撒网，而应是精播种，做好细分市场。纵观国内一些有影响力的“官微”与“个微”，无不是在定位精准、做细分市场方面下足了功夫。

国内一些已做出品牌效益的个人微博似乎比官方微博更出彩，它们在定位上更能呈现出个体色彩，犹如一道道独门“私房菜”，满足了大众的各种胃口。微博的定位并非凭空想象而来的，只有当你的微博满足了某类人群的迫切需求，能与他们的价值观一致和互动时，你的定位才算精准、才算成功。

2）微博的个性定位

微博虽以社交为基础，但是为了能被更多人关注，微博也应形成自己的鲜明个性，甚至要形成不可替代性。这样不仅有利于形象塑造，也有利于信息的广泛传播。即使是企业微博，也切忌采用冷冰冰的模式办成一个官方发布消息的窗口。微博要给人感觉像一个人，有感情、有思考、有回应、有自己的特点与个性。在发布微博时，我们可通过关键词为自己打标签。关键词可以是与核心产品和服务价值相关的词，也可以是与个性相关的词。打好标签之后，再用一些内容来强化标签，让用户建立起认知并强化认知。

3）设计微博话题

能够引发讨论和转发的微博都是话题。为了强化微博话题，可以把话题关键词用“#”围住，引发更多的人关注。如果某话题引发了很多人讨论，那么这个话题就有可能成为热门话题。一旦话题成为热门话题，就有可能进入新浪微博的热门话题榜，被更多人看见，带来广泛的讨论量。图 7-22 所示为微博热搜榜。

图 7-22 微博热搜榜

6. 微博的内容策划

1）合理设计微博发布的时机

微博发布应把握好时机，一些时间段的微博使用者会比较多，这段时间就被称为热门时间段。任何一个应用平台都会有热门时间段与非热门时间段。在热门时间段上网的用户比较多，登录并使用微博的用户也比较多，因此在热门时间段发布的信息被看到的次数自然也比较多，转发和评论的条数也会随之增加。因此，微博的发布时机是有讲究的。

微博的最佳发布时间的选定须经过对微博发布的效果进行动态观察来决定，并不断进行调整。微博数据中心能为微博账号提供微博上的营销效果分析数据。

通过数据中心，企业可以全面了解其粉丝的变化趋势，查看取消关注的粉丝的列表，博文的转、评、赞的数据情况，粉丝互动情况，以及行业相关账号的微博发布情况、粉丝情况等。我们在进行微博发布时，时间选择在粉丝活跃度的高峰期为宜，每天有规律地发布内容，最好在早上 8 时到晚上 12 时都有更新。

2）微博内容的形式

随着互联网的发展，微博内容的形式越来越丰富。传统的文字已经不能满足广大粉丝的需求，粉丝追求的形式趋于多样化，常见形式有以下几种。

（1）纯文字的简短话题。现在纯文字的微博内容显然已经不受大众欢迎了，不过也不是没有好处，一些简单的话题，通过纯文字还是能够带动一定流量的。

（2）“图片 + 文字”形式。这是目前最常见的微博发文形式，通过吸引人的图片加上一段文字，让人视觉感觉非常好。

（3）短视频形式。随着快手等直播平台的兴起，一些短视频的播放量和受欢迎程度明显提升，传播速度非常快。

（4）新闻类。新闻类微博的内容形式主要偏向于新闻大事，如娱乐大事件、体育大事件等，通过新闻大事来博取眼球。

（5）“段子”形式。近两年“段子”在微博上深受大众喜爱。“段子”通过短小精悍的话语，让大众得到了很好的消遣。

（6）常识型。现在有很多平台专门做一些生活常识类微博内容，受众面广而且效果非常好，关注度也很高。

微博内容在发布形式上有很多的技巧，具体如下。

①坚持原创，并且适当进行转发；

②增加发布的次数，提高微博的活跃度；

③图文并茂，在图片上加水印，便于宣传；

④重视直播报道和现场直播，用视觉冲击来吸引粉丝的关注；

⑤内容要贴近生活、贴近现实，发布与粉丝生活息息相关的内容。

7. 微博的合作推广

1）粉丝推广

微博营销是一种基于信任的粉丝自主传播的营销手段。企业在发布微博营销信息时，只有了解了粉丝的兴趣并且取得粉丝的信任后，才能够促使粉丝愿意帮助企业转发、评论信息，进而使信息产生较大的传播效果与营销效果。

微博所处的不同阶段主要体现在微博的粉丝量上。企业要想提高粉丝量，首先要对自身的微博进行管理，这是因为微博的每个账号最多只能加2000个关注。在粉丝还没达到1000个时，企业就应该诚信互粉；当粉丝达到1000个时，企业就应该开始清理关注的人了，即把那些粉丝量少的清理掉。企业在清理微博之后，可以开始对微博进行定位，每天要有计划地发布内容，经常更新微博。就发布的内容来说，企业应该多发布一些原创的、有趣的、高质量的内容。另外，多与粉丝进行互动，积极“@”别人并对其进行回复、转发、评论、点赞等。还可以积极向知名微博投稿，利用微博积极推广自己，增加粉丝的关注与支持。只要这样坚持下去，粉丝量就会不断增长。

2）活动推广

（1）线上活动。

企业和商家可以利用微博举办一些具体的活动，以此来加强与粉丝的互动。在互动中，可以挖掘客户或吸引潜在客户，以此来实现产品或服务的推广。微博活动的类型很多，有转发抽奖类的活动、发起话题讨论的活动、发起手工制作的活动等。

（2）线下活动。

线下活动是一种非常好的增粉方式，如线下分享会、线下活动、公司内训、高校培训等。在这些活动中，如果认真准备，给参加活动的成员留下深刻的印象，那么一场交流或演讲结束后，你可能就会发现多了很多主动关注你的粉丝；而且这些粉丝的互动度很高，还会给你带来更多粉丝。这种形式的增粉属于实力增粉，粉丝与“大V”线下有见面、有交流、有沟通，这使线下增粉比线上获取的粉丝更加真实，更加有黏性。

3）软文策划

软文推广是现在十分流行的一种推广方式。好的软文不仅不会让用户产生反感，甚至还能够达到润物细无声的作用，让用户乐于购买产品。软文策划需要很强的文字功底和对社会热点敏锐的洞察力。写微博软文时必须要有明确的主题，应该和微博设定的主题一致，否则就会影响粉丝的体验。事实上，因为字数的限制，软文必须满足层次分明、内容清晰的要求。软文的开头部分必须具有足够的吸引力，开门见山引出主题，勾起粉丝继续阅读下去的欲望；内容部分要条理清晰地表达出软文的思想，可以适当附上图片及用户的体验；结尾部分则可以再次点明主题或提出问题，以吸引其他用户转载。

根据内容，我们可以将微博软文分为以下四种类型。

（1）分享型软文。

分享型软文主要通过客观的角度来宣传某个企业或产品。通常情况下，这种软文比其他类型的软文更具有说服力，且效果更明显。这种软文的写作方式更容易获得微博用户的关注。需要特别注意的是，分享型软文要求写作时使用的语言和语气必须有生活化的特征，不能过分官方，否则就像是一则广告，而不是一次分享，并不能达到预期的目标。

（2）炒作型软文。

身处数字化的时代，每个人都变成了计算机里的一组数据，如果想要出众，除超凡的特征外，还要学会“炒作”。这就需要营销人员具有对时事热点的敏锐洞察力，对那些有争议性的新闻拥有自己独到的观点和思考，以此来吸引粉丝关注和互动。如果缺乏相关主题，也可以尝试创造一些主题，通过不同微博账号之间的互动炒作来增加微博人气。

（3）广告型软文。

广告型软文通常都是企业的官方微博做出的一些对公司信息或产品信息的介绍。公开发布广告型软文往往不会吸引众多人的转发，但对于潜在客户却具有很强的吸引力。这种微博不同于上述两种微博，它必须通过一种官方的、正式的语言来描述，并且语言要尽量做到准确，表现出明显的广告倾向。事实上，这种博文并不需要过分严谨，也可以通过一些生动的语言表现出来，但必须注意其准确性。

（4）创意型软文。

创意型软文通常会表现得富有幽默感和新鲜感，能够帮助企业吸引众多的粉丝。创意型软文需要信手拈来的创意和敏锐的市场嗅觉。一个好的创意能为企业带来不可计数的广告价值。

4）公关服务

公关危机是各大企业都可能面临的重要问题，尤其是在这个病毒式传播的互联网时代，用户对产品或服务的负面评论很可能导致企业直接面临公关危机。作为一个信息共享的社区，微博的传播速度是非常快的，负面评论更是如此。企业只有掌握了正确处理公关危机的技巧，才能够及时地将危机降到最低。在面临危机时，微博、企业及一些专门解决危机的专业团队都可以采取相应措施进行危机公关。

微博公关是企业解决公关危机的一种新方式。企业利用微博平台进行危机公关，不仅效率高，而且影响大。企业通过参与和回复关注者的评论，还可以实现与用户的互动，进一步影响舆论。

案例 南方周末广受好评

在传统媒体中，比较有影响力的“官微”是“南方周末”，其发表的微博仅有8039条，但粉丝已达1600多万人，转发与评论量也很可观。这是因为它把自己定位为中国民生问题的关注者、重大社会问题的“揭秘者”的角色，代表一种民间立场来与相关机构对话，提出诉求。其代表的价值体系能契合当前人们的普遍需求，因此它能受到广泛的认同与追捧就毫不奇怪了。

图 7-23 所示为“南方周末”的微博主页。

图 7-23　“南方周末”的微博主页

7.2.2　微信营销

1. 什么是微信

微信是由腾讯公司于 2011 年 1 月 21 日开发的，是为智能终端提供即时通信服务的免费应用程序。2018 年 2 月 21 日，微信官方发布的 2018 年春节期间微信数据报告显示，2018 年春节共有 7.68 亿人选择使用微信红包传递新年祝福，收发红包总人数同比去年增加约 10%。微信已经覆盖了全国 94% 以上的智能手机用户，月活跃用户达到了 8.06 亿人次，用户覆盖 200 多个国家和地区，超过 20 种语言使用者使用微信。

从微信用户的角度看，微信是可以通过手机、平板电脑、网页等跨通信运营商，它采用跨操作系统平台的方式，快速发送免费（需消耗少量网络流量）的语音短信、视频、图片和文字的即时通信服务工具。同时，微信用户可以通过使用“摇一摇”“漂流瓶”“朋友圈”“公众平台”“语音记事本”等基于位置的社交服务插件实现资源的分享，还可以通过“红包”“转账”等微信支付功能快速完成支付、提现等资金交易流程。微信改变了用户的生活方式。

图 7-24 所示为微信影响着生活的方方面面。

从企业的角度看，企业可以利用组建微信群、分享朋友圈、查找附近的人、二维码扫一扫、互动漂流瓶、参与摇一摇、微信小程序等多样化的互动分享沟通功能，开展创意活动的营销推广、产品的销售、粉丝群体的构建和维护等活动，实现强化客户关系管理、吸引用户参与体验的新媒体营销平台。对企业来说，微信在本质上是企业目标消费人群的集聚地。

2. 微信营销的概念

微信营销是网络经济时代企业对营销模式的创新，是伴随着微信的火热产生的一种网络营销方式，是社会化媒体营销中运用非常广泛的手段之一。

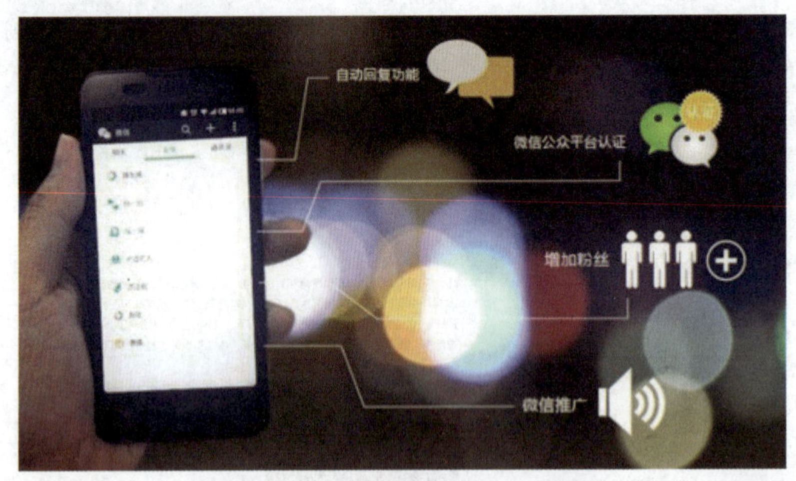

图 7-24　微信影响着生活的方方面面

微信营销是一个系统的营销过程，具体是指利用微信提供的所有模块和功能，将员工和客户的个人账号、订阅号及企业公众服务号进行合理优化组合，建立有效的微信矩阵，从而形成一套精准的营销体系。

3. 微信营销的价值

1）个人微信营销的价值

（1）输出个人品牌。

美国管理学者汤姆·彼得斯（Tom Peters）提出，21 世纪的工作生存法则是建立个人品牌。不只是企业、产品需要建立品牌，个人也需要在职场、生活中建立个人品牌。个人品牌的建立是一个长期的过程，人们希望塑造的个人形象可以被周围大众广泛接受并长期认同，而以微信为代表的社交软件，让个人可以成为自媒体，使人们能够在社交软件上展示自己的鲜明个性和情感特征，在符合大众的消费心理或审美需求下，成为可转化为商业价值的资源。

（2）刺激产品销售。

刺激产品销售是微信营销最基本的价值。不论是基于熟人经济的微商，还是基于个人品牌效应的微店，“人”都成了新的商业入口。通过个人微信的朋友圈发布产品信息，用微信聊天为买家提供咨询沟通服务，用微信支付功能完成付款……“社交电商”就这样产生了。

（3）维护客户关系。

微信是一种人与人之间便捷沟通的渠道。如果由于业务关系添加了很多客户的微信好友，通过聊天联系或朋友圈互动，就有了与客户加深情感联系、让客户进一步了解你的机会。

2）微信公众号营销的价值

（1）提供有忠诚度与活跃度的用户。

微信从来没有公众账号订阅数排行榜，背后的原因是：用户数量不重要，用户质量才重要。对企业而言，真正的忠诚度与活跃度才有价值。企业其实没有那么多的信息可以推送，为了发内容而推送一些没有太大价值的信息效果会适得其反。另外，据微信数据显示，公众号发送内容越频繁，失去用户越快，因为用户已经被过度骚扰了。

（2）为用户提供有价值的信息。

企业必须为用户提供价值，才能让用户持续关注你。微信公众号不在于大小，而在于价值，所以企业微信公众账号必须提供服务，而服务就是即刻响应。哪怕用户一个月甚至是半年才用一次，只要在用户用的时候，你提供的东西有价值，用户就会对你产生依赖。

（3）用户的管理。

从某个角度来讲，公众号是一个天生的客户关系管理系统。每个订阅的用户，背后都会自动形成一个数据库，微信公众平台提供了分组、用户资料查看等功能，供账号运营者自己管理。

（4）多向交流的工具。

这里强调“多向”，是因为很多用户错误地认为微信只是双向交流的工具。微信会自动为每个用户生成一个二维码，用户只需要把它附在签名档、微博、短信，或者打印出来贴在餐馆、酒吧和公司的墙上，任何人拿手机轻轻一扫，就可以在微信上迅速找到你、关注你，微信让虚拟与现实之间的界限变得越来越模糊。利用二维码，用户可以交朋友、购物、下载音乐和应用、参与活动，而这就是“多向”。

（5）类短信平台。

如果想在智能手机、平板电脑的客户端使用，就需要微信公众平台账号链接一个微信个人账号，微信个人账号通过公众平台助手进行信息发送。通过微信公众平台账号发送的信息具有群发这一特点，所以微信公众平台更像是一个短信平台，而微信就是一对一的短信，只是内容比短信丰富得多。例如微信认证的明星对着手机说一段话，就可以将其推送到成千上万关注他的粉丝的微信上。当然，粉丝可以回复，只不过回复信息是传送到PC端的公众平台，只有该明星登录PC端网页的时候才能看到各种回复。尽管如此，这也比微博更进一步拉近了公众人物和大众之间的距离。

4. 微信营销的模式

（1）微信公众号模式。

不管是企业还是个人，都可以开通微信公众号，通过微信公众号推送文章并提供服务。有的企业的微信公众号积累了几千万粉丝，可以直接针对自己的粉丝进行精准的信息推送，大大提高了企业的客户管理和运营水平。

（2）微信群营销模式。

当前，很多企业都会按照一定的属性为客户组建微信群，然后在群里发送 H5 活动海报、链接等相关信息，开展定期或不定期的营销推广活动，同时回答客户的咨询和疑问，处理售后相关事宜，增强客户的体验感和满意度。

（3）微信朋友圈营销模式。

我们在微信朋友圈经常会看到朋友分享的内容，所以有的人就通过加好友然后在朋友圈发软文做推广。目前微信好友数量的上限是 5000 人，假如你拥有 5000 个好友，就相当于拥有了一个活跃度很高的微博账户。通过在朋友圈发信息，然后转入微信聊天模式，进入微店成交，已经成为很多电商运营的重点模式。图 7-25 所示为微信朋友圈。

（4）微店营销模式。

很多企业或商家也会在微店上开店，把自己的产品和服务放在微店上，通过微信支付完成交易，所以通过微信构建各种消费服务的企业也非常多。图 7-26 所示为微店首页。

图 7-25　微信朋友圈　　　　图 7-26　微店首页

（5）微信广告模式。

微信针对中小企业主推出了广点通业务，也就是开通账户后，可以在微信公众号的文章底部插入用户的产品广告链接。有实力的企业还可以尝试投放朋友圈广告、微信群广告等。

5. 微信营销的特点

微信朋友圈已经成为了营销的一种代表方式，这种营销方式也确实是有效的。企业利用公众号与用户进行互动，而一些商家则在微信朋友圈进行微信营销。下面我们来了解一下微信朋友圈营销的特点。

（1）营销成本低，盈利高。

微信作为一款社交软件，其自身就是免费的，各种功能也是免费的，所以这相当于零成本，当然，这是在忽略了网络成本与时间成本的前提下。

（2）面向受众精准度高。

微信朋友圈面向受众的精准度较高。例如，女性比较青睐于美妆、时尚类的相关资讯，这些微信号日常会发布很多有关服装和护肤品的信息供用户去浏览。通俗来说，用户是因为有需求才会添加某个公众号，想从微信号中获取自己感兴趣的消息，因此微信受众的精准度就高。

（3）贴近生活气息。

微信朋友圈营销中，商家不仅会发布产品，也会发布一些个人动态信息，这也就模糊了商业与个人生活之间的界限。因此，现在很多商家都会分享个人生活动态，展示最真实的自己，从真诚出发，先获取用户的信任然后再谈产品。

案例　著名汽车品牌与时尚博主的合作营销

某著名汽车品牌与拥有 450 万粉丝的某时尚博主公众号合作，通过该时尚博主所拥有的公众号卖车，100 台该种车型加勒比蓝色限量版 5 分钟售空，50 分钟内全部付款完毕。

2017 年 7 月 9 日，该时尚博主发出一张预热海报，透露 7 月 13 日著名汽车品牌将联合该时尚博主将为 100 位车主带来新款颜色汽车产品的信息。

第一日，该时尚博主发出限量版的预约通道，规定每个手机号只能预约一次。同日著名汽车品牌官方微信订阅号首次发布与该时尚博主的合作。图 7-27 所示为联合宣传的双方的消息发布。

图 7-27　联合宣传的双方的消息发布

紧接着，该时尚博主通过朋友圈表示，“著名汽车品牌限量加勒比蓝 100 辆，5 分钟售空，50 分钟内全部付完款。”

由此案例可以看出，微信公众号与企业的联合营销可以带动产品曝光。该时尚博主在粉丝中的影响力及粉丝的购买力使其成为时尚圈的意见领袖，著名汽车品牌与高关注度、高号召力的 IP 博主合作，能够使著名汽车品牌得以充分曝光，其粉丝的购买力有助于提高产品的销售量。

7.3　音频类平台的营销

传统的音频内容包括广播、磁带等。互联网时代，企业更多地采用在线音频的方式进行内容营销。在线音频主要是指除完整的音乐歌曲或专辑外，还有通过网络流媒体播放、下载等方式收听的音频内容，目前主要指网络电台。

音频内容涵盖了新闻播报、有声小说、综艺娱乐、相声评书、情感生活、教育培训等类型。根据喜马拉雅研究院统计的数据显示，2015 年喜马拉雅 FM 收听热度排行榜前 10 名的内容分别是有声小说、儿童故事、音乐、综艺娱乐、相声评书、历史人文、情感生活、外语、广播剧、最新咨询。

随着移动设备的普及和汽车保有量的提升，网络音频已经成为继传统的电视、广播、报纸后品牌宣传和价值提升的重要工具之一。根据喜马拉雅研究院的统计数据显示，截至 2016 年 1 月 1 日 0 时，国内最大的音频平台喜马拉雅 FM 的用户已突破 2.2 亿，凭借巨大的用户规模，喜马拉雅 FM 已与数千个品牌、媒体形成了合作关系。

声音传递信息的程度弱于视频和图文，但具有一个视频和图文无法比拟的优势，即可以“解放双眼”。随着语音控制技术的迅速发展，这种优势会被逐渐放大。同时，在视频及图文的长期轰炸下，用户难免会出现视觉疲劳，转而投向音频内容的动机也会明显增强。作为营销人员，及早发现并利用这一趋势，将是一个极好的弯道超车机会。图 7-28 所示为喜马拉雅 App 首页。

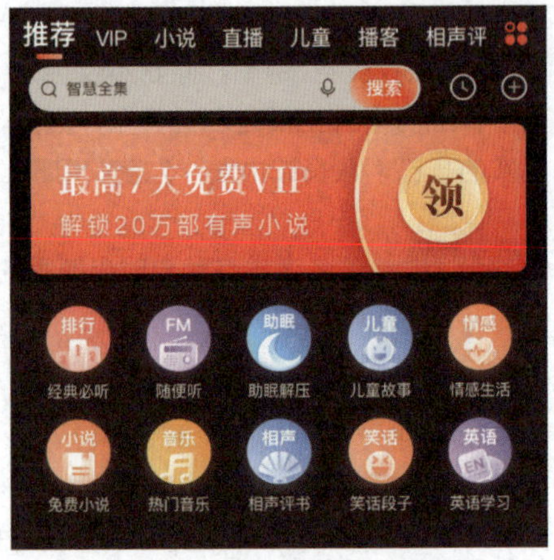

图 7-28 喜马拉雅 App 首页

7.4 电商类平台的营销

7.4.1 淘宝网营销

1. 淘宝网营销概述

淘宝网是亚太地区较大的网络零售商圈，由阿里巴巴集团在 2003 年 5 月创立。淘宝网是中国深受欢迎的网购零售平台，拥有近 5 亿的注册用户，每天有超过 6000 万的固定访客，同时每天的在线商品数已经超过了 8 亿件，平均每分钟售出 4.8 万件商品。图 7-29 所示为淘宝网的徽标。

图 7-29 淘宝网的徽标

淘宝在其业务上线之前就深入分析了中国的网购市场，较之于其他喜欢消费能力较高的白领群体或侧重于收藏分享的电商平台不同，淘宝选择了时尚的年轻女性作为目标客户，这意味着淘宝一开始就着力于“她经济”。与其他早期电商平台如亚马逊、eBoy 相比，这种市场定位更适合中国市场。这是淘宝的市场增长率远远高于其他竞争对手的原因之一。

例如，淘宝的客户目标定位在中低收入消费者，通过 2009 年中国网购调查研究报告可以看出，淘宝的买家主要以低于 5000 元的中低收入群体为主。在 eBay 和淘宝的竞争中可以发现，面对占据 90% 市场份额的 eBay，淘宝没有选择抢夺现有的市场，但 eBay 在发展中忽略了中低端市场，但淘宝在中低端市场占有很大优势，基于此种优势，淘宝达到了接近 800% 快速发展的年增长率，仅仅三年，就占据了 C2C（顾客对顾客）市场份额的 80%，而 eBay 只能放弃中国市场。

随着互联网的蓬勃发展，电子商务也随之成为了互联网的主要发展方向之一。通过电商购物不仅给人们的生活带来了巨大的便利和利益，也带来了新的电商经济。与此同时，基于电商经济，产生的电商营销也在蓬勃发展，其形式和策略也在不断地更新和迭代。在所有电商平台中，淘宝增长最快、最成功、最典型，其电商营销也是最具案例效应的。

由于淘宝具有大规模消费者和卖家的优势，淘宝也不断会根据不同需求对其市场进行细分，以提供更加专业化的服务和体验，从而更有效地满足客户的需求。特别是在“电商造节”方面，天猫“双十一”的打造，针对全品类在每年11月11日进行大促销活动，让卖家赚得盆满钵满，买家买得欲罢不能。

课堂讨论： 分享一下你最近一次在淘宝上购买的商品，并描述你购买这件商品的体验过程。

2. 淘宝网营销的策略

1）产品策略

首先考虑以下问题：

①什么样的产品适合在淘宝销售；

②什么样的产品适合做爆款；

③什么样的产品适合做高利润产品；

④什么样的产品适合做赠品；

⑤你的店铺如何布局。

这些问题考虑清楚之后，在实际操作中还应注意以下内容。

定期更新产品，注重产品的差异化，用多样化的产品使顾客获得娱乐性，增加好评。积极参加网站活动，适时在“聚划算”等活动中提供给顾客优惠，吸引顾客关注，创造良好的品牌形象。组合购买时附赠小礼品，登记好顾客数据，及时传递产品的新信息，吸引老客户，节假日开展打折等促销活动。

2）品牌策略

品牌策略分为以下几个步骤和内容。

（1）炒作品牌。

（2）制作官方网站。

（3）进入淘宝推广阶段。

建立淘宝直营店，进驻淘宝商城，完善所有基本设施（包括页面文案美工），参与淘宝所有活动，使用直通车竞价推广，有了一定名气之后进入品牌直销模式。

（4）进入直销网站推广期。

网站采取货到付款、网银支付、支付宝交易三种方式，申请一个与品牌类似的域名。使用SHOPEX或ECSHOP程序建立网站，网站主体颜色和淘宝旗舰店颜色一致，并完善所有产品录入和文案美工、设计程序等。采用竞价推广和广告联盟推广及一些网络营销方法进行推广。

（5）招商阶段。

在官方网站上投放招商广告，并在淘宝旗舰店和品牌直销站进行推广，制作吸引力强的招商页。招商暂定为网络招商，提供产品数据，以及官方授权书一个，提供统一的推广培训。

3）价格策略

价格策略主要有以下几个方面。

（1）错觉折扣。

人们普遍认为打折的东西质量会差一些，而如果换一种叙述方式，注重强调商品的原价值，让买家觉得可以花更少的钱买到更超值的商品，则效果往往大大不同。

（2）超值一元。

超值一元就是在活动期间，顾客可以花一元钱买到平时售价几十元甚至上百元的商品。或许很多人不明白一个问题：这种促销方式不是会让店铺亏本很多吗？其实不然，从表面上看，这种 1 元钱的商品确实赚不到钱，但是通过这些商品，店铺可以吸引很多流量。还有，一个客户如果购买了一件 1 元商品，那他同时再购买店铺里其他商品的可能性是很大的，因为正好一起邮寄。而那些进到店铺却没有购买 1 元钱商品的买家，购买店铺里其他商品的可能性是非常大的，因为他进来了，看到了你的“宝贝”也许就会实一点儿。

（3）临界价格。

所谓临界价格，就是在视觉上和感性认识上让人有第一错觉的那个价格。尽管促销策略已经被超市、商场运用得泛滥了，但是也说明了这个方法屡试不爽，在实际的操作中，还是可以拿来使用的。

（4）阶梯价格。

所谓阶梯价格，就是商品的价格随着时间的推移出现阶梯式的变化。比如新品上架第一天按八折销售，第二天恢复原价销售。给顾客造成一种时间上的紧迫感，越早买越划算，减少买家的犹豫时间，促使他们冲动购物。

（5）降价加打折。

降价加打折实际上就是对一件商品既降价，又打折，双重实惠叠加。相比纯粹的打折或者是纯粹的降价，它多了一道弯，但是不要小看这道弯，它对顾客的吸引力是巨大的。

（6）一刻千金。

“一刻千金”的促销方案就是让买家在规定的时间内自由抢购商品，并以超低价进行销售。这种用“一刻千金”的方法吸引顾客的注意，等顾客被吸引过来之后，接下来就是让顾客自愿掏腰包了。

4）促销策略

淘宝网上商店的具体促销策略可从网店内、外两个方面入手。其中在网店内进行的销售促进以免邮费、打折、赠品三种方式为主，同时，由于网络购物和网上商店的特殊性，不能忽略其特有的网店信用管理；网店外的促销主要采取“三管齐下”的方式保障搜索引擎结果的排位，“三管齐下”分别是和竞争网店销售联盟、在淘宝社区和论坛发（回）帖、有效利用广告推荐位和“淘宝旺旺”等策略。网上商店同传统的商店一样都需要店主的精心打理，因此，制定既适合网店又适合网络环境的促销策略就显得十分必要。

5）服务策略

耐心友好地解答顾客的问题，注重售后服务，及时获取顾客的信息反馈，加深顾客对店铺的印象，给自己打造一个良好的形象，同时良好的品质，能让顾客感觉到店铺的真诚。

6）内容策略

淘宝从 2016 年就开始了电商内容化的战略布局，希望未来每一个卖家都可以成为内容产生的端口。除了推出自有的淘宝头条、社区、爱逛街、有好货等专注于商品推荐分享的用户原则和专业生产内容外，阿里系自 2013 年开始，就把触角伸向了微博、优酷土豆、影视公司等第三方内容领域，紧密打造从内容生产到内容传播、内容消费的生态体系。随着消费升级和消费个性化，淘宝上也形成了越来越多的原创特色商家，这些商家的数量已经超过 10 万家。通过淘宝直播、微淘、短视频、淘宝群、买家秀等产品与工具，淘宝为商家提供了多种多样的商家运营阵地，帮助他们从运营“流量”转为运营“人”，从营销拉动成交转为“会员”精细化运营带动复购和黏性，从单一商品转为 IP、内容、商品多元化运营。这些全新的运营模式将继续为商家带来爆发性成长。

7）产品策略

产品策略有以下方面。

（1）具有特色。

当一件产品稀缺珍贵时，其不仅具有快速吸睛的优点，还具有快速销售的特点，特色越鲜明的产品越能吸引消费者购买。

（2）顺应潮流。

消费者越来越趋向于购买时尚产品，其特点符合消费者的消费习惯，也体现了时代的进步。

（3）产品包装。

有时淘宝商城和小零售商为了使产品出厂时显得与众不同，就在产品包装上下功夫，让消费者一目了然地将产品与其他商家的产品区分开来。

（4）产品组合销售。

淘宝销售商品和实体店销售没有太大差异，销售也可以使用相同或类似的方法。使用产品组合销售可以捆绑或以“购买一对一”的方式来吸引消费者的注意力，最终实现销售额增长。

课堂讨论： 淘宝这样的平台是新媒体要关注的推广平台吗？其是否仅仅是一个购物平台？

7.4.2 微店营销

1. 微店营销概述

微店具有开通成本低、只需利用碎片时间和个人社交圈就可进行营销推广的优势，是被很多人看好的新兴移动电子商务平台。

移动电子商务呈现社交化口碑传播的趋势，基于微信朋友圈扩散的微店就适应了这个传播渠道。每个用户都可以通过移动设备订阅自己喜欢的品牌和商品信息，建立自己多个不同需求的购物清单，这些被用户订阅的品牌，可以根据粉丝的订阅、点赞和购物清单，进行一对一的推荐，真正实现一对一的精准营销。

微店的优势在于发动每个用户，建立属于他们自己的购物社交，从根本上让零售企业与每个用户建立起长期的亲密关系，微店的出现也必将重新定义实体零售行业在全渠道时代的意义。

2. 微店营销策略

1）微信公众平台是推广的主战场

微信公众平台是一个很有力的推广工具，可以说是专门为媒体、政府机关、商家等打造的信息媒介工具。

在微店中，微店和公众号是联系在一起的，只要买家关注了公众号，就能直接进入卖家的微店中。而如果是使用微店App开店，也可以考虑免费申请一个公众平台的订阅号，使自己的微店看起来更专业、更正规。

只要公众号经营得好，那么就能发挥出强大的宣传能力和粉丝集聚效应，为微店经营带来超乎想象的推动作用。

2）差异化推广

（1）定价差异化。

对于散装的商品，我们可以采用不同的包装，然后进行差异化定价，让买家有更多的选择余地。此外，也可以进行商品搭配，将关联商品组合在一起捆绑销售，给予更优惠的价格。

（2）时间差异化。

个体店铺的促销时间同样也可以避开热门的促销时间段，比如在节假日等众多商家都喜欢的促销时段可以有意识地避开。例如京东的“6・18”，有许多商家就会选择提前一两天甚至一周来开展促销活动，等到“6・18”那天到来时，他们反而恢复原价了。

（3）推广差异化。

多尝试，多总结，找出最适合自己的推广方式和内容。同时，要注意和竞争对手保持差异化。

3）主动分享店铺和商品

微店的流量主要来源于推广，因此，一定要经常主动分享店铺和商品。点击微店右下角的“分享”，即可把店铺链接分享到微信、QQ等很多通信工具中；点击商品下面的“分享”，即可把商品链接同样分享到那些通信工具中。

分享的途径有很多，基本涵盖了我们常用的沟通工具。比如我们可以选择微信好友，然后选择一个人或一个群将信息分享出去。同时也可以分享到朋友圈，附上一句简单的评论，点击“发送”即可。

此外，在分享店铺信息时，还可以使用二维码推广。买家只需使用微信等工具扫一扫二维码，即可直接进入微店。

7.5 案例解析：361° 亚运音乐视频、商业电视广告、快反的社会化媒体营销

361° 品牌通过支持亚运会等体育赛事，让更多的中国人参与到了专业的体育运动中，来关注国家体育运动项目，推动了中国体育的发展。他们和消费者共同度过了每一个激情时刻，传递了一个有血性、有温度、有态度的品牌形象。

1. 传播整体回顾

1）2018 年 7 月 27 日—2018 年 8 月 6 日

361° 营销团队邀请魏晨、韩宇复制了《亚洲雄风》这首歌，载歌载舞，重新燃起人们对亚运的记忆，追忆那个火热的年代，刮起了复古回潮风。

然后，他们在微博上借助各类关键意见领袖扩散传播亚洲雄风的音乐视频，在抖音上发起亚洲雄风加油舞挑战，贴近年轻潮流时尚群体，与消费者建立沟通，使人们对亚运会及品牌的关注度不断高涨。

他们又通过微信渠道，配合投放 45 秒大动画和 1 分 15 秒的商业电视广告，品牌强势曝光，精准触达海量的潜在优质粉丝。

2）2018 年 8 月 6 日—2018 年 8 月 17 日

亚运会开幕前夕，他们开始传播亚运人物态度的商业电视广告，引导粉丝关注亚运赛事，对选手评价正向积极，引发了亚运关注热潮。

3）2018 年 8 月 18 日—2018 年 8 月 30 日

亚运会比赛期间，他们结合赛事热点，推出了赛事快反和产品快反视频，对亚运会讨论的热度不断提高。图 7-30 所示为传播流程图。

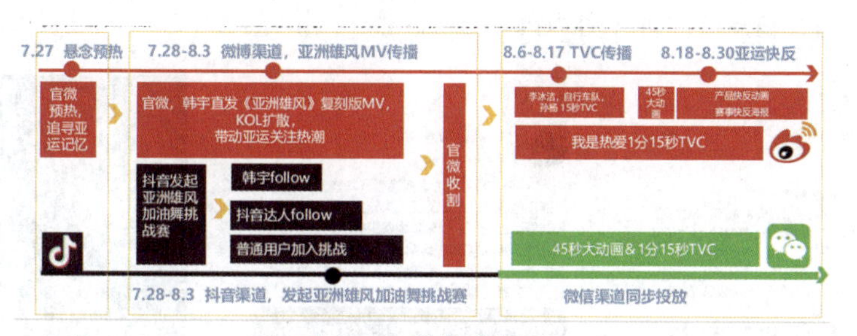

图 7-30　传播流程图

2. 传播效果

微博、抖音、朋友圈的传播效果都非常好，具体内容如图 7-31 所示。

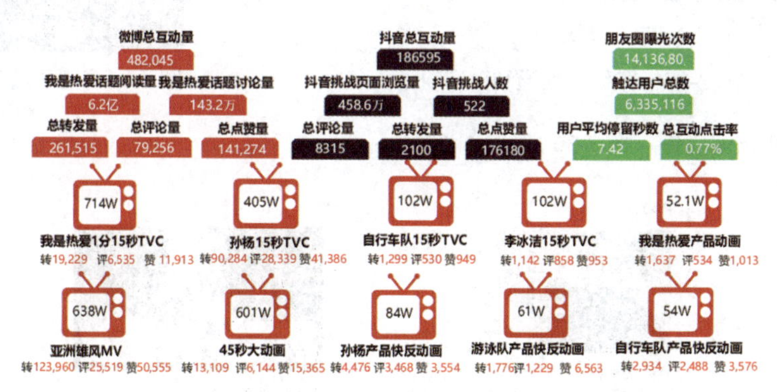

图 7-31　传播效果图

3. 营销策略

他们的营销策略主要有以下几个方面。

1）“我是热爱”微博商业话题上线，以品牌定制，获得更多曝光度。图 7-32 所示为话题传播内容。

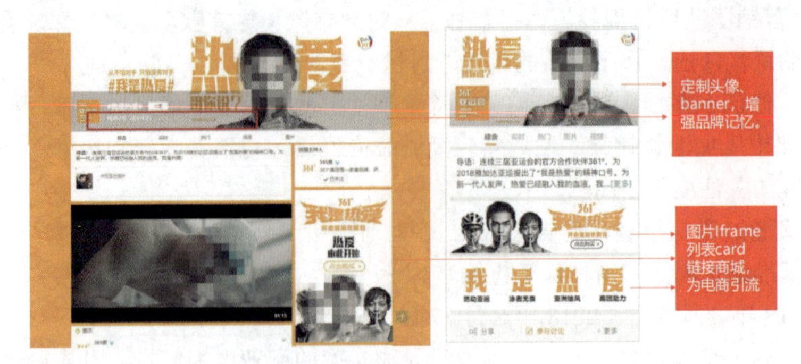

图 7-32　话题传播内容

2）多维度媒介资源组合

采用的组合方式有以下方面。

（1）微博粉丝通和微博粉丝头条（图 7-33 所示）。

（2）抖音：信息流广告（图 7-34 所示）。

图 7-33　微博粉丝通和微博粉丝头条

图 7-34　信息流广告

（3）朋友圈广告（图 7-35 所示）。

图 7-35　朋友圈广告

3）亚运赛事快反，新浪助力传播

在进行亚运快反传播期间，以新浪体育为首的新浪系微博账号助力推广，直发转发微博添加“我是热爱”话题标签，带动了话题的阅读量与讨论量，增加了品牌的曝光度。

转发的内容包括：带“我是热爱”话题的标签，转发 @361 度原发微博，赛事快反海报、产品快反动画、商业电视广告等。

直发的内容包括：带“我是热爱”话题的标签，原发亚运赛事的相关内容，含文字、视频、图片等。

7.6　本章小结

本章主要介绍了在新媒体营销环境下，不同社交平台的自身特性和在相应的平台上开展营销活动所要注意的问题和相应的营销方法，讲解了一些在对应社交平台上开展营销活动的小技巧。并且在每个相应的社交平台说明中配以案例分析，希望能够帮助读者更好地学习理解提到的知识，并在日后的实践中加以利用。

不同的社交平台的本身侧重点不同，能够传递的营销信息、达到的营销效果也不同。只有充分理解不同的平台特性，并在策划过程中将产品特性和平台特点有效融合，才能收到“1+1>2”的营销效果，使营销行之有效。

第8章　网络视频营销和直播营销

国内网络视频用户已达到5.45亿，网络视频使用率为74. 5%，因此在网络视频用户中存在着大量的潜在客户。电商行业可以充分利用网络视频进行营销，推广并宣传品牌、产品与服务，实现客户引流，促进商品交易。网络视频营销已经成为了新媒体营销的一个重要领域。

网络视频营销活动指的是企业将各种视频短片以各种形式放到互联网上，以达到一定宣传目的的营销手段。网络视频广告的形式类似于电视视频短片，只是其平台变成了互联网。“视频”与“互联网”的结合，让这种创新营销形式具备了两者的优点。

据相关机构的数据显示，截止到2020年，中国在线直播用户规模达到了5.24亿，涵盖了游戏直播、秀场直播、生活类直播、电商直播等，观看直播逐渐成为人们的上网习惯之一，同时，庞大的直播用户体量是直播电商行业进行商业变现的前提之一。随着互联网技术的发展，以直播为代表的关键意见领袖带货模式给消费者带来了更直观、更生动的购物体验，转化率高、营销效果好，逐渐成为电商平台、内容平台的新增长动力。

8.1　网络视频类平台的营销

视频营销作为一种主流的营销方式，在企业营销实践活动中使用的频率非常高。随着互联网技术的不断发展，网络视频营销开始成为视频营销的主要形式。网络视频营销建立在互联网技术的基础上，企业通过进行网络视频营销可以实现展示产品、推广品牌和服务的目的。

8.1.1　网络视频营销概述

1. 网络视频营销的含义

在介绍网络视频营销之前，我们先回顾一下视频营销。

传统的视频营销就是电视广告。电视广告有着一定的严肃性和格式，受众很难按照自己的偏好去参与内容。但一直到现在，电视广告的价值依然很大，其龙头地位依然没有被动摇。但是，电视作为视频媒体却有着以下难以回避的局限性。

①受众只能单向接受电视信息，很难深度参与。

②互动营销价值小。图8-1所示为电视广告与电视购物节目的截图。

图 8-1　电视广告与电视购物节目的截图

随着网络成为很多人生活中不可或缺的一部分，视频营销逐渐上升到了一个新的高度，各种手段和手法层出不穷。现在，“视频”与“互联网”的结合，让这种创新营销形式兼备了二者的优点。一方面，它具有电视短片的特征，例如感染力强、形式内容多样、创意纷呈等；另一方面，它又具有互联网营销的优势。如今，很多互联网营销公司纷纷投身视频营销，以其创新的形式受到客户的关注。

网络视频营销是指主要以视频网站为平台，以内容为核心，以创意为导向，利用精细策划的视频内容实现产品营销与品牌传播的目的。营销形式包括影视广告、网络视频、宣传片、微电影等多种方式，并把产品或品牌信息植入视频中，产生一种视觉冲击力和表现张力，通过网民的力量实现自传播，达到营销的目的。图 8-2 所示为网络视频平台。

图 8-2　网络视频平台

2. 网络视频营销的特点

1）目标精准

网络视频营销是一种传播非常精准的营销方式，可以帮助企业精准地找到潜在的消费者。通常只有对产品、品牌、视频内容感兴趣的用户才会对视频产生兴趣，进而持续关注，甚至由关注者变为传播分享者。一般来说，有趣、轻松的视频更容易被用户主动传播，当视频获得用户的主动传播后，企业、产品或品牌等信息就会在互联网上迅速扩散。

2）成本低廉

与传统的电视广告相比，网络视频的营销成本要低很多。企业通过电视广告的形式播放宣传视频，往往需要花费几十万到几百万元不等的高额广告费；而通过互联网开展视频营销活动，只需要支付较低的制作费用与投放费用，就可以获得相当可观的回报。

3）互动性高

互动性高是网络营销的显著特点，也是优势所在。用户在观看视频之后，可以通过回复、留言等形式与视频发布者和其他观看视频的用户进行互动，同时也可以使用点赞、转发、分享等功能，表达用户的支持。在哔哩哔哩视频网站上，“评论、投币和转发”被称为“三连”，“三连”数据越高的视频，其热度越高，传播力越强。

4）传播更广更快

互联网的传播速度很快，很多视频在发布后很短的时间之内就可以得到快速的传播。网络视频的传播途径也非常多样，有的可能是企业定时向用户进行的推送，也可能是用户主动或者随机在网站平台上的自主观看。这种多样化的传播渠道使视频营销的传播范围更加广泛，传播速度更加快捷。

5）可预测效果

传统的电视广告在播出之后，并不能给企业有效地反馈营销数据，只能参照产品销售数量来做出判断。但是，网络视频的投放效果是可以根据数据进行分析和预测的，比如某视频播放量、回复数、用户停留时长和转发量等。这个数据不仅可以预测视频效果，还可以为下一次的视频营销提供决策依据。

3. 网络视频营销的表现形式

随着多媒体技术和信息网络技术的发展，网络视频营销的表现形式还在不断地创新和变化。现在比较常见的网络视频表现形式主要包括传统影视节目二次传播、网络视频短剧、创意视频、微电影和用户自发生产的视频等类型。

1）传统影视节目二次传播

传统的影视节目大多只进行一次传播，例如在电视上进行播放。但是一些传统的影视节目因为种种特性，会产生二次传播。例如吸引大众目光的热点新闻，制作精良、情节动人的电视剧，引发广泛热议的电视节目内容等，都可能以完整或片段的形式发送到网络上。这种在电视上进行过一次传播，又被投放在网络上进行再次传播的形式，就被称作二次传播。二次传播可以增加用户的深度交流，让更多被二次传播吸引过来的用户转而关注原本的影视节目，对用户进行广泛引流，提高节目的收视率和知名度。一般来说，很多比较受欢迎的热门综艺节目、电视节目很容易在网络上实现二次传播，比如《令人心动的offer》《妻子的浪漫旅行》等，如图8-3所示。

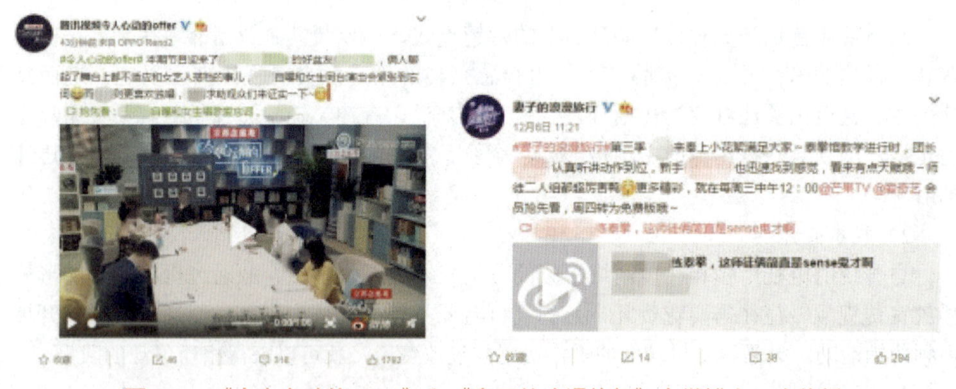

图8-3　《令人心动的offer》和《妻子的浪漫旅行》在微博上二次传播

2）网络视频短剧

剧情轻松、有趣或有创意的网络视频短剧往往是网络视频营销的热点区域，它们通常有比较完整的故事情节，达到吸引用户、传播产品和品牌的目的。网络视频短剧非常贴合互联网，非常便于与网络用户进行沟通互动；既可以进行品牌曝光，又可以培养用户对品牌的喜好度和忠诚度，保持网络用户与品牌持续而良好的沟通。比如《嘻哈四重奏》的投资方之一康师傅绿茶，在《嘻哈四重奏》播放过程中销量一度上升了 10%，如图 8-4 所示。

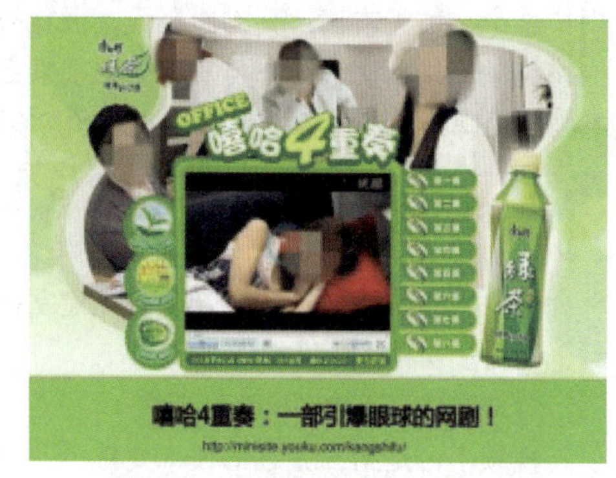

图 8-4　《嘻哈四重奏》投资方之一的康师傅绿茶

3）创意视频

创意视频是一般时长为 3 ～ 8 分钟的短视频，主要借助网络传播，内容极富创意和幽默感，富有故事性。创意视频营销是以创意为核心，将企业需要推广的信息或者产品（服务）的广告植入进一段短视频中。这种创意视频既可以是经过深思熟虑的原创拍摄，也可以是通过后期制作手段完成的视频。现在，好的创意是营销活动中弥足珍贵的宝藏，一个好的创意视频可以引发大范围的传播，收获令人惊喜的传播效果，在短暂的时间内快速地在互联网中抵达受众。图 8-5 所示为美食自媒体人的创意视频。

图 8-5　美食自媒体人的创意视频

4）微电影

微电影即微型电影，是主要通过互联网进行传播的一种短影片，适合在移动状态和短时休闲状态下观看。微电影通常具有完整的故事情节，制作周期短，投资规模较小，内容范围广泛。例如幽默搞怪、时尚潮流、公益教育、商业定制等主题，可以单独成篇，也可系列成剧。图 8-6 所示为爱奇艺平台的网络大电影。

图 8-6　爱奇艺平台的网络大电影

5）用户自发生产的视频

用户自发生产的视频指用户自制视频，通常是通过互联网进行传播。这一类视频由用户生产，种类丰富，真实性极强，很容易引发其他用户关注和讨论的积极性。与其他网络视频形式相比，用户自发生产的视频更有利于品牌与用户之间的互动，让用户真正参与到品牌传递的过程中，营销效果好。

8.1.2 网络视频营销活动

网络视频营销活动的展开，必须建立在网络视频平台上，下面我们将其分为网络视频平台与短视频平台进行讲解。

1. 网络视频平台

视频平台是指在完善的技术支持下，让互联网用户在线流畅发布、浏览和分享视频作品的网络媒体。

1）网络视频平台

（1）腾讯视频。

腾讯视频于 2011 年 4 月上线，是在线视频平台，具有专业的媒体运营能力，是聚合热播影视、综艺娱乐、体育赛事、新闻资讯等为一体的综合的流行视频内容平台，并通过个人计算机（PC）端、移动端及客厅产品等多种形式为用户提供高清流畅的视频娱乐体验。

图 8-7 所示为腾讯视频的徽标与腾讯视频首页截图。

图 8-7 腾讯视频徽标与腾讯视频首页截图

（2）爱奇艺视频。

爱奇艺视频是爱奇艺旗下一款专注于视频播放的客户端软件。爱奇艺视频包含爱奇艺所有的电影、电视剧、综艺、动漫、音乐、纪录片等超清视频内容。爱奇艺视频支持个人计算机、移动、苹果计算机三大平台。

图 8-8 所示为爱奇艺的徽标与爱奇艺首页截图。

（3）优酷网。

优酷网是 2006 年 6 月 21 日创立并正式上线的视频平台。优酷现为阿里巴巴文化娱乐集团“大优酷事业群”下的视频平台。目前，优酷、土豆两大视频平台覆盖了 5.8 亿多屏幕终端、日播放量 11.8 亿次，支持个人计算机、电视、移动三大终端，兼具版权、合制、自制、自频道、直播、虚拟玩家游戏等多种内容形式。业务覆盖会员、游戏、支付、智能硬件和艺人经纪，从内容生产、宣发、营销、衍生商业到粉丝经济，贯通于文化娱乐全产业链。

图 8-8　爱奇艺的徽标与爱奇艺首页截图

图 8-9 所示为优酷网的徽标与优酷网首页截图。

图 8-9　优酷网的徽标与优酷网首页截图

（4）芒果 TV。

“芒果 TV”是以视听互动为核心，融网络特色与电视特色于一体，实现“多屏合一”独播、跨屏、自制的新媒体视听综合传播服务平台，同时也是湖南广电旗下唯一的互联网视频平台。2018 年 6 月，“快乐购”重大资产重组正式获批，“芒果 TV”作为湖南广电“双核驱动”战略主体之一，与“芒果互娱”“天娱传媒”“芒果影视”“芒果娱乐”五家公司整体打包注入“快乐购”，正式成为国内 A 股市场首家国有控股的视频平台，同年 7 月，快乐购正式更名为“芒果超媒”。

图 8-10 所示为芒果 TV 视频首页截图。

图 8-10　芒果 TV 视频首页截图

（5）搜狐视频。

搜狐视频成立于2004年年底，前身是“搜狐宽频”。2006年，作为门户网站的第一个视频分享平台——“搜狐播客”正式成立。2009年2月，搜狐“高清影视剧”频道上线，独家首播千余部影视剧。搜狐视频提供正版高清电影、电视剧、综艺节目、纪录片在线观看功能，网罗最新、最热新闻和娱乐视频资讯，实时直播各大卫视节目，同时提供免费无限的视频空间和视频分享服务。

图8-11所示为搜狐视频的徽标与搜狐视频首页截图。

图8-11　搜狐视频的徽标与搜狐视频首页截图

2）短视频平台

短视频早已成为移动互联网时代品牌传播的重要载体。早期的图文传播形式已经不再新鲜，现在，具有直观化、清晰化、动态化等优势的短视频成为品牌营销的首选。各大短视频平台也频频在内容生成、商业化变现等方面发起新动作，一度成为行业关注的热点。

短视频平台之间的竞争已经从流量竞争过渡到了内容竞争、商业化变现竞争等方面的竞争。熟悉各大短视频平台的发展动向，有助于品牌拥有者提前把握正确的走向和趋势。

（1）抖音。

抖音是一款可以拍摄短视频的音乐创意短视频社交软件，由今日头条“孵化”而来。该软件于2016年9月上线，是一个专注于年轻人音乐短视频的社区平台。用户可以通过这款软件选择歌曲，拍摄音乐短视频，形成自己的作品。图8-12所示为抖音的徽标与抖音App图标。

图8-12　抖音的徽标与抖音App图标

（2）快手。

快手是北京快手科技有限公司旗下的产品。快手的前身，叫“GIF快手”，诞生于

2011 年 3 月，最初是一款用来制作、分享 GIF 图片的手机应用。2012 年 11 月，快手从纯粹的工具应用转型为短视频社区，成为用户记录和分享生产、生活的平台。图 8-13 所示为快手的徽标与快手 App 图标。

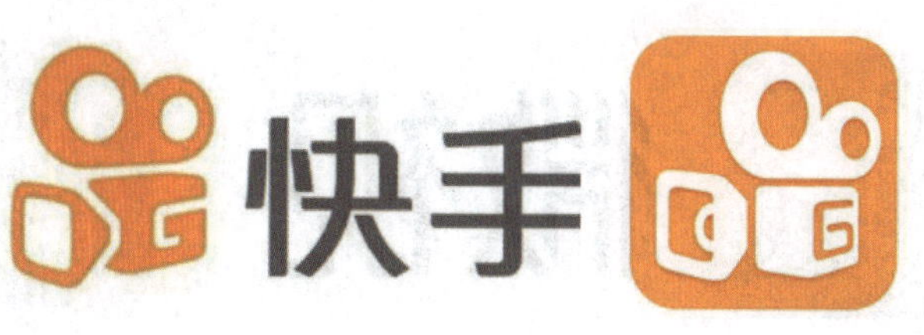

图 8-13 快手的徽标与快手 App 图标

（3）抖音火山版。

抖音火山版，曾用名“火山小视频”，是一款由今日头条“孵化”而来的短视频社交 App，通过小视频帮助用户迅速获取内容，展示自我，获得粉丝，发现同好。抖音火山版通过大数据算法，同步算出用户的兴趣，定制用户专属的直播和视频内容，具有快速创作短视频、视频特效、精美高端画质等特点。2020 年 1 月 8 日，火山小视频和抖音正式宣布品牌整合升级，火山小视频更名为抖音火山版，并启用全新图标。图 8-14 所示为抖音火山版的徽标与抖音火山版 App 图标。

图 8-14 抖音火山版的徽标与抖音火山版 App 图标

（4）梨视频。

2016 年 11 月 3 日，梨视频上线，定位为主打资讯阅读的短视频产品。梨视频大部分视频时长在 30 秒—3 分钟，偶尔有的一些纪录片也多在 10 分钟的篇幅内。梨视频在北京、上海设有办公室和生产基地。图 8-15 所示为梨视频的徽标与梨视频 App 图标。

图 8-15 梨视频的徽标与梨视频 App 图标

（5）微视。

微视是腾讯旗下的短视频创作平台与分享社区。用户不仅可以在微视上浏览各种短视频，同时还可以通过创作短视频来分享自己的所见所闻。此外，微视还结合了微信和QQ 等社交平台的优势，用户可以将微视上的视频分享给好友和社交平台。图 8-16 所示为微视的徽标与微视 App 图标。

图 8-16 微视的徽标与微视 App 图标

2. 网络视频发布流程

现代硬件设备和软件技术的发展，让制作网络视频不再是一件专业、困难的事情，只要掌握基本的操作知识，就可以运用自己的思维、经历和创意制作出独具特色的视频，并借助互联网将视频传播出去，达到营销推广的目的。

1）确定网络视频的类型

前面介绍了视频营销的常见表现形式。原则上说，不同的表现形式适合不同的企业，具有不同的效果。比如微电影、网络视频短剧等形式均需要花费一定的成本，需要专业的团队进行策划和制作，才能达到良好的效果。创意视频对视频剧本的专业性要求不高，但通常也需要花费一定的成本，且一定要具备独特的创意，才能吸引用户关注。传统节目的二次传播和用户自发生产的视频，相比之下成本较低，个人也可以完成，但要求制作者具备一定的才华或能力，可以快速、准确地发现用户喜欢关注的问题，借助视频对这个问题进行催化，才能引起广泛的传播。

2）网络视频制作流程

与专业视频相比，制作网络视频的复杂性和技术性更低，但为了保证视频的质量，也需要遵循一定的制作流程，如图 8-17 所示。

图 8-17 网络视频制作流程

（1）构思内容。

网络视频营销的关键是内容，内容的好坏直接决定了视频的传播和影响力。由于网络视频通常时长较短，所以在构思视频内容时，要确保可以在短时间内完成故事主题、情节或创意的表达，保证视频的完整性，要将产品和品牌信息完美地嵌入视频中，且不影响用户对视频内容的观看和理解。

（2）剧本设计。

不管是哪一种视频类型，最好都提前设计一个完整的剧本——有情节、有逻辑、有观看价值的视频才能给用户留下更深刻的影响。通过对人物、对白、动作、情节、背景、音乐等元素进行设计，准确地向用户传达视频的视觉效果和情感效果，引起用户的好感和共鸣。

（3）角色选择。

如果视频需要通过角色来传达信息，那么角色的选择一定要符合视频和品牌的定位，体现产品或品牌的特质，让视频内容与推广内容自然贴合。

（4）视频拍摄。

拍摄视频可以使用专业的拍摄工具，如单反相机、摄像机等，也可以使用手机等移动设备进行拍摄，拍摄器材的选择需要依据视频的性质而定。在拍摄视频时，要注意内景和外景的选择，场景风格以适应视频内容为前提。

（5）剪辑制作。

剪辑是指将所拍摄的视频整理成一个完整的故事，剪除多余的影像，进行声音、特效等后期制作。在剪辑过程中，还需要考虑将产品和品牌的推广信息添加到视频中，制作出符合企业要求的营销视频。

3）网络视频发布技巧

一个能够得到广泛传播的视频，不仅需要优质的内容和恰当的宣传，还需选择正确的发布平台和投放方式。

传统视频一般会选择电视台的黄金时段进行发布，例如春节联欢晚会前的广告时段通常会被卖出高价；而网络视频的发布则通常选择流量更高的视频平台，比如优酷、爱奇艺、腾讯、哔哩哔哩等。这些网站的用户多、流量大，视频点击量高，可以更好地帮助网络视频进行传播，达到更好的营销效果。图 8-18 所示为爱奇艺视频网站的广告栏目页面。

图 8-18　爱奇艺视频网站的广告栏目页面

3. 网络视频营销策略

1）网络视频整合营销策略

不同的网络用户通常有不同的网络习惯和不同的视频接触途径，这使得单一的视频传播途径很难收到良好的效果。因此，开展视频营销时不仅需要在公司网站开设专区，吸引目标客户的关注，还应该与主流的门户、视频网站合作，以扩大视频的影响力。此外，在通过互联网进行视频营销的过程中，还可以整合线下活动资源和媒体进行品牌的传播，进一步扩大推广效果。

除渠道的整合外，对视频营销的模式和类型也可进行整合。将微电影、网络自制短剧、动画视频、创意视频、贴片广告、植入式视频、网友自制视频等不同类型的网络视频模式和类型进行组合，可形成各种不同的营销方案，满足不同渠道、不同用户、不同营销目标的要求。图 8-19 所示为整合营销策略图。

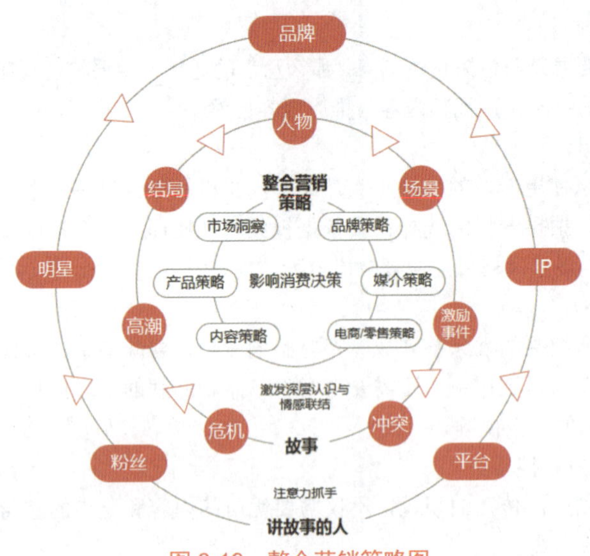

图 8-19　整合营销策略图

2）网络视频连锁传播营销策略

视频营销的传播渠道是营销中非常重要的一环，很多时候，单一的传播渠道往往无法取得良好的营销效果，此时就需要采用多渠道、多链接，环环相扣，具有连续性和连锁性的传播方式，扩大视频的影响范围，延长影响时间。

（1）纵向连锁传播。

纵向连锁传播是贯穿于网络视频构思、制作、宣传、发布、传播每一个环节的传播策略，即精确地抓住每一个环节的传播点，配合相应的渠道进行推广。比如某个企业要制作一个推广视频，制作初期可以透露视频的制作消息，包括视频的亮点、选角等信息，进行宣传预热。在制作阶段也可以剪辑一些花絮发布到网络上，利用各种媒体渠道和新闻渠道进行宣传。视频上线后，进一步对前期预热的效果进行扩大和升华，加大宣传的力度和深度，增强视频营销的作用。图 8-20 所示为某电视剧的微博界面与预告片截图。

图 8-20　某电视剧的微博界面与预告片截图

（2）横向连锁传播。

横向连锁传播贯穿于整个纵向传播的过程，又在每一个环节进行横向延伸。选择更多、更热门、更合适的传播平台，不局限于某一个媒体或网站，将社交平台、门户网站、视频平台全部纳入横向连锁传播体系中，扩大每一个纵向环节的传播策略、传播深度和传播广度，让营销效果进一步延伸，从而实现立体化营销。图 8-21 所示为电视剧《庆余年》在腾讯视频、爱奇艺两个平台进行播放。

图 8-21　电视剧《庆余年》在腾讯视频、爱奇艺两个平台进行播放

3）网络视频创意营销策略

在多元化网络营销时代，人们每天都可以通过网络接收到无数新鲜有趣的信息，网络视频如果想从无数的信息中脱颖而出，其中的创意是非常重要的。创意营销是一种具有创新性的营销活动，要求视频的内容、形式等突破既有的思维定式。创意营销可以有效地吸引用户的关注和兴趣，获得病毒式的营销效果。

4）网络视频互动体验营销策略

拥有一个多样化的互动渠道是网络视频互动体验营销的前提，常见的视频网站、社交平台可以实现用户参与互动。同时，为了优化用户的体验，建议丰富视频的体验方式，比如选择更精良的视听语言完成制作，为用户提供优质的观看体验；也可以从用户的角度出发，在界面设计交互活动中优化用户的心理体验等。平台与用户的直接互动也是网络视频互动体验营销的重要一环，包括引导用户评论、转发等，让用户可以通过多元化的互动平台，自由、便利地表达自己的意见。表 8-1 所示为视频营销趋势。

表 8-1　视频营销趋势表

趋　势	内　容
直播	营销渠道的转变，借助粉丝经济放大效果
智能广告	大数据算法，根据用户喜好匹配精准广告
场景营销	与虚拟现实技术或增强现实技术结合，提供沉浸式互动体验
内容为王	优质 IP 稀缺，垂直内容广告价值提升

8.1.3 短视频营销

1. 短视频的定义

自 2017 年以来，“短视频”成为新媒体营销最火爆的三个字。短视频即短片视频，是一种互联网内容传播方式，一般指在互联网新媒体上传播时长在 5 分钟以内的视频。随着移动终端的普及和网络的提速，短、平、快的大流量传播内容逐渐获得各大平台、粉丝和资本的青睐。据第 43 次《中国互联网络发展状况统计报告》显示，截至 2018 年 12 月，短视频用户规模达 6.48 亿，用户使用率为 78.2%。

2019 年 1 月 9 日，中国网络视听节目服务协会发布《网络短视频平台管理规范》和《网络短视频内容审核标准细则》。图 8-22 所示为人民网对《网络短视频平台管理规范》的新闻报道。

人民网 >> 知识产权 >> 首页滚动

《网络短视频平台管理规范》要求平台“履职”

图 8-22 人民网对《网络短视频平台管理规范》的新闻报道

2. 短视频的特点

（1）短视频性价比更高。

短视频具有推广价格低廉和受众群体精准等优势。传统媒体推广价格高，短视频准入门槛低，制作价格便宜。原本只能靠专业摄像机才能录制的视频，伴随着科技的进步和智能手机的普及与发展，人们可以轻松地制作出属于自己的画质清晰的小视频。短视频的传播方式也简单到直接发送到网上就可以和其他人分享。新媒体利用大数据并根据用户的浏览记录和兴趣推荐短视频，受众人群更加精准，这是电视广告、户外广告、电梯广告都无法比拟的优势。

（2）短视频更具真实性。

与文字和图片相比，短视频的真实性更高，再加上都是连续的片段，不会造成视觉上的太大偏差。对于消费者来说，短视频交代的信息量更大、更连贯，真实性也更强。

（3）短视频社交媒体属性更强。

一方面，用户通过参与短视频话题，突破了时间、空间、人群的限制，参与线上活动变得简单有趣，也更有参与感；另一方面， 社交媒体为用户的创造及分享欲望提供了一个便捷的传播渠道。

（4）短视频更能形成品牌特色。

在这个信息爆炸的时代，千店一面的形象已经不再适合现代消费者。不论一个企业销售什么产品，最重要的就是在消费者心中“贴上”自己产品与众不同的“标签”。短视频可以为产品加上这个个性“标签”，形成自己的品牌营销力。

3. 短视频的分类

短视频分为许多类型，下面逐一进行介绍。

（1）短纪录片。

“一条”二更是国内出现较早的短视频制作团队，其内容形式多数以纪录片形式呈现，内容制作精良，其成功的渠道运营优先开启了短视频变现的商业模式，被各大资本争相追逐。图 8-23 所示为“一条”视频的徽标与“一条”视频的线下实体门店。

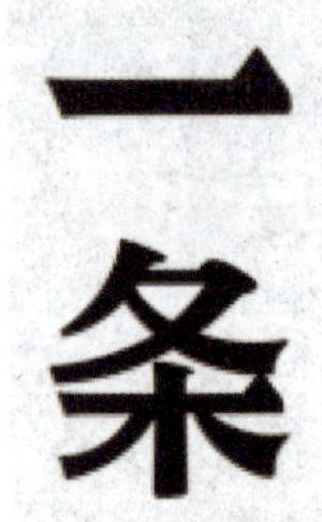

图 8-23　“一条”视频的徽标与“一条”视频的线下实体门店

（2）网红 IP 型。

“papi 酱”“回忆专用小马甲”等网红形象在互联网上具有较高的知名度，其制作的内容贴近生活，庞大的粉丝基数和用户黏性背后潜藏着巨大的商业价值。图 8-24 所示为某网络红人的短视频专辑与视频截图。

图 8-24　某网络红人的短视频专辑与视频截图

（3）草根恶搞型。

以快手为代表，大量草根借助短视频风口在新媒体上输出搞笑内容，这类短视频虽然存在一定的争议，但是在碎片化传播的今天也为网民提供了不少娱乐谈资。

（4）街头采访型。

街头采访也是目前短视频的热门表现形式之一，其制作流程简单，话题性强，深受都市年轻群体的喜爱。

（5）技能分享。

随着短视频热度的不断提高，技能分享类短视频也在网络上有非常广泛的传播。图 8-25 所示为“办公技能”短视频账号首页与视频合辑。

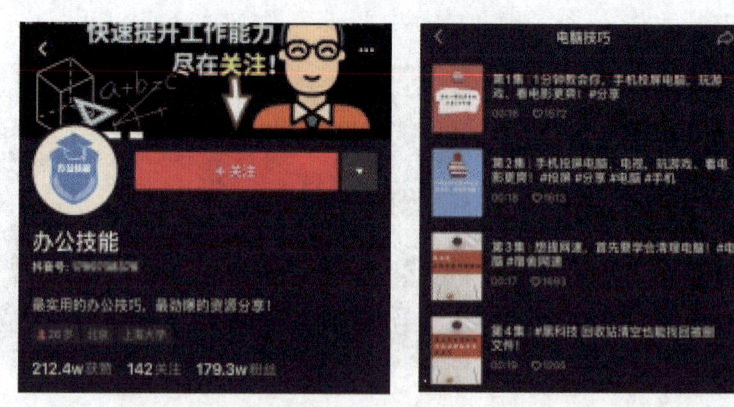

图 8-25 “办公技能”短视频账号首页与视频合辑

（6）情景短剧。

“套路砖家”，“陈翔六点半”等团队制作的内容大多偏向于此类表现形式，该类视频短剧多以搞笑创意为主，在互联网上有非常广泛的传播。

（7）创意剪辑。

利用剪辑技巧和创意，或精美震撼，或搞笑幽默，有些会加入解说、评论等元素，也是不少广告主利用新媒体短视频热潮植入品牌广告或产品的一种方式。图 8-26 所示为某电影解说自媒体的抖音账号界面与视频合辑。

图 8-26 某电影解说自媒体的抖音账号界面与视频合辑

4. 短视频营销的技巧

短视频营销是时下一种炙手可热的营销手段，在此趋势下，如何把握短视频营销是企业要研究的关键问题之一。

（1）短视频营销需要互动化。

开展短视频营销，首先要找到一个能引爆用户群的“社交话题”，搜集一个目标受众切实关心的问题，然后借助短视频的丰富表现力给予解答，从用户的角度来与受众对话。

（2）短视频营销需要场景化。

没有人喜欢看广告，却没有人不爱听故事。开展短视频营销，其次是要将一种品牌元素或价值主张融入到富有感染力的故事中，以吸引用户的注意力，打动用户，并让用户分享短视频。

（3）短视频营销需要年轻化。

中国的“95 后”群体规模已接近 2.5 亿，他们注重强互动和高体验感，“多场景 + 短内容 + 无缝化”切换和链接，才能让他们获得对精彩世界的即刻满足感。在短视频营销的传播方式上，借助“红人”资源的信任传递搭建与目标受众对话的情感纽带，引爆一次成功短视频营销的关键词。“红人”在短视频这个舞台的影响力甚至远超一些明星艺人，这种交互式的、自下而上的传播模式，更符合年轻人的认知模式。

5. 优质短视频的五要素

想要制作一个优质的短视频，首先要知道一个优质短视频包括哪些元素，如此才能优化这些元素，制作出优质短视频。

（1）有创意有亮点的标题。

广告大师大卫・麦肯兹・奥格威在他的《一个广告人的自白》中说过，用户是否会打开你的文案，80% 取决于你的标题。在出版界，一本书的封面署名会在很大程度上影响一本书的销量，这一定律在短视频中也同样适用。标题是决定短视频打开率的关键因素。平台在对短视频内容进行推荐分发时，会从标题中提取分类关键词进行分类。接下来短视频的播放量、评论数、用户停留时长等综合因素则决定了平台是否会继续推荐该条视频。所以，短视频为用户解决的是什么问题，或者能给用户什么样的趣味是我们在起标题的时候需要优先考虑的问题。把这些内容通过标题展现出来，不仅能够提高短视频的打开率，还能吸引精准用户关注账号。

（2）视频画质清晰。

视频画质的清晰度直接决定了用户观看视频的体验感。模糊的视频会给人留下不好的印象，用户可能在看到的第一秒就会跳过。所以，这种时候，即使你的视频内容再好看，也可能得不到用户的关注。我们会发现很多受欢迎的短视频画质像电影“大片”一样，画面清晰度高，色彩明确。这一方面取决于拍摄硬件的选择，另一方面也取决于视频的后期制作。现在有很多短视频拍摄和制作软件的功能相当齐全，滤镜、分屏、特效等视频剪辑的需求都能满足。

（3）给用户提供价值或者趣味。

短视频让用户驻足观看主要有两个原因：一是用户能从中获取有用的信息，二是用户能从视频中获得共鸣。所以，我们制作的短视频要能给用户提供价值或者趣味，二者能满足其一即可，而不是让用户看完觉得枯燥无味，不知所云。

（4）精准把控配乐及背景音乐的节奏。

如果说标题决定了短视频的点击率，那么音乐就决定了短视频的整体基调。视听是短视频的表达形式，配乐作为“听”的元素，能够增强短视频在镜头前给用户传递信息的力量。在短视频的音乐节奏搭配上需要注意两个要素：一是在短视频的高潮部分或者是关键信息部分，卡住音乐的节奏，一方面要突出重点，另一方面要让音画更具协调感；二是配乐或背景音乐的风格与短视频内容的风格要一致，不要胡乱搭配，例如搞笑视频配抒情音乐，严肃视频又配搞笑音乐，等等。

（5）多维度精雕细琢。

优质的短视频都是经过多维度地精雕细琢的，甚至可能修改了数十次才得以呈现在公众面前。强大的短视频团队都会在编剧、表演、拍摄和剪辑等多方面精雕细琢，从每一个角度来让视频更好看，更有创意，从而打造出更优质的短视频。

案例　阿玛尼霓色唇语限量系列携手抖音开展短视频营销活动

阿玛尼针对霓色唇语限量系列，与共计 11 位“抖音”时尚美妆类达人合作，以“lipvibes”为标签，赋予每个色号独特的含义，从而对唇膏进行推广。产品定位准确，营销效果良好，具体数据如图 8-27 所示。

	平台	达人名称	ID	作品链接	粉丝数（w）	发布时间	转发	评论	点赞
	抖音	吴佳煜	JJ1118	http://v.douyin.com/RhUXY8/	768.9	10月25日	332	1.6w	5.8w
	抖音	Rita姐_白蔡翾	3308805	http://v.douyin.com/RrpqvH/	339.3	10月25日	110	471	6520
	抖音	小安妮大太阳	ANTY	http://v.douyin.com/Rrca6m/	304.7	10月25日	1402	1535	3.5w
	抖音	露啦噜	9001243	http://v.douyin.com/Rrw9Qk/	295.6	10月25日	55	187	3377
	抖音	沙特阿拉白公主	Bgz1998	http://v.douyin.com/RrnSNS/	327.3	10月25日	237	697	5955
	抖音	李一檬EMOO	30265595	http://v.douyin.com/RrwtYR/	293.3	10月25日	811	1424	5.4w
	抖音	婕妤	4215058	http://v.douyin.com/RrEWYa/	486.9	10月25日	75	607	2.5w
	抖音	还是那个把子	carry.ba.son	http://v.douyin.com/RhN5FL/	67.8	10月25日	14	115	1331
	抖音	AllA	58247037	http://v.douyin.com/RroWBU/	267.9	10月25日	432	496	1.5w
	抖音	洁哥是女大神呐	chacyone	http://v.douyin.com/Rrvxj7/	146.6	10月25日	509	273	9334
	抖音	戴美施	daimeishi	http://v.douyin.com/RrTsJj/	194.6	10月26日	2012	567	3.2w
total							5989	2.2w	24.5w

图 8-27　抖音营销数据

8.2 直播类平台的营销

8.2.1 直播营销概述

“互联网 +”的时代环境促使企业的营销模式不断发生变化，网络视频直播因为有着更年轻的用户、更立体的视觉感官、更快的实时互动和更鲜明的话题性等优势，正逐渐成为企业品牌推广、带动销售的新切入点。

1. 直播营销的概念

直播营销是企业以视频、音频直播为手段，以广播、电视、互联网为媒介，在现场随着事件的发生与发展进程同时制作和播出节目，最终达到品牌提升或产品销售的目的。直播营销的核心价值在于它聚集注意力的能力，未来直播营销也会成为每个企业品牌提升或某种产品营销推广的标配。

网络视频直播是指利用互联网和流媒体技术进行的直播。因视频融合了图像、声音、文字等多种元素，通过真实生动的实时传播和强烈的现场感，能达到使远程客户端用户印象深刻、记忆持久的传播效果，会逐渐成为互联网的主流表达方式。由于互联网直播营销具备直观、表现形式佳、内容丰富、实时互动性强、不受地域限制、受众群体广泛等特点，商家能借此增强广告宣传的效果，受到了众多商家的青睐。直播结束后，观众能够依照自身的喜好进行部分直播内容的重播观看，既有效延长了直播的时间与空间，又发挥出了直播的最大价值。网络直播营销正逐渐成为商家网络营销工作的重点内容。图 8-28 所示为某商家直播营销的画面。

图 8-28　某商家直播营销的画面

2. 直播营销的特点

随着互联网的发展，直播营销以即时事件、常用媒介、直达受众等特点，广受企业营销者的青睐。表 8-2 所示为直播营销的特点汇总表。

表 8-2　直播营销特点

特点分类	分类解说
即时事件	直播可以同步看到事件的发生、发展与结局。通过视频画面与声音第一时间反映现场的情况，为观众了解信息提供了直观、即时的信息获取方式。特别是对于比赛、发布会等形式的直播来说，主播可以在介绍最新进展的同时，邀请观众参与互动
常用媒介	直播营销的设备非常简单，常见的手机等移动在终端、计算机上等都支持直播。而基于互联网的直播营销，可以直接通过手机进行，营销的传播速度快、范围广，营销效果也愈加明显
直达受众	直播营销无法对直播内容进行剪辑和加工，观众看到的内容就是播出的内容，二者完全一致。鉴于此，要注重直播流程与设备的维护，避免出现直播失误而给观众留下不好的印象

3. 直播营销的优势

直播营销是一种营销形式上的重要创新，它能体现出互联网的特色。相对传统的营销模式，直播营销有着极大的优势。

（1）实时互动性。

直播作为一个可以和用户面对面交流的平台，开播前通过多种造势手段，将网络上分散于各个角落的目光集中吸引到某个时段中的某个平台上。在直播过程中，主播不会只顾自己，而会让用户获得参与感。例如发弹幕，喜欢谁就直接献花或打赏，主播也会对用户的提问及时地回复，对用户的打赏表示感谢，这满足了用户更为多元化的需求。与传统的营销方式相比，直播营销的社交性强，实时互动的形式更能抓住用户心理，用户对企业品牌的黏性也在无形中增强了。

（2）用户精准性。

在观看直播时，用户需要在一个特定的时间共同进入播放页面，这种播出时间上的限制，也能够让主播识别并抓住对企业及产品具有忠诚度的精准目标人群。

（3）高效性。

相对于其他的营销方式，直播营销让用户和主播直接接触，企业可以在短时间内完成产品或品牌特性的宣传、产品使用效果的传递，并能及时解答用户的疑问。用户能够在直播过程中直接下单购买，营销的效果自然成倍增长。图 8-29 所示为某网红主播的直播间。

图 8-29　某网红主播的直播间

（4）情感共鸣性。

移动互联网的发展，使我们处于一个去中心化、碎片化的时代，这让人们在日常生活中的交集越来越少，情感交流越来越浅。直播能让一批志趣相投的人聚集在一起，聚焦在相同的爱好、兴趣上，情绪相互感染，形成情感共鸣。

4. 直播营销的发展趋势

电商时代风起云涌，内容营销已成为大趋势，更是商家运营的重中之重。以淘宝平台为例，其风口已由图文内容转移到短视频、直播等新形势，又由网红直播转移到店铺直播上来。原有直播营销平台模式主要以打赏为主，现有直播营销更多往短视频探店、带货转变，从明星经纪概念，走向真正的商业闭环。

1）“直播 + 电商”成为下一个风口

2016 年 4 月，淘宝直播开始正式运营。2018 年 9 月 17 日，淘宝直播号召全网最强十大农产品带货主播义务助阵丰收节晚会，4 小时内销售额超过 1000 万元；2019 年 3 月，淘宝直播独立 App 正式上线。短短几年的时间，淘宝直播实现了对传统秀场直播的“边缘创新”，以“直播 + 电商”的模式杀出重围。

以淘宝某知名女主播为例解释当下的直播带货能力。在淘宝直播举办的“村播”活动中，该主播进行了一场 2 小时的农产品直播，成交订单超过 14 万笔，引导销售成交额近 600 万元：宽城板栗 10 秒被抢光，内丘富岗苹果销售额超过 20 万元，安心鸡蛋销售超过 40 万枚。通过直播平台，卖家可以直观地展示产品及产品的相关信息，消费者可以快速地将其需求与产品供给进行匹配。图 8-30 所示为淘宝某知名女主播的直播现场。

除了淘宝直播平台以外，还有众多的引流直播平台。抖音、快手以及哔哩哔哩视频网站也成为了淘宝销售的引流平台。电商平台的巨大利益蛋糕刺激着越来越多的主播、电商企业入局，同时，用户也被培养出“直播 + 电商”的娱乐和消费习惯。

2）用直播提升流量转化率

直播是引导流量的主要方式之一。目前消费群体以“80 后”“90 后”为主，并呈现出扩大的趋势。在研究该群体获取信息的途径和手段的过程中，发现直播是这群消费群体获得信息最广泛的方式之一。以淘宝为例，通过直播对于店铺吸引新的流量和顾客有非常大的作用。淘宝直播使店铺和粉丝之间建立起了一定的联系，通过直播实时互动，可以打造火热的抢货氛围。反复的产品推介和咨询抢购氛围，能够迅速让粉丝相信店家推荐的商品，从而转化成销量。在流量转化成销量的过程中，产品的影响力会逐渐扩大，可以激活部分不再活跃的老会员，提升消费者留存度。图 8-31 所示为主播们推荐的产品。

图 8-30　淘宝某知名女主播的直播现场

图 8-31　主播们推荐的产品

3）用直播提升销售效率

传统的电商平台一般以图文为主，为了呈现更加良好的效果，很多商品图都经过了修饰和调整，商品的真实感和还原度大打折扣。直播呈现了更加真实的购物场景，尤其适用于服装、美妆等类型的产品。通过直播的方式，可以更加详细地展示商品，例如服装的细节、彩妆的上妆效果等，避免了图文展示时出现的过度修图、色彩失真等现象。真实的商品呈现，减少了消费者的顾虑，实时的互动与交流则提升了购物的体验，电商们通过直播的方式，无疑更加有利于促成交易。

8.2.2　直播营销的活动

1. 直播营销前期

完整的思路设计是直播营销的灵魂，但是仅依靠思路无法有效地实现营销目的，企业必须将抽象的思路具象化，以方案的形式进行呈现。

1）直播方案的作用是传达

作为传达的桥梁，直播方案需要将抽象概述的思路转换成明确传达的文字，使所有参与的人员尤其是直播相关项目的负责人既了解整体思路，又明确落地方法及步骤。完整的直播方案需要包括直播目的、直播简述、人员分工、时间节点、预算控制五大要素。

2）直播方案的执行规划

直播方案的执行规划具有很强的针对性，需要参与直播的人烂熟于心。直播方案的执行规划一般由项目操盘规划、项目跟进规划、直播宣传规划组成。项目操盘规划主要用来保障项目推进的完整性，主要以项目操盘规划表的形式表现出来。项目操盘规划在方案的整体推进上进行了大致安排，而项目跟进规划则在方案执行的细节上进行细化，明确每个阶段的具体工作是什么、完成时间是什么、负责人是谁等。项目跟进表的制定并非完全固定，在不改变制作项目跟进表目的的基础上，可根据具体需求进行表格调整，以满足项目跟进的需求。虽然直播前期有必要对直播项目进行大力宣传，不过需要强调的是，宣传必须有针对性。企业营销直播与个人直播不同，追求的不是简单的在线人数，而是在线的目标用户数。直播前需要设计有效的直播宣传，达到企业营销的目的。

3）宣传与引流的方法

设计直播宣传，企业要将研究用户经常活动的平台作为第一步。常见的引流渠道或方法包括硬广、软广、视频、直播、问答、线下等。硬广即硬广告。与硬广相比，软广则突出一个软字，营销于无形。企业可以在传统的问答网站，包括百度知道、搜狗问问等平台回答网友的问题，同时为自身做宣传。如果企业有线下的渠道，可以借助线下渠道，以海报、宣传单等形式宣传直播内容，引导线下消费者关注直播。

4）硬件筹备的三大模块

为了确保直播的顺利进行，首先需要对硬件部分进行筹备。直播前期的硬件筹备主要由场地、道具、设备三大模块组成。直播活动的场地分为户外场地和室内场地。直播道具由展示产品、周边产品及宣传物料三部分组成。直播设备是确保直播清晰、稳定进行的前提。在直播筹备阶段，相关人员需要对手机、电源、摄像头等设备进行反复调试，以达到最优状态。

目前直播的主流设备是手机，直播方在手机端安装直播软件，通过手机摄像头即可进行直播。当使用手机进行直播时，需至少准备两部手机，且在两部手机上同时登录直播账号，以备不时之需。同时还需要借助直播辅助设备进行优化，如电源、无线网络、支架、补光灯、提词器、相机等。

图 8-32 所示为直播所用的环形补光灯。

图 8-32　直播所用的环形补光灯

2. 直播营销的过程

1）直播活动的开场技巧

（1）直播开场设计的五大要素。

直播的开场是给观众留下的第一印象，其重要性不言而喻。观众进入直播间后，会在短时间内决定是否要离开。因此，一个好的开场会让你的工作事半功倍。直播活动的开场设计需要从以下五个层面考虑：第一，引发观众兴趣；第二，促进观众推荐；第三，代入直播场景；第四，渗透营销目的；第五，平台资源支持。各大直播平台通常会配备运营人员，对资源位置进行监控与设置。资源位置包括首页轮转图、看点推荐、新人主播等。

（2）直播活动的开场形式。

①直白介绍。可以在直播开场时直接告诉观众直播的相关信息，包括主持人自我介绍、主办公司介绍、直播话题介绍、直播大约时长、本次直播流程等。一些吸引人的环节，如抽奖、彩蛋、发红包等，也可以在开场中提前介绍，以促使观众驻留。

②提出问题。开场提问是在一开始就制造参与感的好方法。一方面，开场提问可以引导观众思考与直播相关的问题；另一方面，开场提问也可以让主持人更快地了解本次观众的基本情况，如观众所在的地区、爱好、对于本次直播的期待等，便于在后续直播中随机应变。

③抛出数据。数据是具有说服力的，直播主持人可以将本次直播要素中的关键数据提前提炼出来，在开场时直接展示给观众，用数据说话。在专业性较强的直播活动中，更是可以充分利用数据开场，第一时间令观众信服。

④故事开场。人们从小就爱听故事，直播间的观众也不例外。相对于枯燥的介绍、分析，故事更容易让不同年龄段、不同教育层次的观众产生浓厚的兴趣。通过一个开场故事，带着听众进入直播所需的场景，能更好地衔接后续环节。

⑤道具开场。主持人可以根据直播的主题和内容，借助道具来辅助开场。开场道具包括企业产品、团队吉祥物、热门卡通人物、旗帜与标语、场景工具等。

⑥借助热点。参与直播的观众普遍对互联网上的热门事件和热门词汇有所了解，因此在直播开场时，主持人可以借助热点，拉近与观众之间的心理距离。

2）直播互动的常见方法

直播活动中的互动由发起方和奖励机制两个要素组成。其中，发起方决定了互动的参与形式与方法，奖励机制则直接影响互动的效果。

（1）弹幕互动。

弹幕即以大量字幕弹出形式显示的评论，这些评论在屏幕上飘过，所有参与直播的观众都可以看到。传统的弹幕主要出现在游戏直播、户外直播等纯互联网直播中，现在电视节目、体育比赛、文艺演出等进行互联网直播时均可采用弹幕互动这一方式。

（2）剧情参与。

这类互动多见于户外直播，主播可以邀请网友一起参与策划下一步的剧情，增强观众的参与感。邀请观众参与剧情发展，一方面可以使观众充分发挥创意，令直播更有趣；另一方面可以让被采纳建议者获得足够的荣誉感。

（3）直播红包。

直播间的观众可以给主播或主办方赠送虚拟礼物，表示对其的认可与喜爱，但此类赠予只是单向互动，其余观众无法参与。为了聚集人气，主播可以利用第三方平台进行红包发放或等价礼品发放，与更多的观众进行互动。

（4）发起任务。

直播中可以发起的任务包括建群快闪、占领留言区、晒出同步动作等。

（5）礼物打赏。

在直播中，出于对主播的喜爱，观众会进行礼物赠送或打赏，为维护企业形象，主播应在第一时间读出对方的昵称并予以感谢。

3. 直播收尾的核心思路

（1）销售转化。

将流量引导至销售平台，从收尾表现上看即将观众引导进入官方网址或网店，促进其购买与转化。通常留在直播间直到结束的观众，对直播内容都比较感兴趣，对于这部分观众，主播可以充当售前顾问的角色，在结尾时引导观众购买商品。不过需要注意的是，销售转化要有利他性，能够帮助观众省钱或帮助观众抢到供不应求的商品，否则，在直播结尾时植入太过生硬的广告，只会引来观众的反感。

（2）引导关注。

将流量引导至自媒体平台，从收尾表现上看即引导观众关注自媒体账号。在直播结束时，主播可将企业的自媒体账号及关注方式告诉观众，以便直播后继续向观众传达企业信息。

（3）邀请报名。

将流量引导至粉丝平台，从收尾表现上看即告知粉丝平台加入方式，邀请粉丝报名。在同一场直播中积极互动的观众，通常会比其他观众更同频，更容易与主播或主办单位玩起来，也更容易参与后续的直播。主播可以在直播收尾时将这类观众邀请入群，结束后通过运营该群，逐渐将直播观众转化为忠实粉丝。

4. 直播重点与注意事项

（1）反复强调营销重点。

因为网络直播随时会有新人进入，主播需要在直播中反复强调营销重点。

（2）减少自娱自乐，增加互动。

直播不是单向沟通，观众会通过弹幕把自己的感受抒发出来，且希望主播予以回应。一个只顾自己侃侃而谈而不与观众进行即时互动的主播，通常不会太受观众欢迎。刚接触直播的新人往往会过于关注计划好的直播安排，担心直播没有按照既定流程推进，从而生硬地结束一个话题进入新话题。实际上，几乎没有百分之百按照规定完成的直播活动，任何直播都需要在既定计划的基础上随机应变。

（3）注意节奏，防止被打扰。

在直播进行中，网友的弹幕是不可控的，部分观众对主播的指责和批评也无法避免。如果主播过于关注负面评价，就会影响整体的直播状态。

在直播进行中，主播需要有选择地与网友互动。对于表扬或点赞，主播可以积极回应；对于善意的建议，主播可以酌情采纳；对于正面的批评，主播可以幽默化解或坦荡认错；对于恶意谩骂，主播可以不予理睬。

在直播活动中，全场的掌控者是主播，因此主播必须注意直播节奏，避免被弹幕影响，特别需要避免与部分观众在现场发生争执而拖延直播进度。

5. 直播营销后期

（1）做好直播活动总结。直播结束后要及时跟进活动的订单处理、奖品发放环节等，确保用户的消费体验，特别是在发货环节，一定要及时跟进，及时公布中奖名单，并与中奖用户取得联系。

（2）做好粉丝维护。在直播过程中，人们会添加各类粉丝，直播结束后做好粉丝的维护是十分关键的；可以跟粉丝沟通交流，调研粉丝对此次活动的评价，便于后期的优化和提升；同时，要对直播观看、销量、活动效果、中奖名单等进行宣传，并对直播视频进行剪辑，包装到推文中。

8.3　网络视频营销和直播营销案例解析

8.3.1　某品牌泡泡面膜火爆抖音

自从抖音渗透进大家的生活以来，也渐渐地成为了带货的“新风向标”，一度带火了许多网红单品，某品牌泡泡面膜便是其中之一。在某主播的大力推荐下，泡泡面膜的热度一路飙升，引起了不少爱美女性的兴趣。

与其他短视频平台相比，抖音的女性用户占比和年轻人占比都较高，其中女性用户占比为 66.1%，30 岁以下用户的占比高达 93%。从购买力和转化角度来说，抖音也就成了品牌的必争之地。在 2019 年 7 月份，某品牌推出的“黑海盐泡泡面膜”在抖音平台获得了广泛的“种草”，百万粉丝疯狂刷屏追捧，迅速飙升为“抖音美容护肤榜”第 1 名。泡泡面膜甚至一度出现断货的情况，足见其火爆程度，如图 8-33 所示。

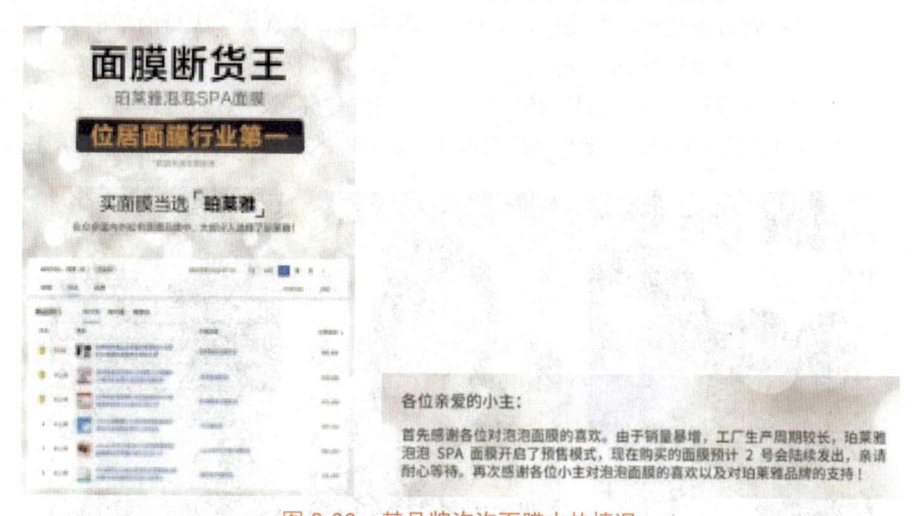

图 8-33　某品牌泡泡面膜火热情况

（1）产品趣味性强，极具传播度，具备“爆款”特质。

某品牌此款“黑海盐泡泡面膜”产品使用效果明显，能够迅速彰显亮点，以“贴上出泡泡”的有趣性为卖点，全力展现产品功效。面膜贴在脸上大概 1 分钟后，小泡泡就会开始冒出来。冒泡过程中还伴有类似“跳跳糖”的声音，随着泡泡越来越多，让消费者有种“面膜在把毛孔里的脏东西吸出来，能去除老废角质并且提亮肌肤”的感觉，趣味性强，依托抖音短视频极具传播性，让其迅速成为爆款产品。图 8-34 所示为某品牌泡泡面膜海报。

（2）产品功效直击用户护肤痛点，价格亲民。

“黑海盐泡泡面膜”主打三重洁肤能力。第一重是表层清洁能力，绵密碳酸泡泡能够进行表层洁净，带走油光和黑头；第二重是深层清洁能力，面膜是微细备长炭材质，能够深层吸附，改善痘痘和粉刺的影响；第三重是有提亮肌肤的效果，含黑海盐精华成分，使肌底舒缓，肌肤由内到外净白透亮。这三重能力不仅覆盖的人群广，而且直击护肤的核心痛点。图 8-35 所示为用户试用图。

图 8-34　某品牌泡泡面膜海报

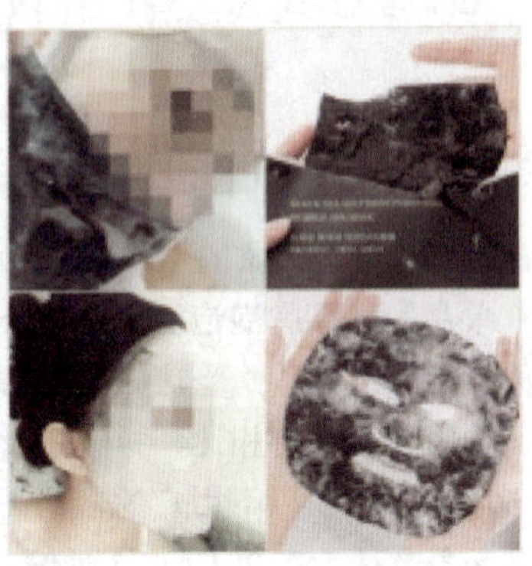

图 8-35　用户试用图

（3）携手大量的草根关键意见领袖，打造营销种草机。

不同于以往官方视频内容的投放，某品牌这次在抖音上选择了大量的草根关键意见领袖。比如有推广视频价在 10 万元左右的头部达人，以及视频推广价在 3 ～ 5 万元的中部达人，通过让这些达人使用某品牌泡泡面膜，或分享产品效果，或分享趣味体验，都是运用平民意见领袖的号召力，提高产品销售量。图 8-36 所示为某品牌在抖音的推广视频。

图 8-36　某品牌在抖音的推广视频

8.3.2　综艺节目《美丽俏佳人》带货直播

《美丽俏佳人》是由东方风行集团打造的大型时尚美妆节目，该节目一直在旅游卫视播出，某电商平台直播发展起来之后，《美丽俏佳人》与该电商平台直播合作，推出直播类时尚美妆节目——“谁是带货王”。通过电商直播，把时尚美妆节目、直播、电商三者进行结合，大大促进了视频节目的转化率。图8-37所示为活动前期的宣传海报。

图8-37　活动前期的宣传海报

直播视频从20时一直到24时，历时4个小时。正常直播视频以综艺节目的节奏进行安排，节目过程中设置了多个互动游戏，在互动游戏中对各种化妆品进行试妆，在每一个互动活动结束后都会有嘉宾对该化妆品的材质用途、品牌历时，以及品牌专业度进行详细讲解。图8-38所示为直播过程中的游戏环节。

图8-38　直播过程中的游戏环节

在奖品激励方面，由主持人对当前节目进行引流关注，引导观众关注直播账号《美丽俏佳人》，并通过弹窗的形式引导大家关注节目中使用的产品对应的电商平台旗舰店，把直播节目的截屏发给旗舰店客服就有机会获得一份礼品。图8-39所示为直播过程中的弹出广告。从《美丽俏佳人》带货直播中，可以总结出综艺直播的两个特点。

（1）视频直播与电商相结合。

在众多直播平台的选择中，可以根据企业营销预算及不同的营销目的选择不同的直播平台。当需要通过直播扩大知名度时，可以选择综合类的直播平台，如“花椒直播”

和“一直播”。花椒直播在直播领域话题量较高，一直播与微博进行战略合作，可以通过微博进行高效传播。当需要通过直播增加销量时，可以通过电商直播平台开展直播营销，如天猫直播、淘宝直播、京东直播等。在电商直播平台上，直播可以与店铺商品相关联，做到边看直播边购买。对企业而言，通过直播可以增强与观众之间的互动，在直播中为粉丝送出优惠，可以直接高效地促成销售转化。

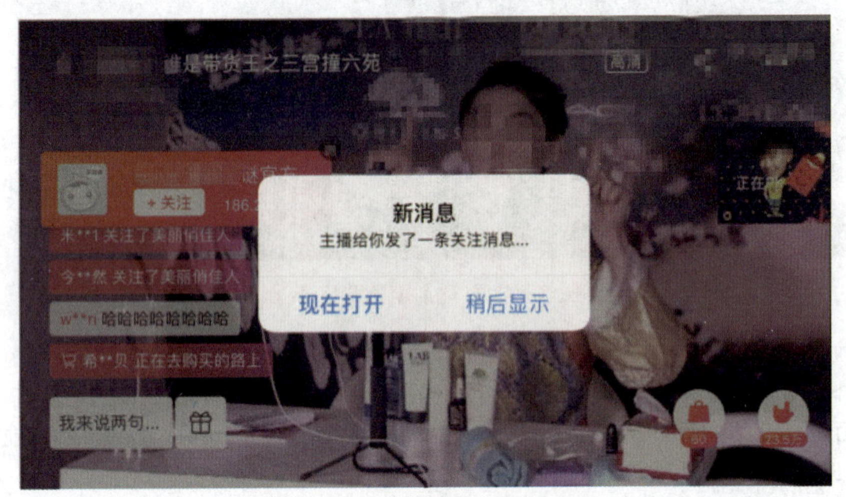

图 8-39　直播过程中的弹出广告

（2）直播营销综艺娱乐化。

《美丽俏佳人》通过打造“谁是带货王”直播节目与艺人合作，通过游戏互动把产品植入其中。综艺化的直播节目安排，与传统唱歌跳舞类型的直播不同，相较而言，综艺化的直播内容看点更足，可以通过综艺学习美容护肤及化妆知识。

8.4　本章小结

网络视频营销和直播营销同样是时下主流且新颖的营销方式，在企业营销实践活动中使用的频率非常高。随着互联网技术的不断发展，这两种营销方式开始成为网络营销的主要形式。它们建立在互联网技术的基础上，企业通过网络视频或者直播可以实现展示产品内容、推广品牌和服务的目的。

我国新媒体营销市场的规模持续扩大，网络视频与直播将成为营销的主流形式。随着网络直播营销产业和直播营销产业的持续发展，产业链上、下游合作将不断升级，购物渠道将被不断打通，科技的进步也将围绕在图像识别和语音识别上，为直播营销带来更多的可能性。